国家社会科学青年项目：制度视角下的文化旅游地社

制度视角下
文化旅游地
社会变迁研究

肖佑兴◎著

重庆大学出版社

内容提要

本书是基于国家社科基金项目,以文化与制度为主线,以"制度转向"视角下的演化理论为理论基础,综合运用系统理论学家、演化经济学家、社会学家汤姆·R.伯恩斯的规则系统理论、创造性破坏理论等,分析了旅游影响下的传统村镇的规则与价值观念、文化景观、社会形态等的变化与规律,并提出了旅游影响动力机制、旅游地社会变迁的内在机理,以及旅游影响调适、传统村镇旅游活化、旅游地社会建设等对策。本书认为,在旅游影响下,乡村由传统的农业社会逐步向新型的旅游社会转变,这是一个遗传(传承)、变异(创新)与选择的互动过程,也是一个旅游地各种制度之间的比较与竞争,旅游地各种制度与其他各种制度互动的过程。这种社会现状大大推动了"制度转向"的旅游研究,拓展了旅游影响与旅游地社会文化变迁的思路与视野,有助于旅游影响与旅游发展理论的建设。

图书在版编目(CIP)数据

制度视角下文化旅游地社会变迁研究／肖佑兴著
. -- 重庆:重庆大学出版社,2021.11
　ISBN 978-7-5689-3019-2

　Ⅰ.①制… Ⅱ.①肖… Ⅲ.①旅游业发展—中国—高
等学校—教材 Ⅳ.①F592.3

　中国版本图书馆 CIP 数据核字(2021)第 240889 号

制度视角下文化旅游地社会变迁研究

肖佑兴 著
策划编辑:史　骥
责任编辑:夏　宇　　版式设计:史　骥
责任校对:关德强　　责任印制:张　策

＊

重庆大学出版社出版发行
出版人:饶帮华
社址:重庆市沙坪坝区大学城西路21号
邮编:401331
电话:(023) 88617190　88617185(中小学)
传真:(023) 88617186　88617166
网址:http://www.cqup.com.cn
邮箱:fxk@cqup.com.cn(营销中心)
全国新华书店经销
重庆市联谊印务有限公司印刷

＊

开本:720mm×1020mm　1/16　印张:14.5　字数:262 千
2021 年 11 月第 1 版　　2021 年 11 月第 1 次印刷
ISBN 978-7-5689-3019-2　定价:59.00 元

如今,旅游业已成为国家战略性支柱产业,文化产业也上升到国家战略层面。旅游业发展会产生多重影响,它不仅推动旅游地的发展与演化,也导致传统文化弱化、传统文化商业化与庸俗化等。本书力图探索旅游地的旅游影响、社会变迁和发展演化的内在规律,从而促进旅游经济发展、文化保护、民生改善、社会和谐稳定。本书以文化与制度为主线,以社会文化问题突出的"传统村镇"为典型文化旅游地,以传统村镇的社会文化变迁为主要研究对象,以贵州省与广东省部分地区的传统村镇为案例,主要以"制度转向"视角下的演化理论为理论基础,结合定性与定量方法,分析旅游影响下的"传统村镇"的制度(含价值观念)、文化景观、社会形态等的变化与规律,并提出了旅游影响动力机制、旅游地社会变迁的内在机理,以及传统村镇旅游活化、旅游地社会建设等对策。

本书对相关概念进行了界定,主要包括:①文化。这里采用雷蒙·威廉斯、斯图尔特·霍尔等人的观点,将文化视为一个意义系统。②文化旅游。在文化的基础上,课题将文化旅游界定为进行文化意义生产的旅游系统。③旅游地就是文化旅游意义生产的空间与场所,是一个旅游意义共享系统。根据文化旅游地的位置与文化差异,旅游地可分为文化名城型、现代都市型、传统村镇型、特色小镇型、名山胜水文化景观型。本书主要研究社会文化问题突出的"传统村镇"这一类文化旅游地。④制度。这里采用柯武刚、史漫飞对制度概念的界定,即制度是一套关于行为和事件的模式。根据是否得到正式机制支持,制度可分为正式制度与非正式制度;根据是否具有生产性功能,制度可分为生产性制度与非生产性制度。⑤文化景观是任何特定时期内形成的构成某一地域特征的自然与人文因素的综合体。它不仅包括物质实体,也包括非物质的价值与作为能指的符号,即文化景观是一个集物质实体与景观意义的综合体。

本书主要基于演化理论。20 世纪 90 年代以来,社会人文科学研究进行了制度转向,大量研究集中于制度分析,形成了较多学派。基于广义社会达尔文主义,本书综合运用系统理论学家、演化经济学家、社会学家汤姆·R.伯恩斯的规则系统理论等演化理论,以制度为基因与内生变量,以遗传(传承)、创新(变异)与选择 3 个机制分析社会文化的发展与变迁。基于上述理论,本书主要采用定性方法,通过座谈、访谈与问卷,对贵州省与广东省部分地区进行案例调查,结合结构方程等定量方法进行分析研究。

通过研究,本书得出的主要结论为:①文化旅游是文化意义的旅游生产系统。这一界定简洁明了,突出了文化意义这一核心内涵,凸显了文化旅游的系统性,蕴含了文化旅游的时空特性等特点。在此基础上,可从旅游者的旅游意义、旅游资源的原生意义、旅游产品的塑造意义 3 个文化意义生产视角对文化旅游进行分类。②旅游社会文化影响动力系统是由旅游人—人关系子系统、旅游人—地关系子系统两个层次组成。其中,旅游人—人关系子系统是一个旅游利益主体的互动系统,旅游人—地关系子系统则主要包括旅游流、旅游吸引力、旅游承载力、旅游制度等功能性因素。两个子系统相互作用、相互影响,共同产生旅游社会影响,主要包括旅游创新型、文化涵化型、文化诠释型、文化传播型、制度强制型、文化象征型等旅游社会影响模式。③制度可以成为旅游地社会变迁的内生变量与"基因"。在旅游影响下,乡村由传统的农业社会逐步向新型的旅游社会转变,这是一个社会遗传、变异与选择的互动过程。其中,旅游制度规范旅游行动者的行为,并通过社会传承延续社会传统。同时,旅游行动者可通过各种社会变异能动地塑造和再塑造旅游制度,推动旅游地走向多样性。在多样性的制度中,新型的旅游制度逐步被社会选择,并建构新型的旅游社会。④演化分析是以制度的创新、扩散与选择为机制,可从经验层、实际层与真实层3个层次分析。在旅游影响下,经济选择极大地促进了建筑惯例的商业化、功利化、规模化与现代化;社会选择使建筑惯例更具实用性;政治选择导致建筑惯例采取折中主义,重构地方建筑景观;自然选择则使建筑惯例更具有环境适应性。⑤"传统村镇"景观的演化过程是一个制度的传承、创新与选择的动态过程,也是一个旅游地各种制度之间的比较与竞争、旅游地各种制度与其他各种制度互动的过程。

总体来看,旅游消费比例较高的、消费方式转变较快的、生产商业化规模较大的、市场化程度较高的、保护弱化的旅游地,建筑景观的变迁程度较高,正日益向具有旅游功能的景观转变。此外,在旅游影响方面,旅游要素投入、居民支持、旅游经营管理、旅游政策,以及游客满意度、居民对旅游发展的态度、政府旅游发展力度、旅游宣传力度、居民参与旅游发展的程度等因素的影响也比较大。针对古村落的活化,应构建传统村镇活化目标、确定合理的发展模式与路径、进行适宜的文化商业化以提升吸引力,加强制度创新与承载力管理,保障传统村镇活化的红线。针对旅游地不断出现的社会问题,可采取两种战略定位:社会问题治理型的社会建设与社会制度完善型的社会建设。通过旅游地社会融合、旅游地社会创新、旅游地多元社会治理与旅游地规范构建,推动旅游地社会问题的治理与社会制度的不断完善,促进旅游地社会建设与有序转型。

本书虽进行了不少研究工作,但还存在较多不足,主要体现在以下几个方面:①对旅游制度的创新研究还不够。本书虽分析了制度的传承、创新与选择机制问题,但对创新者是如何进行创新的内在机制的定量问题还研究得不够深入。一方面,需要加强重要资料与数据的收集,因为一些敏感性资料往往难以获取;另一方面,需要找到大量典型案例的共性,以提升理论创新价值。

②在对旅游影响下的传统村镇发展与演化的分析中,本书对制度作用的研究还不够深入。例如,制度如何与权力、资本、社会行动结合,形成的共同合力如何推动地方旅游发展。

目 录
C O N T E N T S

第1章
研究综述与相关概念

1.1   旅游地社会文化变迁述评

本节介绍了国外旅游地社会文化变迁研究现状,分别从旅游者、旅游地社区、旅游业以及地方化与全球化互动的视角总结了国外旅游地社会文化变迁研究在理论与方法上的主要进展,评述了旅游者类型、旅游凝视、旅游者表演、旅游者阅读、旅游地生命周期理论、社区响应模式及各种理论解释、文化环理论、旅游创造性破坏模型等在旅游地社会文化变迁研究中的贡献与不足,并指出了近年来国外旅游地社会文化变迁研究具有重视旅游地的流动性与表演性、重视旅游地的社会文化生产与创造性破坏、重视旅游地社会文化变迁的非线性与复杂性等特点。

1.1.1   旅游者视角的社会文化变迁研究

1)旅游者的类型

旅游者对目的地的影响是较早被注意到的,埃里克·科恩分析了团队大众旅游者、个人大众旅游者、探索者、漂泊者 4 种类型的旅游者对东道主社会造成的不同影响。科恩认为,探索型游客和漂泊型游客不会像大众型游客那样带来较大的影响。史蒂芬·史密斯把旅游者分为探索旅游者、精英旅游者、不落俗套的旅游者、特殊旅游者、初期大众旅游者、大众旅游者、租赁或包机旅游者 7 种类型,并以游客数量及其对当地文化的适应情况为指标,说明旅游者与旅游影响之间的关系。她认为这 7 类旅游者对东道主社会的影响是逐渐增强的。科恩与史密斯的工作为有关旅游者的影响研究奠定了基础,但两者对以度假、商务等为目的的旅游者关注不足。近来学者们从两个方面深化了旅游者影响的研究。一方面,加强了对旅游者的细分,并从全球流动性的视角分析旅游地不同类型的人口迁移及其影响。虽然其中不少研究有待深入,但已为旅游者影响的研究提供了宽广的视野。旅游地人口迁移基本上可分为 3 类:一是与消费有关的迁移,包括观光、休闲、度假、娱乐、探险、远足、第二住所、退休、探亲、会议、学习、医疗、购物、避难等,甚至还包括住房调整、福利导向的迁移等;二是与生产有关的迁移,包括商务旅行、劳动力迁移、投资型迁移、远距离上班、季节性工作等;三是把消费与生产结合在一起。例如,志愿旅游者是自愿去旅游地临时工作的生态旅游者,他们既为旅游地提供劳动力,获得薪酬,又能满足自己的旅游需求;边游边居型游客,到旅游地居住,一边工作一边旅行。另一方面,对不同类型旅游者的影响研究是从旅游者的经济行为、文化行为与空间行为3个方面展开的,有的还把三者融合起来分析,使旅游者的影响研究更为全面与深入。

总而言之,不同类型的旅游者与迁移人员具有不同的动机与行为、不同的消费模式与空间模式,对目的地社会文化产生的影响也不尽相同。这些研究把旅游地社会变迁主要看作外生要素影响的结果,虽有助于对旅游地社会变迁的理解,但未能从旅游地内生因素去真正理解旅游地的社会变迁。

2) 旅游者的凝视、表演与阅读

厄里借用福柯的"凝视"提出了"旅游凝视"理论,他认为景观是看的方式,是思想与价值判断的表征或权力的象征。在凝视的作用下,旅游地的产业、景观、形象、价值观等被社会性地重构着,由此推动社会文化的不断变迁。厄里将旅游者的凝视分为两种类型:"浪漫的旅游凝视"与"集体的旅游凝视",前者强调与凝视对象的某种孤独的、私人的和半精神性的关系,后者则要求大量其他人在场。泰勒则从凝视的角度区分了3种旅游者,即旅行家、旅游者与游玩者。谢飞帆通过街舞案例研究,认为3种类型的凝视推动街舞的发展与变迁:①最初的凝视——因新奇而产生的凝视。②大众凝视——商品化与全球化。在商品化与全球化作用下,街舞从民间文化演变为流行文化,最后演变为大众文化。③真实性凝视——寻找真实性被旅游者作为一种特殊兴趣。

上述研究都是基于旅游者作为凝视的主体进行研究的。然而随着研究的深入,旅游者凝视的概念得到了延伸,旅游者由凝视的主体变成了客体,成为经纪人与地方居民凝视的对象。首先,旅游凝视产生于旅游经纪人,是他们通过旅游指南、营销与其他信息管理渠道为旅游者制订了标准化行为规范。旅游者一旦到达目的地,就会被迫根据地方的空间安排、旅游吸引物的市场营销以及与地方居民发生联系的类型行动。这样,旅游者就成为旅游经纪人权力与知识战略的接受者。其次,旅游者也是地方居民凝视的对象。他们通过凝视告诉旅游者什么可以做、什么不可以做,哪里可以去、哪里不可以去。旅游者将地方居民与经纪人的凝视内化为自己的行动,并相应地规训自己的表演,旅游凝视也由单向的凝视演变为相互的凝视。因此旅游凝视成为旅游经纪人、地方居民、旅游者权力关系中的主要运行机制。

旅游凝视理论过分地突出了旅游者视觉暴力的作用,而忽略了旅游者其他形式的表演,这些表演包括体现在旅游者的语言、口音、服装、身体、书写、符号,以及散步、照相、收集纪念品等方面的实践。社会生活被视为舞台,空间与地方以其独特的空间的形态、组织、物质性、审美情趣、体验质量等建构着舞台,从而呈现多种类型的表演。旅游表演是在旅游结构产生的约束与机会下进行的,是一个情境化的互动过程,它依赖于表演技术、表演的情境以及观众诠释的方式。根据旅游者表演的程式,蒂姆提出了旅游者的3种表演模式,即规训式表演、即兴表演与无限表演,并将旅游舞台分为两种类型,即飞地型舞台与多元化舞台。从蒂姆及其跟随者的研究来看,表演是型构中的行为,这些行为要么遵从并巩固旅游行为规范及其支撑的制度、权力关系与身份,要么对它们进行挑战。旅游表演把旅游者行为看作一种有意义的社会角色,它有助于认识旅游者的行为是如何在旅行商与旅行指南的帮助下进行社会建构的。在旅游者与地方的关系中,旅游表演勾画了个体与群体的身份,并指向包含表演舞台在内的更为宽广的想象地理,而且更加象征化。总之,旅游表演是一个依赖特定环境的过程,其内涵可归结为符号互动、话语以及表意实践,它使旅游中的文化生产与再生产转向一个物化的动态过程,使地方与文化在实践中通过行动进行型构与再型构。

此外,旅游者还通过阅读影响旅游地的文化变迁。阅读是指旅游者把景观视为文本。一方面,景观先于旅游者到达目的地而存在,它形塑旅游者凝视的方式,指导且控制旅游者的体验。另一方面,景观是一个可辨识的符号集合,具有高度易变性与多面性。每一个阅读的旅游者都是一个不同的阐释者,他们把自己理解的意义赋予文化景观,因此共同的文化文本就形成于谈判与表演中,从而推动物质与感知等的文化变迁。旅游者的凝视、表演与阅读从权力、知识、消费、身体、符号、政治等视角阐释了旅游者对旅游地社会文化影响的深层次机制,加深了对旅游者影响机理的理解。

3) 旅游地生命周期理论

旅游地生命周期理论描述了旅游地演化的基本过程,认为旅游者数量、类型和发展速度影响旅游目的地的不同发展阶段。虽然旅游地生命周期理论是从旅游者视角分析旅游地的演化,但在分析其演化机制时,更多地是从旅游地内外的综合视角进行,如海伍德提出旅游地演进是7种力量的综合作用。然而该理论最初对旅游地演化的单一线性变化描述不足以解释多样化的旅游地。为了克服这个缺陷,不少学者对此加以完善,如罗素与福克纳结合混沌理论提出,在创新驱动下旅游地演化是非线性变化的。而安德里亚从核心—边缘理论视角分析了市场与空间的二元结构对旅游地演化的影响。旅游地生命周期理论对旅游理论产生了重大影响,为旅游地演化提供了一个基本框架,解释了旅游者数量与类型、旅游设施、产权状况、社会关系、居民感知与环境变迁等随旅游阶段呈现的不同变化,但仍未对旅游地社会文化变迁提供一个合理的理论解释,如没有回答旅游地的社会文化是如何传承、创新与选择等变迁过程的机制问题。

1.1.2 旅游地社区视角的文化变迁研究

1) 社区居民的响应模式

面对外来的旅游者,社区居民具有不同的响应模式,这一直是旅游影响研究的一个重点,并且出现了较多研究成果,如道克西的愤怒指数;哈桑提出的社区居民的5 种反应;艾皮与普朗克顿的容忍阶段模型;卡迈克尔提出 4 种态度与行为的组合;弗莱德与福克纳讨论了不同居民对旅游态度的不同类型:憎恨者、现实主义者、热爱者、矛盾的支持者。韦弗与劳顿将澳大利亚黄金海岸的城乡边缘区居民对旅游的态度分成 3 种类型:支持者、中立者与反对者。茅兹提出居民行动的 3 种战略:隐蔽的抵抗、公开的抵抗、合作。从这些不同时期的研究结论来看,早期的大多数学者认为旅游地居民的态度与行为是单一化与线性变化的,而近期的学者都认为居民响应趋于多元化,不同的居民对旅游的支持程度与行为是不同的,不同居民在同一阶段的态度也是不同的,且呈现非线性变化。

2) 社区响应的影响因素

对于社区居民响应的影响因素,较多学者进行了研究,基本上可分为 3 种类型:一是居民对旅游影响的感知,他们在经济、社会文化与生态环境方面的收益与成本以及满意度,构建社区居民响应的结构方程模型。一般情况下,受益程度与旅游参与程度是与社区居民响应相关度较高的因素。二是结合居民的性别、年龄、教育程度等社会学特征,进一步分析居民的认知模式与行为特征对其响应模式的影响。三是综合型的研究,不仅从微观视角分析居民的感知与社会学特征,还涉及旅游发展状况等宏观因素,如格索伊等构建的旅游发展的社区支持模型。他们认为影响社区支持的主要因素为 9 个:对旅游的关心水平、价值观、资源利用状况、社区联系程度、地方经济状况、经济利益、文化利益、社会利益与社会成本等。这些研究大多仍局限于旅游对居民的影响研究,而对旅游地内外居民间的相互影响、旅游地制度结构、外部宏观结构等的关注度还不够。

3) 社区居民响应的理论解释

对于居民的不同响应模式有不同的理论解释,如主—客关系理论将客人与主人的关系视为简单的刺激—反应关系,认为居民对旅游具有相似的响应。主—客关系理论视角的单一化受到了不少批评,如阿兰贝利认为应有更多的尺度与角色衡量主人与客人的身份与社会关系;涵化理论认为当不同的文化接触时会引起文化变迁;文化适应理论认为弱势社会的文化常常会接受强势社会的许多文化要素,以适应旅游的发展,而文化漂流理论与文化适应理论不同的是,前者认为东道主行为只是在与游客互动期间的暂时转变,而后者则会一直延续。对于二者而言,东道主往往轻视自身文化,盲目模仿旅游者,而示范效应所产生的结果可能是有益的,也可能是有害的。涵化理论虽可从宏观上说明旅游地的社会文化变化,但仍停留在解释性理论的层次,人们据此很难推断具有操作性的控制影响的方法。社会交换理论主张人类的一切行为都受到某种能够带来奖励和报酬的交换活动的支配,侧重成本效用分析,虽然在很大程度上可解释个体行为,但难以解释社区的群体决策行为。社会表征理论是用以帮助解释社群成员理解和回应外部环境变化过程的理论。它认为有关旅游的知识体系影响了人们对它的感知,因此需探究的是人们如何形成对旅游的认识及其对人们关于旅游态度的影响。社会表征理论本身作为较新的理论还具有一些缺陷。例如,偏重社会表征的内容与结构,而忽视了社会表征的功能及其丰富的社会内涵,也未触及个体层面动态化、多样化的认知过程。社区旅游理论认为居民对旅游的支持、参与和控制程度是居民受益的关键,而居民的受益程度与私人部门、非政府组织、政府等利益主体的利益紧密相关。集成式乡村旅游重视地方根植性,强调旅游发展的内嵌、内生与赋权的特征。它认为应通过开发有效的方法来改进旅游与地方资源、活动、产品与社区之间的联系,使行动者共同开发各种资源的网络建设而推动旅游发展,因而更具可持续性。然而在现实中,社区与乡村存在资金、知识与设施等方面的欠缺致使旅游发展动力不足,政府通常发挥主导作用,因此社区旅游模式并不是普遍适宜。上述多种理论从不同的视角阐述了社区居民的响应模式,但要充分理解居民对旅游的响应模式这个多元化的、复杂的非线性过程,还需要充分研究旅游地环境、社区发展及其带来的变化,同时要理解社区历史、正式与非正式的制度结构以及旅游支持网络。

1.1.3　旅游业视角的文化变迁研究

1)旅游商品化与文化生产

旅游商品化不仅影响了旅游地居民的响应模式,也导致了"真实性"的问题。然而"真实性"概念本身在发生变化,它不仅与文化及旅游景观有关,且与人们的感受、体验、心理等相关。由于文化的多重功能,真实性可分为客观性真实、建构性真实、存在性真实等,它已成为一个从实在主义到建构主义的连续体,真实性处于连续体中哪个位置取决于旅游利益主体间的协调。因此,除了部分消极的影响外,旅游商品化更多地是有助于传统文化的复兴,并推动地方文化的创新与文化生产。地方文化是如何在旅游过程中进行创新并获得文化生产的? 对此,吉布森与戴维森在分析塔姆沃思成为澳大利亚乡村音乐之都的过程中,构建了乡村音乐资本的行动者网络框架:音乐家与听众、乡村音乐促进公司或组织、乡村音乐产业、主要的发起者、主要的组织以及政府。而克尼斯则以文化环理论为视角,分析旅游地的文化生产。文化环理论认为生产者、文本、阅读、活文化再到生产构成了文化环。文本最初由生产者形成,并成为读者诠释的一部分,文本发生变化的意义进入已有的文化储藏库中,意义中新的变化成为新的生产原材料。文化是由生产与消费交织在一起构建的,这个共建的文本在活态文化内循环着,被它的成员所阅读,并通过持续的再诠释与不断变化的社会环境进一步发生变迁。旅游行动者网络框架指出文化创新是行动者网络内人与非人要素互动的结果;而文化环理论是把文化的意义看作一个社会过程进行生产、再生产与竞争的。毫无疑问,文化具有政治性,新的意义是通过斗争与协调获得发展的。两种理论分别从文化的共时性与历时性角度看待文化的创新、生产与发展,为理解文化变迁提供了新的思路与理论基础。

2) 旅游创造性破坏

近来不少学者把熊彼特与大卫·哈维的创造性破坏思想引入旅游研究中。例如,佛特曲分析了在资本、消费者、全球化作用下,旅游对罐头工厂街城市街区标准化、商品化、历史扭曲化、高尚化等的影响。桑托斯与彦分析了芝加哥唐人街汉文化景观在后现代市场需求与商品化语境下的创造性破坏过程,认为它是一个定位与再定位、设计与再设计、生产与再生产的、政治斗争与妥协的过程。这些研究多为批判性研究,其基本观点是,资本是通过旅游地的生产与再生产能动性地推动旅游地变迁的,它是一个不断破坏旧结构、创造新结构的创造性过程。这对于我国当前重视旅游资本投资、强调旅游创新而言,显然具有积极的借鉴作用,但仍要注意私营资本、个体资本的创造性破坏,注重主导旅游发展的政府与国有资本的创造性破坏。而加拿大地理学者米歇尔则致力于构建与旅游地生命周期理论不同的旅游地变迁框架。他基于后现代思潮的社会背景,提出了旅游创造性破坏模型,以预测后现代社区的旅游发展。该模型分析了旅游文化变迁中企业家精神、保护主义者、居民与

7

政府等利益主体的动机与行为,从多个指标分析旅游对遗产区景观的影响机制,提出了6个阶段的旅游创造性破坏模型。旅游创造性模型认为旅游影响与旅游地演化是一个创造性破坏的过程,其中企业家精神、商品化与创新是旅游影响与旅游地演化的主动力,资本在各利益主体的互动中居于主导地位,并运用多因子对旅游创造性破坏阶段进行判断。然而该模型在应用范围、阶段特征与划分、旅游影响与演化机制等方面仍存在一些不足。

1.1.4 地方化与全球化互动的文化变迁研究

旅游的全球化对世界产生了重要的影响。在世界体系理论框架下,旅游研究中出现了核心边缘理论、新殖民主义、帝国主义、依附理论等观点,其主要强调作为核心的发达国家对作为边缘的发展中国家在客源、投资、技术、管理、利润等方面的控制与垄断,强调边缘对中心的各种依赖、处于被支配的地位。而近来的研究更重视全球化与地方化的相互作用在旅游发展中的角色,关注地方的制度与政策、地方积极主动的响应在全球化中的作用。正如梅尔指出,要理解旅游地文化变迁,不仅要论及地方与全球化的互动,考虑旅游产生的影响,还要考虑旅游地的政治、经济、社会、文化与环境的历史。阿加瓦尔则认为旅游地变迁需要在全球化与地方化互动的框架中进行分析,这个框架中存在区域、国家与国际等多个层次的互动。他特别强调了地方特质、地方行动属性以及影响地方行动的因素等地方因素的作用。基于地方化与全球化互动的研究视角,更为注重旅游地内外的宏观结构在旅游地文化变迁中的作用,可以为旅游地社会文化变迁的方向提供宏观分析。显然,跨文化交流与创造性破坏应是文化发展与变迁的一种常态,人们需要辩证地看待旅游带来的影响。

1.1.5 国外旅游地社会文化变迁研究的特点

国外旅游地社会文化变迁研究文献繁杂,涉及的学科众多,包括人类学、社会学、地理学、经济学与管理学等,研究视角多元化,综合起来具有以下几个特点:

1)重视旅游地的流动性与旅游表演的影响研究

正如谢勒与厄里指出,旅游是一种流动的形态。随着全球空间的压缩与社会关系的扩张,人、资本、商品、物品、技术、信息、知识、文本、符号、形象、文化、体验等在全球范围内日益流动。地方是依赖流动、表演以及在任何时间与一系列演员之间偶遇而变化的流动的实体。在这些地方,旅游进行着多层次、多类型的表演,构成了嬉戏的地方,并驱动旅游地的生成与毁灭。

2)重视旅游地的社会文化生产与创造性破坏研究

与早期的地方对旅游的响应为被动的、消极的不同,近来研究注重文化的创新与建构在旅游地变迁中的作用。在这个过程中,旅游利益主体的互动通过旅游网络的知识流、权力流、物质流、货币流、文化流等旅游流联系、协调、妥协,甚至斗争,推动着旅游地的社会文化生产与再生产,它是一个旅游地内外部因素互动的结果。同时,这个过程也是一个创造性破坏的过程,成为推动旅游地社会文化变迁的主导力量,使社会文化变迁呈现一个创新→破坏→创新→破坏的不断持续的过程。

3)重视旅游地的社会文化变迁的非线性与复杂性研究

当前无序、混沌、越来越多的变化主导着全球秩序,这伴随着各种变量的动态的、非连续性的进程。原有的各种线性模型已不能适应社会发展中各种不可预见的因素,企业家精神具有持续不断的创造性破坏以不断打破平衡,推动旅游地呈现非线性的发展与演化。巴特勒也认为由于细分市场的多样性与目的地的复杂性,原有的生命周期理论已不适宜,需要结合复杂性理论加以完善。

1.1.6 结语

总的来看,国外旅游地文化变迁的研究更注重从微观视角研究利益主体,对旅游影响的作用进行多因子分析,强调权力、制度、网络、资本与商品化、全球化与地方化互动、创新、文化生产与创造性破坏的作用,注重对文化变迁的动态过程分析,为我国的相关研究提供了一些新的思路与方法。国内研究不仅要借鉴国外旅游地社会文化变迁研究的理论与经验,结合我国国情开展研究,也要把握社会文化变迁各种理论的最新进展与趋势。例如,演化经济学与社会学的结构功能理论等采用达尔文的遗传、变异与选择的分析框架对经济与社会文化的变迁研究,取得了较多研究成果,可以引入对旅游地的社会文化变迁研究。

参 考 文 献

[1]瓦伦·L.史密斯.东道主与游客:旅游人类学研究[M].张晓萍,何昌邑,等译.昆明:云南大学出版社,2007:11-13.

[2]Erik Cohen.旅游社会学纵论[M].巫宁,马聪玲,陈云平,译.天津:南开大学出版社,2007:47-60.

［3］John Urry. 游客凝视［M］. 杨慧，赵玉中，王庆玲，等译. 桂林：广西师范大学出版社，2009：5-22.

［4］周宪. 现代性与视觉文化中的旅游凝视［J］. 天津社会科学，2008（1）：111-118.

［5］XIE P F, OSUMARE H, IBRAHIM A. Gazing the hood：Hip-Hop as tourism attraction［J］. Tourism Management，2007，28（2）：452-460.

［6］EDENSOR T. Staging tourism：tourists as performers ［J］. Annals of Tourism Research，2000，27（2）：322-344.

［7］HAYWOOD K M. Can the tourist-area life cycle be made operational? ［J］. Tourism Management，1986，7（3）：154-167.

［8］RUSSELL R, FAULKNER B. Entrepreneurship, chaos and the tourism area life cycle ［J］. Annals of Tourism Research，2004，31（3）：556-579.

［9］PAPATHEODOROU A. Exploring the evolution of tourism resorts［J］. Annals of Tourism Research，2004，31（1）：219-237.

［10］CARMICHAEL B A. A matrix model for resident attitudes and behaviours in a rapidly changing tourist area［J］. Tourism Management，2000，21（6）：601-611.

［11］FAULKNER F B. Host community reactions：A cluster analysis［J］. Annals of Tourism Research，2000，27（3）：763-784.

［12］WEAVER D B, LAWTON L J. Resident perceptions in the urban-rural fringe［J］. Annals of Tourism Research，2001，28（2）：439-458.

［13］MAOZ D. The mutual gaze［J］. Annals of Tourism Research，2006，33（1）：221-239.

［14］GURSOY D, RUTHERFORD D G. Host attitudes toward tourism：an improved structural model［J］. Annals of Tourism Research，2004，31（3）：495-516.

［15］ARAMBERRI J. The host should get lost：paradigms in the tourism theory［J］. Annals of Tourism Research，2001，28（3）：738-761.

［16］刘赵平. 社会交换理论在旅游社会文化影响研究中的应用［J］. 旅游科学，1998（4）：30-33.

［17］肖洪根. 对旅游社会学理论体系研究的认识：兼评国外旅游社会学研究动态（下）［J］. 旅游学刊，2002（1）：59-68.

［18］GIBSON C, DAVIDSON D. Tamworth, Australia's 'country music capital'：place marketing, rurality, and resident reactions［J］. Journal of Rural Studies，2004，20

(4):387-404.

[19]CHRONIS A. Coconstructing heritage at the Gettysburg storyscape[J]. Annals of Tourism Research, 2005,32(2):386-406.

[20]FOTSCH P M. Tourism' uneven impact history on Cannery Row[J]. Annals of Tourism Research, 2004,31(4):779-800.

[21]SANTOS C A, YAN G. Representational politics in Chinatown: the ethnic other [J]. Annals of Tourism Research, 2008, 35(4):879-899.

[22]MAIR H. Tourism, globalisation, and cultural change: an Island Community perspective[J]. Annals of Tourism Research, 2005,32(2):514-515.

[23]AGARWAL S. Global-local interactions in English coastal resorts: theoretical perspectives[J]. Tourism Geographies: An International of Tourism Space, Place and Environment,2005,7(4):351-372.

[24]SHELLER M, URRY J. Tourism mobilities:places to play, places in play[M]. London:Routledge, 2004:1-10.

[25]BUTLER R. Tourism in the future: cycles, waves or wheels? [J]. Futures,2009, 41(6):346-352.

1.2 文化旅游的内涵与类型

文化与旅游日益融合,文化旅游受到空前重视。基于文化是意义的集合的概念,本节提出文化旅游是文化意义的旅游生产系统。在此基础上区分了文化旅游广义与狭义的内涵,并从旅游供求角度对文化旅游进行了分类,为文化旅游的发展提供了一定的理论参考。

文化日益成为旅游的重要吸引物,全球文化旅游迅速发展。我国1992年开展"中国旅游年"活动以来,有1/3的主题是文化旅游,旅游内容具体包括文物古迹、民族风情、民间艺术、烹饪王国、百姓生活、中华文化、丝绸之路等。近来文化与旅游日益融合,文化旅游受到空前重视,文旅、文创成为旅游行业中最热的词汇之一。尤其是文化部与国家旅游局合并后,文化旅游获得了更高的关注度与发展。文化旅游如何发展,这首先要在理论上明确文化旅游的内涵与意义。

1.2.1 文化旅游概念与类型的研究述评

文化旅游概念与类型的界定,主要是从以下 3 个方面进行的:

1) 侧重于旅游需求视角的界定

如世界旅游组织在 1985 年对文化旅游下过广义与狭义两个定义。西尔伯伯格最偏向于狭义的定义,认为旅游动机与兴趣是文化旅游的出发点,把文化旅游视为主人社区之外的人进行的访问,其动机与兴趣全部或部分是社区或地区的历史、艺术、科学、生活方式或遗产。

2) 侧重于旅游供给视角的界定

文化旅游被认为是一种生产与消费同时进行的服务类产品。文化旅游体现在制度文化、传统文化、民族文化、民间文化或历史文化、现代文化、民俗文化、道德伦理文化等方面。肖忠东根据旅游资源开发深度的不同,将文化旅游产品分为 3 个层面:景观文化旅游产品、风情文化旅游产品、艺术文化旅游产品。刘宏燕以旅游吸引物体系的主题文化为标准,将文化旅游划分为 4 种类型。总的来说,从归属关系来看,文化旅游大致分为两类:第一类可直接归属文化旅游;第二类属于文化旅游与其他专项旅游的交叉领域。

3) 综合旅游供求视角的界定

理查兹在为旅游与休闲教育协会(ATLAS)进行的研究中,提出两种文化旅游的概念:一种是概念性定义,即人们离开定居地到文化活动地收集新信息与新体验以满足文化需求的移动;另一种是技术性定义,即所有人为特定文化吸引物而进行的移动,这些吸引物包括博物馆、遗产地、艺术表演与非为当地居民举办的节庆。徐菊凤总结了文化旅游的广义、中义与狭义 3 类观点。鲍勃·麦克彻、希拉里·迪克罗则认为文化旅游可从 4 个方面进行界定:一是衍生性定义,即文化旅游被置于旅游与旅游管理的框架内,把文化旅游作为一种旅游吸引物或旅游语境;二是动机性定义,旅游的文化动机是其重要因素;三是经验性或意愿性定义,即旅游者具有一定的文化体验;四是操作性定义,即强调旅游者在某文化旅游过程中的参与性。史密斯则把文化旅游视为旅游者通过消极的、积极的或互动性的文化与社区参与,以获得教育、创造性或娱乐性的新体验。

综上所述,已有不少学者从不同角度对文化旅游的概念与内涵进行了界定,具有一定的思辨性与实践指导意义。但这些界定大多围绕旅游者的动机与文化吸引物,较少明确突出文化意义这个文化的内核,即文化旅游意味着什么。同时,当前的概念界定大多侧重于旅游供求的一两个方面,较少从系统视角看待文化旅游。尤其在实践上,在当前文旅大融合、文创大发展环境下,文化旅游概念与内涵未能很好地融合文化意义与文化创造、创新的内涵,因此难以有效地指导实践。

1.2.2　文化旅游概念与内涵的再界定

文化旅游作为文化与旅游的融合体,应具有以下特点:

首先,文化旅游是文化的,是具有文化意义的。关于什么是文化,在当代,文化大致呈现 3 种用法:一是个人、集体或社会在知识、精神和审美上的发展;二是相当于"艺术"的含义,包括一系列知识与艺术行为及其产品;三是指一个民族、集体或社会的生活方式、行为与信仰的总和。人类学家格尔茨认为,文化就是由人自己编织的意义之网,文化分析就是探求意义的解释科学。澳大利亚文化学者杰夫·刘易斯认为,文化是由集合而成的意义所构建的,这些意义与特定社会群体的价值、道德规范、利益和意识形态相联系,受其影响并与其协调一致。文化是动态的,充满了对意义的辩论与对主导地位意义的争夺,新意义要在人类及其多种沟通形式持续不断的互动中实践才能形成,它们对意义的转化、内爆、创造与再创造都会产生影响。威廉斯认为一个社会形成的过程就是寻找共同的意义与方向的过程。他把文化视为一个由意义、价值、符号等构成的象征系统,文化形成于社会成员所处的物质条件与社会关系。霍尔把威廉斯的意义与价值转换为更具符号学色彩的意义,把文化定义为共享的意义或共享的概念图。他认为文化意义包括人们解释与表征世界的方式,涉及观念、感情、归属感和情绪,以及文化实践与使用事物过程中获取的意义。也就是说,意义是文化的内核,符号是文化的外在表征,意义通过符号进行表达与呈现。费孝通指出,文化意义指的是我们为什么这样生活,这样生活有什么意义,这样生活会为我们带来什么结果。文化旅游作为文化的构成部分,其内核理应是文化意义。它是人们通过文化旅游来解释与表征世界的方式,涉及旅游的观念、感情、归属感、情绪、价值与功能。文化旅游构成了一个文化意义的系统。可以说,文化意义讨论是文化旅游的出发点与最基本的判断标准。

其次,文化旅游是一个旅游意义的生产体系。本雅明开创文化生产模式研究以来,对文化生产模式的研究已经形成了一个整体的综合研究范式。不少学者把文化视为一个"产品和消费"的过程。文化的生产、消费、复制已成为文化研究的中心。20 世纪 60 年代以来,随着文化、社会和商业之间的相互交织比以前更为紧密,单一领域的文化工业逐步向多元领域的文化产业发展。由于文化是文化意义的表意系统,文化产业就成为与社会意义生产最直接的机构的集合。因此,文化旅游就是与文化意义生产最直接的旅游机构综合体,构成了文化意义的旅游生产体系。其中,旅游动机、旅游消费、旅游行为、旅游体验、旅游资源、旅游产品、旅游业态等多种供求要素相互影响、相互制约。

最后,文化旅游具有旅游时空结构的特性。在时间序列上,文化旅游既包括旅游者在旅游前的旅游动机、旅游中的旅游消费与旅游行为、旅游后的旅游体验,也包括旅游目的地旅游发展前具有的旅游资源与旅游发展初心,旅游发展中提供的旅游产品与旅游业态,以及旅游发展后所产生的旅游效应,这些不同的阶段与过程都蕴含或产生不同的旅游意义。在空间结构上,文化旅游包括旅游客源地、旅游通道、旅游目的地。文化旅游不仅是文化与旅游的融合,也是旅游者与目的地在时空上的相遇。文化旅游目的地在历史、民族、遗产、民俗、生活、艺术、科技、宗教、记忆、叙事、故事、景观等方面具有丰富的旅游资源,它们不仅蕴含丰富的历史与文化价值,而且是活态文化的载体。文化旅游目的地既具有开展文化旅游活动的空间场所与物质载体,又依赖其蕴含的意义与价值来吸引旅游者。在这个过程中,旅游地成为一种媒介。通过它,各旅游行动者与世界、旅游符号与环境得以协商,从而可以生成各自清晰的意义。其文化意义是文化旅游地在长期历史发展与演化中逐步形成的,它不完全是物质的,也是心灵的,是各种印象与联系、记忆与情感的产物。

因此,文化旅游就是进行文化意义生产的旅游系统。其文化意义来自旅游者主导的旅游行动者及其互动。它贯穿旅游时空过程,形成于旅游供求互动。在此,基于雷帕构建的旅游系统,本节构建了新的文化旅游系统(图1.1),突出了文化意义的核心地位,也反映了"旅游是文化的"这一旅游学的核心命题,经济也是文化意义的一种类型(表1.1)。

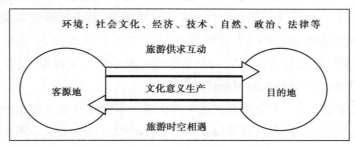

图1.1　文化旅游系统示意图

表 1.1　文化旅游的主要内涵

系统	维度	主要内容
文化意义系统	文化意义维度	不同的行动者具有不同的文化意义,如家园、遗产、利润、经济、旅游、休闲等
	文化符号维度	体现于旅游消费、旅游产品等方面的旅游景观、旅游行为、图案、图像、文字、语言等
旅游供求系统	旅游需求维度	旅游动机、旅游行为、旅游体验与旅游评价等
	旅游供应维度	旅游创新创业初心、旅游资源、旅游产品、旅游业态、旅游效应等
旅游时空系统	旅游时间维度	旅游行程的时间性:旅游前、旅游中、旅游后 旅游开发的时间性:开发前、开发中、开发后 旅游文化的时间性:历史文化、现当代文化、未来文化
	旅游空间维度	旅游客源地、旅游通道、旅游目的地

与此同时,由于文化意义的内涵较广,上述概念虽界定清晰,但在内涵上比较泛化。因此可借鉴其他学者的做法,将文化旅游的内涵分为广义与狭义两个方面,二者可在不同语境下应用。广义上,能进行文化意义生产的旅游都算文化旅游。这基本上可以泛指所有的旅游,包括自然的、生态的,因为基本上任何旅游都具有一定的价值、功能与意义。广义的内涵在涉及旅游者的生活方式与旅游方式,以及旅游企业的创造性供给时较为适用。但广义的内涵由于范围过大,专门讨论文化旅游就失去了意义,不利于文化旅游的深入研究,因此有必要缩小其范围,聚焦于"文化"的意义,而与其他的如经济、社会、政治、生态等的意义区分开来。狭义的文化旅游,主要涉及文化的保护、传承与创意的旅游,尤其是以文化为主要吸引物的旅游。

1.2.3　文化旅游的类型

文化旅游作为文化意义的旅游生产系统,其意义生产贯穿旅游需求维度与旅游供给维度的旅游时空之中,下面分别从这两个维度的意义视角来划分文化旅游的类型。

1)基于旅游者角度划分的文化旅游类型

旅游者的文化意义,融入其生活方式与旅游方式,依赖旅游动机、旅游行为与旅游体验和文化参与、文化消费及文化体验,涉及外部客观世界与个人主观解释的互动,它是随不同的人而变化的。具体而言,关于旅游者的文化意义,马斯洛需求层次理论应用较为广泛。皮尔斯基于马斯洛需求层次理论,提出旅游需要层次模型,包括放松需要、刺激需要、关系、自尊与发展、自我实现。格雷提出休闲旅行的两种驱动力:漫游癖与恋物癖。戴恩进一步明确了"推力"与"拉力"。在艾泽欧—阿荷拉模型中则呈现为寻求内在满足的欲望和规避外在环境的欲望,在二者都强烈的状态下呈现探寻未知世界的心理倾向。克朗普顿将旅游动机分为推动型动机与拉动型动机,前者包括逃避世俗环境、寻求自我和评价自我、放松、声望、回归、增进亲友关系、加强社会交往,后者包括新奇、教育。克里彭多夫认为旅游动机包括消除身心疲惫、社会补偿与社会整合、逃离现实、发展人际关系、拓展心智、追求自由与自主、寻求自我实现和获得快乐8个方面。布兰克和佩特科维奇把城市旅游动机归结为探亲访友、商务与会议、户外游憩、娱乐与观光、个人原因、购物等。世界旅游组织和联合国统计委员会推荐的旅游技术性统计定义中,旅游目的包括六大类:休闲、娱乐、度假,探亲访友,商务、专业访问,健康医疗,宗教(朝拜),其他。谢彦君把旅游体验视为旅游现象的硬核,认为旅游体验包括结构张力之下的补偿性旅游体验、寻找精神家园的遁世性旅游体验、认知性旅游体验、另类色彩的极端旅游体验。陈才借鉴马斯洛需求层次理论,将旅游体验的深度结构分为感官体验、身体体验、情感体验、精神体验、心灵体验。

根据对这些旅游者动机与体验等旅游者文化意义的文献梳理与综合,不难看出人的意义贯穿于人的心灵、思想、身体、情感、生活与生产等的体验中。基于此,旅游文化可归纳为以下几类:①心灵体验型。它是以信念、信仰、理想、自由、自我实现等为主导意义的旅游,如追求回归自然的生态旅游、净化心灵的宗教旅游、向往理想生活方式的遁世之旅、坚定信念的登山之旅、自我实现的公益之旅。②学习与思想体验型。它是以满足好奇心、探寻文化真实性、提升审美能力、学习与增长知识、激发人的思维与思想、追求真理等为主导意义的旅游,如自然审美、文化教育、修学研学、文化创意等旅游活动。③身体体验型。它是以强身健体、修身养性、休闲放松为主导意义的旅游,如美容、美颜、美体、食疗、疗养、保健、运动、康体、健身等活动。④情感体验型。它是以促进社会交往、维系情感与爱为主导意义的旅游活动,如有关亲情、友情、爱情、祭祖、思乡、怀旧、念古、感恩、家国情怀等的活动。⑤生活体验型。它是以追求差异化或新型生活方式的旅游,如参与刺激、冒险、娱乐、电影、音乐、艺术、美食、摄影、户外运动等休闲与度假活动。⑥工作与生产体验型。它是与工作和生产活动有关的旅游,如商务旅游、专业访问、志愿旅游等。

2)基于旅游资源划分的文化旅游类型

旅游资源是吸引旅游者的各种事物与要素,蕴含了丰富的文化意义。从旅游资源的价值与功能主导的文化意义来看,文化旅游大致分为以下几类:①家园与民俗文化型。例如,各种类型的传统村镇仍然是人们主要的居住地与家园,当地人的生活方式与民俗文化往往是旅游地的主要吸引物。②遗产文化型。它包括各种自然与文化遗产、物质与非物质文化遗产等。例如,各种遗址遗迹、文物保护单位、名城名镇名村等都是典型的文化遗产,是作为传统文化保护与传承的主要对象,具有研学、怀旧、纪念、休闲娱乐等功能,山岳、水域、动植物、气候与气象等自然资源也具有科研、观光、教育、康体与休闲等价值。③产业文化型。农业、矿业、工业、商业、交通运输业、文化、艺术、教育、科技、体育、医疗、卫生等各种产业不仅具有其产业本身的功能,也兼有一定的旅游价值与功能。④旅游与休闲文化型。它主要是指专门化的旅游与休闲活动及场所,如各类公园与旅游景区等。

3)基于旅游文化主题划分的文化旅游类型

主题是旅游发展的魂魄。根据旅游发展的文化主题,文化旅游大致分为以下类型:①山水文化型。它是以天然的地文与水文等自然景观为载体,发展以山水审美与山水文化等为主题的旅游形式。各种名山胜水不仅具有特殊的外在景观形态,也融入了人们的价值观念、情感与身份认同,成为某种文化符号,如"五岳"。②历史文化型。它是以历史文化为主题的旅游形式,包括历史文化名城名村、文博设施以及相关的主题景区,如西安大唐芙蓉园、杭州宋城。③家园与民族民俗文化型。它是以各地居住场所与民俗文化为主题的旅游形式。如摩梭人、印第安人、毛利人、澳大利亚土著人等居住地的融居住、服饰、饮食、宗教、节庆等的民族文化之旅。④现代时尚文化型。它是以现代化、时尚元素为文化主题。例如,纽约、悉尼、米兰、迪拜、香港、上海等时尚都市开展的时尚旅游活动。⑤休闲度假文化型。它注重旅游者放松、康体、休闲、娱乐等。⑥社交与情感文化型。它以亲子、家庭、情侣、亲友、祭祖、思乡、怀旧、念古、感恩、家国情怀等为主题。⑦文学艺术型。它是以文学、音乐、绘画、美术、雕塑、影视、摄影等为主题。⑧产业文化型。它包括农业、矿业、工业、商业、交通运输业、文化、艺术、教育、科技、体育、医疗、卫生等各种产业本身的功能,也包括一定的旅游价值与功能。⑨创意文化型。它是以非遗文化、文学、艺术、专业学习等为主题,如故宫文创。

4) 基于旅游业态划分的文化旅游类型

旅游业态是旅游产品与旅游经营的融合体,它不仅直指文化主题,也关系旅游经营效益,更涉及旅游者旅游文化体验的广度与深度。根据文化旅游产品的业态,文化旅游主要分为以下几种类型:①景区依托型。它主要是依托自然风景与传统文化,以景区门票经济为主导盈利点的文旅业态。②文化博览型,即主要以收藏、保护与展示历史文化、民俗文化、现代文化为主要功能的文化旅游,如故宫博物院、秦始皇陵兵马俑、上海科技馆、广州科学中心等为代表的文化展览馆、博物馆、美术馆、艺术馆、科技馆等。③文旅村镇型,即以某类文化为主题的、具有村镇空间形态的、含有特有文化 IP 与较高文化创意的、以多个产业价值链为盈利点的文旅业态,如北京古北水镇、云南大研古镇与彝人古镇、浙江乌镇、安徽齐云山小镇、宁波市奉化区溪口滕头村等。④主题游乐型,即围绕某娱乐主题进行人工化构建的具有一定范围的休闲娱乐场所。它包括历史、民俗、农业、工业、商业、军事、动植物等类型的景观、活动与表演,如西安的大唐芙蓉园、昆明世博园、上海野生动物园、常州环球恐龙城、盐城大丰区中华麋鹿园景区;也包括基于高新科技的大型主题公园,如上海迪士尼乐园、欢乐世界、万达乐园等。⑤旅游度假区型。它融合了放松、社交、康体、养生、蜜月、美食、购物、娱乐、聚会等综合性功能与主题,以休闲娱乐、酒店、餐饮、商务会展、地产项目等多产业链盈利为主导,如亚龙湾国家旅游度假区、广州长隆旅游度假区等。⑥游憩街区型。它主要以街区为载体,集休闲、美食、购物、娱乐等多种游憩功能于一体的文化旅游地,如北京南锣鼓巷、成都宽窄巷子等。⑦文化节事型,即各种传统的与现代的体育赛事、节庆、庆典、文化演出、经贸活动等大型活动与事件,如奥运会、世界杯、广交会、博鳌亚洲论坛、世博会、青岛啤酒节等。⑧产业融合型,即"各个行业+旅游"形成的跨行业融合经营的旅游业态,如"农业+旅游"中的广东雁南飞茶田、北京蟹岛温泉度假村,"工业+旅游"中的杭州娃哈哈集团有限公司、烟台张裕葡萄酿酒股份有限公司、内蒙古伊利实业集团股份有限公司,"旅行社+教育机构或学校"推动的研学旅游,"影视+旅游"中的横店影视城、宁夏镇北堡西部影视城,"体育+旅游"中的深圳观澜湖高尔夫休闲度假区,"艺术+旅游"为艺术学习、写生、艺术创作等进行的旅游活动,"电视塔+旅游"中的东方明珠、广州电视塔,等等。

5) 基于旅游商业化程度与旅游效应划分的文化旅游类型

商业化程度不仅关系文化的真实性,也涉及旅游的经济、社会文化与生态效应。根据文化商业化程度与旅游效应状况,文化旅游大致可分为以下类型:①文化原生态型。这个类型的文化旅游地较少采用人工化的地方营造措施,而主要遵循当地长期形成的历史文化脉络进行文化意义生产,呈现较为原生态的文化内涵,如各种传统村落。这种类型商业化程度低,文化原真性强,但经济发展效应不足。②文化遗产型。这种类型加强了对文化遗产的保护,并适度商业化,为遗产寻求者提供了一些新的商品和服务,如手工艺品、标志性的食物和饮料、独特的住宿体验。世界文化遗产地、文物保护单位、名城名镇名村等都是典型的文化遗产型。这种类型可较好地保护、传承传统文化,但负面效应也会增强。③文化商业化型。这种类型的商业化程度高,能供应大量娱乐设施与仿真商品,以吸引后现代旅游者。有利于地方经济的发展,有效地改善了民生,提升了地方人民的生活质量,繁荣并发展了民间文化与文化市场。但商业化程度可能过高,影响对当地传统文化的传承。④文化创意型。这种类型以创造性思维为标志,提供创意景观、创意商品、创意艺术、创意表演、创意活动等,可推动传统文化的创造性转化。

1.2.4 结语

文化旅游需从文化意义与旅游特性的时空融合视角出发,将文化旅游视为文化意义的旅游生产系统,从旅游供求与时空维度分析文化意义的生产过程,并划分不同的文化旅游类型,这样既能厘清文化旅游的理论脉络,也能更好地将理论应用于实践。当然,文化旅游是一个动态系统,随着社会经济的发展,会出现更多不同文化意义的旅游形态。

参 考 文 献

[1]平措卓玛, 徐秀美.旅游文化与文化旅游辨析[J].乐山师范学院学报,2012,27(12):65-67.

[2]朱梅,魏向东.国内外文化旅游研究比较与展望[J].地理科学进展,2014,33(9):1262-1278.

[3]王文祥.文化旅游产业国内外研究综述[J].学术交流,2010,200(11):122-124.

[4]肖忠东.我国文化旅游产品的系统开发[J].吉首大学学报(社会科学版),2000,21(1):48-51.

[5]刘宏燕.文化旅游及其相关问题研究[J].社会科学家,2005(S1):430-433.

[6]SMITH M K. Issues in cultural tourism studies[M]. London:Routledge, 2016:16-18.

[7]徐菊凤.旅游文化与文化旅游:理论与实践的若干问题[J].旅游学刊,2005,20(4):67-72.

[8]菲利普·史密斯.文化理论:导论[M].张鲲,译.北京:商务印书馆,2008:8-10.

[9]克利福德·格尔茨.文化的解释[M].韩莉,译.南京:译林出版社,2014:5.

[10]杰夫·刘易斯.文化研究基础理论[M].郭镇之,任丛,秦洁,等译.北京:清华大学出版社,2013:6-17.

[11]雷蒙·威廉斯.希望的源泉:文化、民主、社会主义[M].祁阿红,吴晓妹,译.南京:译林出版社,2014:4-5.

[12]斯图尔特·霍尔.表征:文化表征与意指实践[M].徐亮,陆兴华,译.北京:商务印书馆,2013:3-5.

[13]费孝通.重建社会学与人类学的回顾和体会[J].中国社会科学,2000(1):37-51.

[14]周宪.文化表征与文化研究[M].上海:上海人民出版社,2015:3-8.

[15]大卫·赫斯蒙德夫.文化产业[M].张菲娜,译.北京:中国人民大学出版社,2007:12-20.

[16]CROUCH D. Spatialities and the feeling of doing[J]. Social and Cultural Geography, 2001, 2(1): 61-75.

[17]FLETCHALL A M. Place-making through beer-drinking: a case study of Montana's craft breweries[J]. Geographical Review,2016,106 (4): 539-566.

[18]保继刚.旅游地理学[M].北京:高等教育出版社,1999:28-29.

[19]马耀峰,李天顺,刘新平.旅游者行为[M].北京:科学出版社,2008:5-6.

[20]谢彦君.旅游体验研究:一种现象学的视角[M].天津:南开大学出版社,2006:107-121,149-170.

[21]陈才.旅游体验的性质与结构:基于博客游记的探讨[M].北京:旅游教育出版社,2010:181-185.

第2章
旅游影响感知研究

2.1 旅游效应评价方法——以云南香格里拉白水台为例

本节在评述各种旅游效应评价方法的基础上,探讨了旅游综合效应的评价及其方法,提出了一种旅游综合效应半定量化的评价方法。这种方法是在对旅游目的地居民关于旅游对社会、经济、环境几个方面的影响的态度和偏好进行问卷调查的前提下,采取半定量化的方法对旅游目的地社会、经济、环境的旅游效应进行评价,并根据社会、经济、环境三者的权重得到旅游目的地的旅游综合效应的半定量化结果。然后将这种方法运用到白水台的实证研究中,得到了与实际情况基本相同的白水台旅游综合效应的半定量化结果,由此证明这种方法具有可信度和可操作性。

旅游效应评价是指用某种方法对旅游活动所产生效应的正负、大小、影响等进行评估。旅游效应的评价是旅游效应研究中的一个重点。旅游效应评价的方法较多,其中:经济效应评价的主要方法有产业附加值测算法、投入产出法、旅游业增加值剥离测算方法、分类测算方法、盘存法(预算法)、经济基础分析法、费用效益分析法、旅游业地区影响力模型、克罗伊茨怀泽估算法、旅游卫星账户方法等;社会效应研究的主要方法有田野调查法、问卷调查法、电话调查法和访谈法等;环境效应研究的主要方法有预测分析法、长期监测法、模拟法、德尔菲法。

在确定旅游效应的因素时,需要考虑一系列变量。在经济学中旅游效应的评价方法有了长足的发展,但是对环境效应和社会效应的测量却未能提高到相应的水准。而重要的是把旅游诱发事件和其他的变化原因区别开来,保证第二效应和第三效应得到考虑,对旅游介入前的状况有一个清晰的概念。对经济效应的评价一般都采用各种数量化模式进行定量化,结果相对精确。对社会效应的评价是旅游效应评价的一个难点,因为社会效应涉及的因素较为复杂,难以量化,特别是对于某些民族文化浓郁的地区来说,许多旅游社会效应都带有争议性。因此,社会效应的评价一般采用定性分析的方法,结果相对模糊。定性分析方法具体包括田野调查法、问卷调查法、电话调查法和访谈法。田野调查法在能够比较深入地反映旅游对当地影响细节的同时,也存在一些缺陷,即它仅仅是基于作者个人的观察作出判断,不可避免地存在观察角度、范围、准确程度等方面的局限性。问卷调查法的前提是科学地进行问卷设计、抽样及调查分析,然后通过调研结果准确地掌握旅游对目的地社会文化的影响状况,为实施对影响的控制打下良好的基础。由于旅游效应涉及经济、社

22

会、环境 3 个方面,因而要全面、系统、精确地对旅游效应进行评价比较困难,特别是社会效应影响因素难以量化。一定程度上,量化旅游对环境和社会的影响阻碍了旅游效应评价方法的开发。在理论和实践中,学者们一般只针对旅游目的地旅游效应的一个方面,根据其特点采取不同的方法进行评价。因此,本节探讨了旅游综合效应的评价及其方法。

2.1.1　旅游综合效应的评价方法

本节采取半定量的方法对白水台的社会、经济、环境的旅游综合效应进行评价,在对白地村居民进行问卷调查的前提下,经过对调查问卷的处理,得到白水台旅游效应的半定量化结果。通过旅游地居民获得旅游目的地的旅游效应评价是合理的,因为只有他们最了解旅游对本地产生影响的范围和程度,最了解自己利益所在。

旅游效应的半定量化拟采用以下公式:

$$A_i = \sqrt{B_i C_i}$$

式中　A_i——第 i 个调查项目的旅游效应值;

　　　B_i——居民对旅游导致的第 i 个调查项目变化以及变化程度的态度;

　　　C_i——居民对 B_i 的偏好。

A_i 作为 B_i 和 C_i 的几何平均,既反映了旅游对调查项目的影响程度,又反映了居民对它的偏好,即旅游效应的社会价值,表现为旅游效应是积极的还是消极的。

B_i 和 C_i 的值通过以下公式得到:

$$D = \sum_{n=1}^{5} E_i F_i$$

式中　D——B_i 或 C_i 的值;

　　　E_i——每种态度或每种偏好所占的比重;

　　　F_i——每种态度或每种偏好的值。

根据约翰等人在 1998 年运用的研究方法,F_i 的评价尺度采用 5 分赋值法,5 = 极大地增加(改善、有利)或非常喜欢,4 = 增加(改善、有利)或喜欢,3 = 没有变化或无所谓,2 = 减少(恶化、不利)或反感,1 = 极大地减少(恶化、不利)或非常反感。在这里,增加包含旅游效应正面效应的增加和负面效应的减少,减少包含负面效应的增加和正面效应的减少。无论是增加还是减少,它的赋分值都由居民的偏好决定。如果居民的偏好是喜欢的,那么它的值就大于 3,如果居民的偏好是反感的,那么它的值就小于 3。

经济、社会和环境 3 个方面的旅游效应对经济、社会和环境 3 方面的调查项目的旅游效应值可采取以下公式获得：

$$A' = \sum_{n=1}^{5} A_i N_i$$

式中　A'——旅游经济效应、旅游社会效应或旅游环境效应的值；

　　　A_i——3 个方面效应中第 i 个调查项目的旅游效应值；

　　　N_i——在 3 个方面效应中第 i 个调查项目的旅游效应的权重。

最后，旅游综合效应是对经济、社会、环境 3 个方面效应的综合，它的计算公式为：

$$A = A_1'X_1 + A_2'X_2 + A_3'X_3$$

式中　A——旅游对旅游目的地的旅游综合效应；

　　　A_1'、A_2'、A_3'——分别为经济、社会、环境 3 个方面效应的值；

　　　X_1、X_2、X_3——分别为前三者的权值。

旅游效应的分值在 0 ~ 5 分，旅游效应的评价标准：4. 25 ~ 5. 00 分是非常好；3. 50 ~ 4. 25 分是较好；3. 00 ~ 3. 50 分是一般；2. 00 ~ 3. 00 分是较差；2 分以下是非常差。

2.1.2　白水台自然概况

白水台位于中国云南省西北的香格里拉三坝乡白地村的白水河南岸，距建塘镇 101 km。白水台用纳西语称为"巴盘兆"，是中国最大的泉华台地之一，占地约 0. 1 km²，高出叠加于其上的洪积台地约 100 m，高出附近的白水河河床约 200 m。整个台地全为白色，其上有一层薄薄的水幕，水幕中沉淀的泉华颗粒如雪如盐，似玉似砂，造就了"云波雪浪""玉埂银丘""仙人遗田"的奇异景观。白水台所在的白地村不仅是一个风景秀丽的地方，还是纳西族东巴教与东巴象形文字的发祥地，富有少数民族风情。白水台所在地白地村是香格里拉市纳西族主要聚居地之一，当地居民除了少数外族人，基本上都为纳西族。2000 年，白地村总人口 3 294 人；经济总收入 382 万元，其中第一产业 212 万元，第二产业 18 万元，第三产业 22 万元，农民人均纯收入 788 元；全村总劳动力 1 821 人，其中从事第一产业的 1 731 人，短期外出务工人数 50 人，常年外出务工人数 30 人。

2.1.3　调查问卷的设计及调查结果

首先，根据白水台的自然与人文景观的特点、民族文化特性选取了一些对旅游效应研究具有代表性的指标,然后将这些指标设计为问卷,并将问卷发放给白水台所在地白地村的居民(主要为距白水台较近的 4 个村小组,即波湾、古都舍、吾树湾和水甲)。共发放调查问卷 300 份(以上 4 个居民小组约 300 户),收回问卷 276 份,其中有效问卷 260 份。以下为接受调查居民的基本情况。性别组成:男性占 52%,女性占 48%;民族组成:汉族 2 人,其余全为纳西族;受教育程度组成:初中以下占24.4%,初中占 55.6%,高中或中专占 17.8%,大专占 2.2%;年龄组成:20 岁以下占 16%,21~30 岁占 25%,31~40 岁占 28%,41~50 岁占 23%,51~60 岁占 7%,61 岁及以上占 1%;职业组成:农民占 72%,商业服务人员占 3%,个体经营者占11%,公务人员占 2%,学生占 8%,科技人员占 1%,教师占 2%,离退休人员占 1%;月收入组成:400 元以下占 58%,400~600 元占 13%,600~800 元占 9%,800~1 000 元占 8%,1 000~1 200 元占 7%,1 200~1 500 元占 5%。

其次,对有效调查问卷进行统计,得出居民对各调查项目的各种态度和偏好所占的比重(表 2.1—表 2.3)。对居民的调查问卷经过上述方法处理后,得到的具体结果如下。

表 2.1 白水台旅游经济效应的调查

序号	调查项目	极大地增加(非常喜欢)		增加(喜欢)		没有变化(无所谓)		减少(反感)		极大地减少(非常反感)	
		态度/%	偏好/%	态度/%	偏好/%	态度/%	偏好/%	态度/%	偏好/%	态度/%	偏好/%
1	居民收入	16	17	79	78	5	5	0	0	0	0
2	居民生活水平	18	19	79	77	3	4	0	0	0	0
3	地方经济发展水平	17	19	81	78	2	3	0	0	0	0
4	就业机会	15	34	80	57	5	9	0	0	0	0
5	外来投资	10	17	44	40	46	43	0	0	0	0
6	当地财政税收	24	37	72	51	4	12	2	0	0	0
7	商品和服务价格	4	10	57	53	21	24	15	13	3	0
8	土地价格和房屋价格	5	11	72	32	18	18	3	39	2	0
9	居民生活消费支出	3	6	77	35	14	28	4	30	2	1
10	旅游收入占本地居民收入的比重	14	15	85	84	1	1	0	0	0	0

表 2.2　白水台旅游社会文化效应的调查

序号	调查项目	极大地有利（非常喜欢）		有利（喜欢）		没有变化（无所谓）		不利（反感）		极大地不利（非常反感）	
		态度/%	偏好/%	态度/%	偏好/%	态度/%	偏好/%	态度/%	偏好/%	态度/%	偏好/%
1	历史遗迹和古建筑	18	18	45	48	35	30	2	3	0	1
2	公共设施	14	14	74	76	6	6	4	4	2	2
3	形象(名声)	30	27	68	64	3	3	1	1	2	1
4	交通	39	37	58	60	2	2	1	1	0	0
5	传统建筑	15	13	67	68	16	17	2	2	0	0
6	居民休闲机会	4	10	60	63	22	23	8	3	6	1
7	与外界的文化交流	17	16	75	78	7	6	1	0	0	0
8	使用外地语言的频率	32	14	47	62	18	19	2	1	1	4
9	对历史文化展览的需求	15	22	75	70	9	6	1	2	0	0
10	淫秽色情	10	23	49	45	24	13	14	10	3	9
11	犯罪	10	31	45	35	26	14	15	28	4	2
12	酗酒	7	19	23	38	36	14	29	28	5	1
13	民族风俗	16	21	72	75	10	4	2	0	0	0
14	道德文化修养	14	15	69	68	11	10	3	4	3	3
15	居民的心理压力	8	10	43	44	27	29	22	16	0	1
16	居民的家庭关系	9	10	55	57	33	30	3	3	0	0
17	民族工艺品的艺术水平	14	14	79	79	7	7	0	0	0	0
18	宗教氛围	22	20	64	63	11	10	2	2	1	5
19	居民的经济意识	26	50	73	48	0	2	1	0	0	0
20	居民好客的秉性	29	38	56	54	6	6	1	0	8	2
21	居民的文明礼仪	20	23	62	56	7	6	1	0	1	5
22	居民的贫富差距	9	9	45	37	18	27	24	19	4	8
23	居民的健康状况	1	14	16	32	44	21	36	27	3	6
24	居民的法律观念	14	14	66	67	14	9	1	3	5	7

序号	调查项目	极大地有利（非常喜欢）		有利（喜欢）		没有变化（无所谓）		不利（反感）		极大地不利（非常反感）	
		态度/%	偏好/%	态度/%	偏好/%	态度/%	偏好/%	态度/%	偏好/%	态度/%	偏好/%
25	居民的受教育水平	9	10	53	48	36	39	1	0	1	3
26	居民利用公共设施的机会	15	14	68	70	15	12	0	3	2	1
27	居民的生活环境	15	16	70	69	11	8	1	1	3	6
28	小孩的成长	14	14	29	31	12	12	44	40	1	3
29	老年人的地位	9	17	54	55	32	23	1	1	3	3
30	妇女的地位	16	46	58	33	25	17	1	0	0	4
31	文化优越感	31	31	64	65	3	3	1	0	1	1

注:对于淫秽色情、犯罪、酗酒而言,有利是指三者的减少,不利是指三者的增加。

表 2.3　白水台旅游环境效应的调查

序号	调查项目	极大地改善（非常喜欢）		改善（喜欢）		没有变化（无所谓）		恶化（反感）		极大地恶化（非常反感）	
		态度/%	偏好/%	态度/%	偏好/%	态度/%	偏好/%	态度/%	偏好/%	态度/%	偏好/%
1	植被	14	22	54	50	24	20	8	6	0	2
2	野生动植物	15	18	54	52	27	25	2	4	2	1
3	水体	13	13	28	28	8	8	48	48	3	3
4	空气质量	5	5	11	11	36	36	45	45	3	3
5	声音	4	4	8	15	71	65	14	15	3	2
6	垃圾	2	1	6	9	21	21	57	51	4	18
7	自然景观	15	15	19	30	49	39	13	13	4	4
8	自然灾害	5	6	5	18	86	71	4	5	0	0

最后,还获得居民关于旅游经济效应、旅游社会效应、旅游环境效应三者在旅游综合效应中的重要性的调查情况,经济、社会、环境 3 个方面效应在综合效应中的权重分别为 0.22、0.47 和 0.31。

2.1.4 白水台的旅游效应状况

根据问卷调查结果并采用上述方法,得到白水台旅游经济、社会、环境以及综合效应的半定量化状况(表 2.4—表 2.7)。

表 2.4 白水台旅游经济效应

序号	调查项目	态度	偏好	旅游经济效应值	评价水平
1	居民收入	4.11	4.16	4.14	较好
2	居民生活水平	4.15	4.15	4.15	较好
3	地方经济发展水平	4.15	4.16	4.15	较好
4	就业机会	4.10	4.25	4.17	较好
5	外来投资	3.19	3.74	3.45	一般
6	当地财政税收	4.20	4.25	4.22	较好
7	商品和服务价格	3.44	3.60	3.52	较好
8	土地价格和房屋价格	3.75	3.15	3.44	一般
9	居民生活消费支出	3.75	3.15	3.44	一般
10	旅游收入占本地居民收入的比重	4.13	4.13	4.13	较好
旅游经济效应平均值		3.90	3.87	3.88	较好

注:按 5 分制评价所得的各项指标的值。

表 2.5 白水台旅游社会效应

序号	调查项目	态度	偏好	旅游社会效应值	评价水平
1	历史遗迹和古建筑	3.79	4.33	4.05	较好
2	公共设施	3.94	3.96	3.95	较好
3	形象(名声)	4.19	4.19	4.19	较好
4	交通	3.98	4.33	4.15	较好
5	传统建筑	3.95	3.92	3.93	较好

续表

序号	调查项目	态度	偏好	旅游社会效应值	评价水平
6	居民休闲机会	3.48	3.79	3.63	较好
7	与外界的文化交流	4.08	4.32	4.20	较好
8	使用外地语言的频率	4.07	3.81	3.94	较好
9	对历史文化展览的需求	4.04	4.12	4.08	较好
10	淫秽色情	3.49	3.63	3.56	较好
11	犯罪	3.48	3.77	3.62	较好
12	酗酒	2.98	3.44	3.20	一般
13	民族风俗	4.02	4.17	4.09	较好
14	道德文化修养	3.88	3.88	3.88	较好
15	居民的心理压力	3.37	3.46	3.41	一般
16	居民的家庭关系	3.70	3.74	3.72	较好
17	民族工艺品的艺术水平	4.07	4.07	4.07	较好
18	宗教氛围	4.04	3.91	3.97	较好
19	居民的经济意识	4.24	4.48	4.36	非常好
20	居民热情好客的秉性	3.97	4.28	4.12	较好
21	居民的文明礼仪	3.71	3.67	3.69	较好
22	居民的贫富差距	3.49	3.20	3.34	一般
23	居民的健康状况	3.24	3.21	3.22	一般
24	居民的法律观念	3.68	3.78	3.73	较好
25	居民的受教育水平	3.68	3.62	3.65	较好
26	居民利用公共设施的机会	3.94	3.93	3.93	较好
27	居民的生活环境	3.93	3.88	3.91	较好
28	小孩的成长	3.11	3.13	3.12	一般
29	老年人的地位	3.64	3.81	3.93	较好
30	妇女的地位	3.89	4.17	4.03	较好
31	文化的优越感	4.21	4.25	4.23	较好
旅游社会效应平均值		3.78	3.88	3.84	较好

表 2.6　白水台旅游环境效应

序号	调查项目	态度	偏好	旅游环境效应值	评价水平
1	植被	3.74	3.84	3.79	较好
2	野生动植物	3.78	3.82	3.80	较好
3	水体	3.00	3.00	3.00	一般
4	空气质量	2.70	2.70	2.70	较差
5	声音	2.96	3.02	2.99	较差
6	垃圾	2.15	2.24	2.20	较差
7	自然景观	3.28	3.41	3.34	一般
8	自然灾害	3.11	3.27	3.19	一般
旅游环境效应平均值		3.09	3.16	3.13	一般

表 2.7　白水台旅游综合效应

序号	调查项目	态度	偏好	旅游综合效应值	评价水平
1	经济方面	3.90	3.87	3.88	较好
2	社会方面	3.78	3.88	3.84	较好
3	环境方面	3.09	3.16	3.13	一般
旅游综合效应平均值		3.59	3.65	3.62	较好

旅游发展给白水台带来的旅游综合效应是比较好的,分值为 3.62,但没有达到较为理想的状态。其中,旅游经济效应较好,分值为 3.88;旅游社会效应也较好,分值为 3.84,居民经济意识在各调查项目旅游效应中分值最高,为 4.36,评价水平为非常好;旅游环境效应一般,分值为 3.13;旅游综合效应最差的方面集中在环境效应,其中最差的是垃圾(2.20),其次是空气质量(2.70)、声音(2.99)和水体(3.00)。

2.1.5　结语

由于旅游效应中的社会效应和环境效应难以定量化,因此半定量化是一种可取的方法,它能使旅游效应的评价较为直观。对于同一地区而言,不但要能使各方面的旅游效应之间具有可比性,而且要使不同时间断面上的旅游效应也具有可比性,这样对旅游效应的发展和演化的认识就更为全面,有利于对旅游效应的控制和调适。本节采取的半定量化评价方法是以对当地居民的调查为基础的,因此,评价结果与当地居民对旅游效应的效用函数密切相关,它受到居民的思想观念、居民对旅游业的认识水平等因素的制约。由于旅游效应调查的项目众多,各项目的重要性又各不相同,本节没有估计或测算出其权值,这可能导致评价结果不够精确。

参考文献

[1]王宪礼,朴正吉,黄永炫,等.长白山生物圈保护区旅游的社会影响分析[J].旅游学刊,1999(2):65-70,79.

[2]王文华.北京昆明湖底泥中有机物的表征[J].环境科学学报,1995(2):178-185.

[3]闫敏.旅游业与经济发展水平之间的关系[J].旅游学刊,1999(5):9-15,76.

[4]刘振礼.旅游对接待地的社会影响及对策.[J].旅游学刊,1992(3):51-55,60.

[5]李江帆,李美云.旅游产业与旅游增加值的测算[J].旅游学刊,1999(5):16-19,75.

[6]李江帆,李冠霖,江波.旅游业的产业关联和产业波及分析:以广东为例[J].旅游学刊,2001(3):19-25.

[7]宋力夫,杨冠雄,郭来喜.京津地区旅游环境的演变[J].环境科学学报,1985(3):255-266.

[8]汪嘉熙.苏州园林风景旅游价值及其环境保护对策研究[J].环境科学,1986(4):83-88.

[9]罗明义.旅游业税收贡献的分类测算方法[J].旅游学刊,2001(2):16-19.

[10]陆林.旅游的区域环境效应研究:安徽黄山市实证分析[J].中国环境科学,1996(6):418-421.

[11]刘赵平.再论旅游对接待地的社会文化影响:野三坡旅游发展跟踪调查[J].旅游学刊,1998(1):49-53.

[12]赵希涛,李铁松,和尚礼.中国云南:白水台[M].北京:中国旅游出版社,1998:9-19.

[13]谢彦君.基础旅游学[M].北京:中国旅游出版社,1999:227-228.

[14]斯蒂芬·L.J.史密斯.旅游决策与分析方法[M].南开大学旅游学系,译.北京:中国旅游出版社,1991:314-329.

2.2 旅游影响感知比较研究——以贵州黔东南西江苗寨与肇兴侗寨为例

本节研究了贵州省黔东南西江苗寨与肇兴侗寨的居民对旅游影响的感知问题。通过对西江与肇兴两地的案例研究发现,两地的旅游发展对经济、社会文化、生态环境 3 个方面产生了积极与消极影响。西江居民对旅游影响的整体感知度较高,内部分化较小;肇兴居民对旅游影响的整体感知度较低,内部分化较大。在旅游地居民类型方面,西江有五大类型,肇兴有六大类型,增加了憎恨者类型。要推动当地的可持续发展,需要采取以下措施:规范旅游流;提高旅游吸引力;扩大旅游承载力;加强制度创新;促进旅游利益主体的旅游参与;改善旅游利益主体对旅游的认知等。

旅游的发展会对目的地产生各种影响,这些影响是如何产生的,如何被当地居民感知,成为旅游研究的重要内容。我国相关研究虽然较多,但关于贵州省,特别是黔东南的案例研究较少,很少从系统论的角度看待旅游影响和居民感知的影响因素与对策。本节以西江与肇兴为例,探讨贵州黔东南居民对旅游影响感知的因素与对策。

2.2.1 西江苗寨与肇兴侗寨简介

西江千户苗寨位于雷山县东北部,距县城 36 km,海拔 833 m。根据西江"子父联名制"推演,如今已有 600 年的历史。西江村原为分开的平寨村、羊排村、东引村和南贵村,2006 年 10 月并为西江村。西江村现有 1 288 户居民,共 5 120 人,苗族人口占全村人口的 99.5%,是中国最大的苗族古寨,已被列入世界文化遗产预选地。西江千户苗寨 1982 年被省政府列为全省乙类农村旅游区;1987 年被列为东线民族风情旅游景点;1999 年被列为全省重点保护与建设民族村镇;2006 年,苗族刺绣、苗族银饰锻制技艺、苗族古歌和苗族吊脚楼营造技艺等被国务院列入首批国家级非物质文化遗产名录,同年被评为全国农业旅游示范点;2007 年被列为中国历史文化名镇,获得中国乡村旅游"飞燕奖"、最佳民俗文化奖和"最佳景观村落"荣誉称号;2008 年,贵州省旅游发展大会在西江召开后,西江旅游飞速发展;2009 年游客量达64.65 万人次,景区门票收入达 1 201.02 万元,旅游收入达 1.4 亿元。

肇兴侗寨位于贵州省黎平县境内东南部,距黎平县城 68 km,侗寨始建于 1160

年,距今 860 多年,有居民 795 户,共 3 759 人,包括上寨、中寨与肇兴村,素有"侗乡第一寨"的美誉。1993 年贵州省文化厅将肇兴命名为"鼓楼文化艺术之乡";1999 年 10 月,肇兴被列为全省 13 个近期重点建设的民族村镇之一;2001 年,肇兴侗寨鼓楼群被列入吉尼斯世界纪录;2003 年 10 月,肇兴侗族文化保护区被列为全国首批十个民族民间文化重点保护工程试点单位;2005 年 10 月,肇兴侗寨在《中国国家地理》"选美中国"活动中,被评为"中国最美"的六大乡村古镇之一;2007 年 6 月,肇兴侗寨被建设部、国家文物局评为第三批中国历史文化名村;2008 年,肇兴侗寨被文化部命名为"中国文化艺术之乡";2009 年游客量达 6.33 万人次,旅游收入达 341.52 万元。

2.2.2　研究方法

本研究采用问卷调查法,实行 7 分制(7 分——完全同意,6 分——很同意,5 分——比较同意,4 分——中立,3 分——比较反对,2 分——非常反对,1 分——完全反对),对居民进行 48 个旅游影响项目的调查。问卷调查时,结合访谈法调查居民选择每个调查项目选项的原因。此外以观察、地方统计资料等手段收集各种资料。问卷的分析与处理,主要运用 SPSS 软件的描述统计与因子分析方法,采用系统论分析居民对旅游影响感知的因素与对策。

2.2.3　基于居民感知的西江苗寨与肇兴侗寨旅游影响状况

本研究共发放问卷 579 份,其中西江 288 份,肇兴 291 份,调查对象的基本情况见表 2.8,得到西江与肇兴居民对旅游影响感知的基本情况见表 2.9。

表 2.8　西江与肇兴调查对象基本情况一览表

调查项目		西江/%	肇兴/%
性别	男	53.7	59.6
	女	46.3	40.4
年龄	18 岁以下	5.2	4.2
	18～24 岁	21.1	13.5
	25～34 岁	40.0	32.2
	35～44 岁	20.0	26.1
	45～60 岁	8.4	16.7
	60 岁以上	5.3	7.3

续表

调查项目		西江/%	肇兴/%
职业	农民	33.6	37.5
	服务人员	24.2	20.8
	私营业主	24.2	17.7
	学生	10.5	8.4
	其他	7.5	15.6
学历	小学及以下	22.1	21.9
	初中	37.9	43.8
	高中/中专	27.4	17.7
	大专及以上	12.6	16.6
是否参与旅游经营	是	58.9	40.0
	否	41.1	60.0
家庭年收入	3 000 元以下	14.7	16.7
	3 000～5 000 元	12.6	21.9
	5 000～1 万元	18.9	9.4
	1 万～2 万元	13.7	28.1
	2 万～5 万元	13.7	16.6
	5 万～10 万元	20.1	5.2
	10 万元以上	6.3	2.1

表 2.9　西江与肇兴居民的旅游影响感知一览表

调查项目	西江			肇兴		
	均值	标准差	变异系数	均值	标准差	变异系数
居民收入	5.568 4	1.195 00	0.214 602 9	4.83	1.303	0.269 620 9
就业	5.547 4	1.160 19	0.209 142	4.68	1.318	0.281 767 8
生活质量	5.273 7	1.166 30	0.221 154 7	4.56	1.485	0.325 579 4
经济发展	5.568 4	1.103 15	0.198 108 4	5.14	1.157	0.225 358 3
价格上涨	5.442 1	1.264 21	0.232 301 3	5.41	1.278	0.236 388 7
公共设施	5.452 6	1.113 77	0.204 263 7	4.57	1.420	0.310 468 5
旅游收入外流	4.452 6	1.501 23	0.337 155 3	4.71	1.549	0.328 911 9

调查项目	西江			肇兴		
	均值	标准差	变异系数	均值	标准差	变异系数
学校教育	4.778 9	1.482 91	0.310 301	4.68	1.218	0.260 469 3
家庭教育	4.663 2	1.328 48	0.284 889	4.64	1.171	0.252 592 8
居民学习	5.147 4	1.215 28	0.236 097 4	4.75	1.161	0.244 370 9
建筑与文物保护	5.684 2	1.257 01	0.221 140 2	5.00	1.384	0.276 824 1
民间工艺发展	5.557 9	1.302 34	0.234 321 9	5.16	1.317	0.255 325
风俗习惯变化	4.640 0	1.543 10	0.332 564 1	4.48	1.376	0.307 274 8
使用外地语言的范围与频率	5.400 0	1.367 81	0.253 297 8	4.81	1.225	0.254 604
思想观念	5.421 1	1.222 18	0.225 451 5	5.02	0.984	0.195 955 7
文明礼仪	5.421 1	1.064 87	0.196 432 1	4.92	1.139	0.231 743 6
环保意识	5.484 2	1.224 64	0.223 303 3	4.99	1.138	0.228 038 5
经济意识	5.410 5	1.288 90	0.238 220 9	5.10	1.218	0.238 648 5
法律观念	4.705 3	1.409 52	0.299 562 3	4.52	1.289	0.285 227 2
村规民约	4.631 6	1.418 34	0.306 233 1	4.48	1.472	0.328 723 4
本地形象	5.905 3	1.099 05	0.186 113 5	5.39	1.284	0.238 510 9
文化优越感	5.231 6	1.158 84	0.221 508 9	4.91	1.134	0.231 124 7
生活方式	5.157 9	1.175 73	0.227 948	4.73	1.138	0.240 565 1
人际关系	5.021 1	1.234 25	0.245 814 3	4.47	1.231	0.275 417 8
家庭关系	4.242 1	1.385 61	0.326 632 3	4.24	1.279	0.301 762 8
道德水准下降	3.246 2	1.615 30	0.497 604 7	3.04	1.273	0.418 361 6
社会冲突与犯罪	3.080 0	1.547 49	0.502 432 1	2.94	1.442	0.490 999 7
色情业与居民性开放	2.994 3	1.562 44	0.521 808 2	3.16	1.578	0.500 064 2
吸毒与赌博	2.917 1	1.669 37	0.572 263 5	2.40	1.165	0.486 302 3
贫富分化与社会不公平现象	5.071 4	1.930 91	0.380 742 5	4.42	1.600	0.362 363 4
心理压力	4.284 2	1.825 72	0.426 151 2	3.82	1.508	0.394 420 8
文化商业化	4.515 8	1.472 18	0.326 006 3	4.51	1.086	0.240 719

续表

调查项目	西江			肇兴		
	均值	标准差	变异系数	均值	标准差	变异系数
女性的地位	4.568 4	1.520 45	0.332 816 7	4.10	1.318	0.321 070 5
外来文化入侵	5.073 7	1.370 22	0.270 063 3	4.69	1.268	0.270 401 9
居民模仿游客行为	3.894 7	1.469 36	0.377 267 7	4.03	1.285	0.318 800 2
健康水平	4.578 9	1.477 34	0.322 637 3	4.47	1.222	0.273 497 2
休闲生活	5.000 0	1.421 72	0.284 343 2	4.51	1.265	0.280 432 6
生态环境保护	5.505 3	1.165 77	0.211 755 1	4.92	1.211	0.246 317 3
景观的改善	5.600 0	1.188 60	0.212 249 7	5.00	1.240	0.247 938 9
环境卫生	5.600 0	1.347 97	0.240 708 8	5.28	1.220	0.231 012 7
水污染	4.684 2	1.745 90	0.372 719 3	3.89	1.654	0.425 568 7
垃圾	4.957 9	1.681 66	0.339 189 2	4.11	1.685	0.409 529
噪声	4.810 5	1.715 35	0.356 583 5	4.19	1.551	0.370 463 3
空气污染	3.715 8	1.615 50	0.434 767 5	3.64	1.452	0.399 354 9
拥挤度	4.757 9	1.506 83	0.316 701 8	4.00	1.353	0.338 339 6
旅游影响	5.378 9	1.156 34	0.214 975	4.625 0	1.172 04	0.253 414 6
旅游支持度	5.926 3	1.319 31	0.222 618 6	5.66	1.478	0.261 385 9
生活满意度	4.463 2	1.036 99	0.232 345 2	4.41	1.042	0.236 492 2

注:变异系数等于标准差除以均值,以说明样本的分散程度。

1)西江与肇兴旅游影响的总体状况

从上述情况来看,西江与肇兴的旅游发展对经济、社会文化、生态环境3个方面都产生了积极与消极影响。首先,在经济方面,旅游有助于提高居民收入、促进经济发展、扩大就业等。同时也抬高了物价,居民普遍反映生活成本升高。在社会文化方面,旅游对建筑物与文物保护、民间工艺发展、文化优越感的提升、地方形象的维修、思想观念与意识提升等有积极影响。同时旅游导致贫富分化与社会不公平现象、文化商业化、居民模仿游客行为、外来文化入侵等消极影响,而在色情业与性开放、吸毒与赌博、社会冲突与犯罪、道德水准下降等方面的消极影响都不显著。在生态环境方面,西江与肇兴的得分最为接近,而且都对景观与环境卫生产生了积极影响,而在垃圾、拥挤度、噪声等方面产生了消极影响。总体上来看,旅游对二者的积极影响都大于消极影响,旅游的影响主要是积极的、正面的,支持度都很高。这与国内其他案例的研究结论大体一致。

当然二者也具有一些差异。总体上来看,肇兴各个调查项目的得分要比西江的低,说明肇兴居民对旅游的感知度低于西江居民对旅游的感知度,旅游对经济方面影响的差异较为显著,但对物价、旅游收入外流等方面的消极影响却大致相当。这说明肇兴发展旅游业的经济成本较高,但经济效益却低。同时,与对经济的积极影响相比,肇兴对本地形象、经济发展、民间工艺发展、建筑与文物保护、思想观念、经济意识、环境卫生与景观的改善等社会文化、环境方面的积极影响更为显著;而西江各方面的旅游影响显得更为均衡。

2)西江与肇兴居民旅游影响感知的主导因子的差异

运用SPSS17.0软件的因子分析方法,采取主成分方法抽取因子,抽取基于特征值大于1,分析方法为相关性矩阵,最大方差法进行旋转,对西江与肇兴旅游影响项目进行分析,抽取西江与肇兴居民对旅游影响感知的主导因子。

西江居民对旅游影响感知的主导因子可归纳为5个:一是社区利益因子,反映了旅游带来的经济、社会文化与生态环境方面的综合积极影响;二是社区代价因子,反映了旅游带来的经济、社会文化与生态环境的综合消极影响,如物价提高、文化商业化产生、垃圾较多等;三是社会文化效益因子,着重反映了旅游对社会文化的积极影响,如文化保护的加强、思想观念的改变、妇女地位的提升、地方形象与文化优越感的提升等;四是社会文化成本因子,着重反映了旅游对社会文化的消极影响,如文化商业化严重、贫富分化与社会不公平现象加剧、社会冲突与犯罪增加、道德败坏;五是生态环境效益因子,着重反映了旅游对目的地生态环境与景观的积极影响,如生态环境与景观。

肇兴居民对旅游影响感知的主导因子可归纳为7个,除了西江居民旅游影响感知中的社区利益因子、社区代价因子、社会文化效益因子、社会文化成本因子,还包括另外3个因子:一是经济利益因子,部分居民非常看重旅游带来的经济效益;二是经济成本因子,旅游对经济产生的消极影响,如物价抬高与旅游收入外流;三是生态环境成本因子,主要表现为旅游对生态环境产生的消极影响,如垃圾增加、污染加剧、噪声污染等。

3)西江与肇兴居民的类型划分

运用上述的因子分析方法,把西江居民与肇兴居民对旅游影响的感知与旅游支持度、旅游参与度、生活满意度 3 个因子结合起来,抽取划分西江居民与肇兴居民类型的主导因子。本节根据抽取划分了西江居民类型的 14 个因子(解释量达73.973%),合并为五大类型:热烈的支持者、理性主义者、顾虑者(中立者)、乐观主义者、反对者;根据抽取划分的肇兴居民类型中的 12 个因子(解释量达 70.482%),合并为六大类型,增加了憎恨者类型(表 2.10)。

表 2.10　西江与肇兴的居民类型表

类型	特征	比重/%	
		肇兴	西江
热烈的支持者	对发展旅游的支持度最高,其中可分为两种类型:一是对旅游影响的感知强,且都为积极影响,旅游参与程度高,生活满意度最高;二是对旅游影响的感知有积极的也有消极的,感知度较低,旅游参与度低,生活满意度较低,但对发展旅游的预期高,所以强烈支持旅游发展。西江两种类型皆有,而肇兴只有前一类	9.9	12.6
理性主义者	对发展旅游的支持度较高;对旅游影响的感知既有积极的也有消极的。总体来说,积极的旅游影响比消极的旅游影响大得多。但在经济、社会文化、生态环境的具体项目上出现了积极或消极的旅游营销。居民的生活满意度参差不齐	25.0	25.1
顾虑者(中立者)	对发展旅游的支持度较低;对旅游影响的感知既有积极的也有消极的。总体来说,积极的旅游影响与消极的旅游影响数量大致相当,虽支持旅游发展,但存有顾虑。顾虑者(中立者)的生活满意度较低	12.6	15.4
乐观主义者	对发展旅游的支持度不够高;对旅游影响的感知既有积极的也有消极的。总体来说,消极的旅游影响多于积极的旅游影响。由于对未来旅游发展的预期较为乐观,仍支持旅游发展。乐观主义者的生活满意度高低不等,其中有的居民虽然整体旅游影响感知不好,但生活满意度仍较高	6.4	12.6
反对者	反对旅游的发展,但反对程度较低;对旅游影响的感知既有积极的也有消极的。总体来说,消极的旅游影响大于积极的旅游影响。反对者的生活满意度大多较低	10.7	8.6

类型	特征	比重/%	
		肇兴	西江
憎恨者	反对旅游的发展,但反对程度较高;对旅游影响的感知既有积极的也有消极的。总体来说,消极的旅游影响多于积极的旅游影响。需注意的是,憎恨者的生活满意度最低,但这种类型只出现在肇兴且为数不多,而在西江没有发现	5.8	0

从居民对旅游的支持度来看,肇兴为 41.3%,西江为 50.3%,肇兴较低。从对旅游的顾虑来看,肇兴为 12.6%,西江为 15.4%,二者大致相当。从对旅游的乐观程度来看,肇兴为 6.4%,西江为 12.6%,西江远高于肇兴。从对旅游的反对程度来看,肇兴为 16.5%,西江为 8.6%,肇兴反对旅游的肇兴居民占肇兴居民的比重较高,其中憎恨者比例达 5.8%。这一点与国内其他旅游地有所不同。国内除南岳古镇、敦煌、皖南古村落等旅游地外,大多数旅游地未出现旅游的反对者,而出现旅游反对者的旅游地仅有 3 个,其旅游发展阶段与水平都较高(表 2.11)。西江与肇兴在旅游发展的初期阶段就出现了旅游的反对者,肇兴更是出现了反对较强烈的憎恨者。

表 2.11 国内居民旅游感知类型表

研究者	研究时间	研究地点	分类结果
黄洁	2003	诸葛村、长乐村	乐观主义者25.9%,现实主义者17.0%,倾乐观主义者57.1%
苏勤等	2004	西递、周庄、九华山	矛盾的支持者27%,淡漠的支持者32%,热情的支持者23%,理性的支持者18%
谌永生	2005	敦煌	热爱者10.8%,现实主义者43.2%,谨慎的支持者37.1%,顾虑者6.6%,憎恨者2.4%
杨兴柱等	2005	佛山	矛盾支持者23%,积极支持者61.6%,中立者9.4%,冷漠支持者26.7%

续表

研究者	研究时间	研究地点	分类结果
刘喜梅等	2008	南岳古镇	理性的支持者65%,中立者21%,矛盾的憎恨者14%
张文等	2008	全国23个旅游目的地	具有大局观的积极支持者34.0%,矛盾的理性支持者32.3%,关注自我的积极支持者33.7%
卢松等	2008	西递、宏村、南屏	热爱者17.7%,矛盾支持者28.6%,理性支持者29.8%,中立者17.7%,反对者6.2%
张兴华等	2010	周庄	冷漠的支持者50.98%,理性的支持者22.55%,盲目的支持者16.67%,恼怒的支持者9.80%

2.2.4　结语

通过对西江与肇兴两地的旅游影响及其影响因素研究,发现西江与肇兴的旅游发展在经济、社会文化、生态环境3个方面都带来了积极与消极影响。总体来看,二者的旅游积极影响都大于旅游消极影响,旅游影响主要是积极正面的,居民旅游支持度都很高。西江居民对旅游影响的整体感知度较高,且内部分化较小;而肇兴居民对旅游影响的整体感知度较低,但内部分化却较大。在旅游地居民类型方面,西江有五大类型:热烈的支持者、理性主义者、顾虑者、乐观主义者、反对者;肇兴有六大类型,相比西江,增加了憎恨者类型。尽管产生旅游影响的因素错综复杂,却不外乎五大因素:旅游流、旅游吸引力、旅游承载力、旅游制度与旅游利益主体,客观的旅游影响是五者之间相互作用、相互影响的结果。在此基础上,居民在各自的认知模式下对客观的旅游影响进行主观感知,生成主观的旅游影响。因此,要推动当地的可持续发展,主要还是从5个方面着手:①规范旅游流。要规范旅游流的流量、时空分布、旅游者行为等。②提高旅游吸引力。加强旅游产品、旅游交通与各项旅游服务的建设。③扩大旅游承载力。除了提高旅游产业供给能力,推动目的地社会文化发展,扩大社会文化承载力,同时要加强环境保护,培育生态环境承载力。④加强制度创新。其中心是要思考如何由目前的政府治理、外地资本治理逐步走向以地方为中心的社区治理,赋予社区权利,激发社区活力,推动民族文化发展,以实现社区的可持续发展。⑤促进旅游利益主体的旅游参与,改善旅游利益主体对旅游的认知。

参 考 文 献

[1] 刘敏,孟海霞,冯卫红. 不同发展阶段旅游地居民感知与态度比较研究:以山西晋祠旅游区和武乡红色旅游区为例[J]. 山西大学学报(哲学社会科学版),2007,30(2):122-126.

[2] 黄洁,吴赞科. 目的地居民对旅游影响的认知态度研究:以浙江省兰溪市诸葛、长乐村为例[J]. 旅游学刊,2003,18(6):84-89.

[3] 苏勤,林炳耀. 基于态度与行为的我国旅游地居民的类型划分:以西递、周庄、九华山为例[J]. 地理研究,2004,23(1):104-114.

[4] 谌永生,王乃昂,范娟娟,等. 主社区居民对旅游效应的感知研究:以敦煌市为例[J]. 地域研究与开发,2005,24(2):73-77.

[5] 杨兴柱,陆林. 城市旅游地居民感知差异及其影响因素系统分析:以中山市为例[J]. 城市问题,2005(2):44-50.

[6] 刘喜梅,卢润德,潘立军. 基于旅游影响感知的南岳古镇居民类型划分[J]. 安徽农业科学,2008,36(28):12432-12435.

[7] 张文,何桂培. 我国旅游目的地居民对旅游影响感知的实证调查与分析[J]. 旅游学刊,2008,23(2):72-79.

[8] 卢松,张捷,唐文跃,等. 基于旅游影响感知的古村落旅游地居民类型划分:以世界文化遗产皖南古村落为例[J]. 农业经济问题,2008,29(4):67-73.

[9] 张兴华,韩宝平,史春云,等. 基于旅游影响感知与态度的居民类型划分:以周庄古镇为例[J]. 淮海工学院学报(自然科学版),2010,19(3):63-66.

[10] 卢松,张捷,李东和,等. 旅游地居民对旅游影响感知和态度的比较:以西递景区与九寨沟景区为例[J]. 地理学报,2008,63(6):646-656.

2.3　旅游对民族村寨社会价值观影响研究——以贵州黔东南为例

　　价值观是文化的核心。本节运用文献综述、访谈与问卷调查等方法,研究了贵州黔东南4个旅游村寨的价值观居民感知问题,提出了民族地区社会价值观的指标体系,分析了各个指标的重要程度、旅游地社会发展的满意度与进步度及成因。在价值观的重要性方面,与居民生活、生存紧密相关的价值观受到居民更多的重视,美丽、活力等衡量旅游景观或旅游发展综合水平的价值观不可或缺。旅游发展对黔东南4个旅游村寨的富裕、民生、美丽、民主等价值观的形成有积极的推动作用,而对传统、敬业等价值观有一定的负面影响。旅游地社会发展的评价与旅游发展导向、权力关系与社区参与水平、旅游发展规模及旅游商业化水平、受访者的社会学特征紧密相关。

2.3.1　提出问题

　　价值观是文化的核心要素,中共十八大报告明确提出"三个倡导"为基本内容的社会主义核心价值观。这回答了我们要建设什么样的国家、建设什么样的社会、培育什么样的公民的重大问题,是一个社会评判是非曲直的价值标准。当前,中国经过40余年的改革开放,正处于从传统社会向新型社会的转型时期。社会主义核心价值观的提出标志着中国正在走向"重建文明""重建秩序"的伟大目标。民族旅游地的价值观应该包含哪些内容? 不同价值观的重要性如何? 地方居民评价如何? 本节试图以黔东南4个村寨为例,对民族旅游地的价值观及重要性进行初步探讨。

2.3.2　文献回顾

　　国内外对社会价值观的研究主要是从3个角度进行的,即价值观的概念、类型与内容、形成与变迁。首先,关于什么是价值观,国内外界定比较多。从这些概念中可以看出,价值观是人们关于什么才是"值得的、重要的"的态度、观点与立场;它既是人们追求的理想信念与目标,也是人们的行为方式与行为规范;它既可以是一种状态,也可以是一种行为。其次,在价值观的类型与内容方面,主要有认知、道德、经济、政治、审美和宗教的价值观；宏观、中观、微观的价值观；不同生活方式的价值观；不同文化形态的价值观，如个体、集体价值观，东方、西方价值观；工具性与目标性的价值观、个人目标与社会目标的价值观；极端的个人主义、宏观道德体系、"公共美德"体系3种价值观体系；以及围绕人在活动中发生的基本关系、围绕人的劳动活动的完整结构、围绕中国社会主义基本原则、本质特征和不同时代要求表述的价值观等。最后，价值观的形成与发展。价值观的形成与发展大致有精神分析观、行为主义观、人本主义观、认知学派观、文化观、培育观、综合观等。

国内有关旅游价值观的形成主要分为4个阶段：一是国内在20世纪80年代开始讨论旅游企业价值观。如蔡树棠指出，旅游从业人员需要旅游职业道德。二是从20世纪90年代开始，在旅游可持续发展的研究中出现较多关于社会价值观的讨论，如强调持续、平等、尊重人权与地方文化、协调与和谐、负责任与保护等社会发展的价值观。三是2006年以来开始讨论和谐旅游观，如梁留科、曹新向指出旅游价值观经历了文化价值、经济价值、社会经济价值、和谐价值等阶段。四是2012年以来出现了较多旅游行业核心价值观的讨论。如彭定光认为旅游行业核心价值观是从事经营旅游业务的机构及其人员所共同追求的主要价值，它包括4个方面：爱护景观、诚信服务、尊重差异、献身旅游。中国旅游研究院课题组认为旅游行业核心价值观主要面向行业，而不是旅游者，并建议以"爱国、人本、诚信、共进"作为全国旅游行业的核心价值观加以推广。陈兵通过调查旅游行业主要存在的四大方面的不良风气，认为旅游行业核心价值观的表达，位居第一阶梯的是诚信、互爱、文明、法治，接下来依次是诚信、道德、民主、协作；文明、法治、和谐；诚信、人道、尚德、法治；诚信、文明、道德、合作等。

总之，我国对社会价值观的研究还处于探索时期，对旅游价值观的探索也处于起步阶段，对旅游地价值观体系的研究还不系统，对什么是旅游地的价值观，应包含哪些类型与内容，其重要性如何，旅游发展对其有什么影响，应如何运用社会价值观对旅游地的社会发展进行评价等问题还需要进行深入研究。

2.3.3 研究方法

价值观的研究方法从早期哲学思辨方法、文化人类学的文献分析法、田野调查法和访谈法等，发展到具有较高实证水平的测量法和实验法。本节主要运用文献综述、专家学者与地方居民访谈、价值测量表、SPSS 软件等方法。

首先,旅游地社会的价值观指标。本节在社会主义核心价值观的基础上,通过文献法、地方居民与学者访谈,确定了旅游地价值观的指标体系:富裕(将富强改为富裕)、民主、文明、和谐、自由、平等、公正、法治、爱国、敬业、诚信、友善、民生、美丽、传统、活力 16 个指标,即在社会主义核心价值观的基础上增加了 4 个指标:民生、美丽、传统、活力。其中民生是衡量旅游地居民基本生活状态的指标;美丽是反映旅游景观的主要指标;传统是反映地方文化保护与真实性的主要指标;活力是指旅游主导的地方自我生存与发展的能力,反映旅游发展的综合水平。这些社会价值观可分为工具性(行为性)和终极性(目标性)价值观与个人性价值观和集体性价值观(表2.12)。

表 2.12　旅游地社会价值观的主要类型

类型	工具性(行为性)价值观	终极性(目标性)价值观
个人性价值观	爱国、敬业、诚信、友善	民生、富裕、自由
集体性价值观	平等、公正、法治	文明、民主、和谐、美丽、活力、传统

注:大多数地方居民认为自由是个人层面的价值观。

其次,问卷设计与实地调查。问卷分为两部分:调查对象的社会学特征与调查项目。调查项目采取 5 分制,对各个价值观的重要度、满意度与进步度打分。调查地点选择为贵州黔东南西江、郎德上寨、肇兴与小黄 4 个村寨。研究团队在 2014 年8 月 2—24 日对黔东南的 4 个村寨进行了调研,对旅游地居民、旅游企业人员、政府人员等进行了问卷调查、访谈或座谈。问卷调查采取随机抽样的方法,调查人员到居民家中或企业派发问卷,同时对相关问题进行访谈。对具有一定文化程度的居民可让其独立填写,调查人员现场解释其不理解的部分,而对于不能独立完成问卷的居民,由调查人员通过访谈代为填写。本次调查总共发放问卷 600 份,回收问卷 545份,有效问卷 505 份,有效问卷率为 92.66%。其中西江 170 份,郎德上寨 80 份,肇兴 132 份,小黄 123 份,受访对象的基本情况见表 2.13。

表 2.13　受访对象的基本情况

社会学特征		人数	比例/%	社会学特征		人数	比例/%
性别	男	268	53.069 3	民族	苗族	237	46.930 7
	女	237	46.930 7		侗族	233	46.138 6
年收入	2 万元以下	225	44.554 5		汉族	31	6.138 6
	2 万 ~5 万元	102	20.198 0		其他	4	0.792 1
	5 万 ~10 万元	42	8.316 8	年龄	18 岁以下	53	10.495 1
	10 万 ~20 万元	35	6.930 7		18 ~24 岁	78	15.445 5
	20 万 ~50 万元	31	6.138 6		25 ~34 岁	126	24.950 5
	50 万 ~100 万元	26	5.148 5		35 ~44 岁	81	16.039 6
	100 万元以上	44	8.712 9		45 ~54 岁	76	15.049 5
职业	农民	196	38.811 9		55 ~64 岁	62	12.277 2
	旅游从业人员	91	18.019 8		65 岁及以上	29	5.742 6
	行政单位、事业单位就业人员	33	6.534 7	学历	小学	147	29.108 9
					初中	142	28.118 8
	私营业主	51	10.099 0		高中	103	20.396 1
	学生	63	12.475 2		大专	62	12.277 2
	自由职业者	23	4.554 5		本科	41	8.118 8
	其他	48	9.504 9		研究生	10	1.980 2

注:职业中的旅游业是指旅游从业人员,有的为兼职人员,其他职业中也有部分是旅游兼职人员;其他为工人、
　企业管理人员、专业技术人员、离退休人员等。

2.3.4　旅游村寨与数据处理

1)旅游村寨

4 个旅游村寨基本情况如下:①西江。西江位于黔东南州雷山县,有居民 1 288
户,共 5 120 人,是中国最大的苗寨。西江在 20 世纪 80 年代开始发展旅游业,2008
年西江成功举办贵州省第三届旅游产业发展大会后,政府大力发展西江旅游业,并
取得一定成效。②郎德上寨。郎德上寨位于黔东南州雷山县西北部,全寨居民 128
户,共 530 人。1986 年,郎德上寨被国家文物局列为全国第一座露天苗族风情博物

馆。1987 年开始,郎德上寨通过社区主导、全民参与、工分制的组织制度发展旅游业。③肇兴。肇兴位于黔东南州黎平县南部,现有居民 795 户,共 3 759 人,素有"侗乡第一寨"的美誉。1993 年,肇兴被贵州省文化厅命名为"鼓楼文化艺术之乡";2001 年,肇兴侗寨鼓楼群被列入吉尼斯世界纪录;在 2005 年《中国国家地理》"选美中国"活动中,肇兴侗寨被评为"中国最美"的六大乡村古镇之一。④小黄。小黄侗寨位于黔东南州从江县高增乡,全村有来自 5 个自然寨 720 余户居民,共 3 700 余人,是著名的侗族大歌之乡,有几十种歌队,村里组织了多个歌队参加旅游表演活动。

2)数据处理

运用 SPSS17.0 对数据进行处理,对于少数缺失的数字采用中位数进行补充。通过可靠性分析,得到 Cronbach's Alpha 信度系数估计值为 0.940,评估数值为 48。基于标准化调整的信度系数值为 0.941,说明问卷调查中的题目具有较强的内在一致性,可靠性很高。同时数据在置信水平为 0.05 与 0.01 上显著相关,具有较高的效度。采用描述统计的频率方法得到数据的频率、平均值、极大值、极小值、标准差、方差等。结合聚类法与因子分析法分析旅游地价值观的重要度、满意度与进步度及其类型。

2.3.5 黔东南州 4 个旅游村寨的社会价值观现状

1)4 个旅游村寨的社会价值观重要度评价

首先,综合 4 个村寨来看,旅游地社会价值观的重要性排序是友善、民生、传统、和谐、爱国、诚信、文明、敬业、美丽、平等、公正、自由、富裕、活力、法治、民主。运用 SPSS17.0 软件的因子分析方法,可得到 4 个主要因子:一是偏好敬业、诚信、友善、爱国等个人工具性价值观的人,占 22.554%;二是偏好民主、法治、和谐、传统、美丽、民生、友善等集体目标性价值观的人,占 17.748%;三是偏好平等、公正等集体工具性价值观的人,占 14.868%;四是偏好民生、富裕、自由,属于追求物质生活与个人享受的个人目标性价值观的人,占 14.182%。

其次,从村寨来看,4 个村寨都较为重视友善、民生、和谐等,但也呈现一些差异。相对而言,西江偏重法治、传统、美丽、活力等社会目标性的价值观;郎德偏重于民主、平等、公正等社会工具性的价值观等;肇兴偏重富裕、美丽、活力等目标性的价值观;小黄偏重富裕、诚信、平等、和谐等,比较综合。西江与肇兴两个旅游商业化程度较高的村寨更重视美丽、活力、敬业等具有旅游特色的价值观;郎德上寨与小黄两个村寨的旅游发展更重视平等、公正、诚信等社会工具性的价值观。郎德上寨更重自由,西江与小黄更重法治,西江与郎德上寨两个苗寨更重爱国。小黄不太重视传统,其他 3 个村寨则相反。

2)4 个旅游村寨社会价值观的满意度评价

首先,综合 4 个村寨来看,居民的总体满意度较高,平均达 3.75 分(满分为 5 分)。单个价值观满意度的排名依次是美丽、友善、爱国、诚信、传统、和谐、活力、民生、文明、敬业、公正、富裕、自由、法治、民主、平等。

采用快速聚类法,根据居民的满意度可分成 3 种类型:一是幸福型。各个价值观满意度值都很高,对各个价值观都很满意,占 32.35%。二是满足型。友善、诚信、美丽、传统、和谐等的满意度很高,除富裕、民生、自由、法制等的满意度较低外,其他的都为中等满意,占 30.70%。三是不满型。各个价值观的满意度值都不高,尤其是民主、平等、公正、和谐、诚信、敬业、法治、传统等的满意度值比较低,占 37.04%。

其次,就 4 个村寨而言,总体满意度值最高的是小黄,郎德其次,肇兴第三,西江最低。具体到各个价值观,各个村寨对美丽、友善的满意度值都较高。相对而言,郎德上寨与小黄的民主、文明、自由、平等、公正、法治、和谐、传统、敬业与诚信的满意度值较高;郎德上寨、肇兴对民生与富裕有较高的满意度值;西江与小黄对活力的满意度较高;郎德上寨与肇兴的爱国满意度值较高。

3)4 个村寨社会价值观的进步度评价

首先,4 个村寨都有所进步,进步度为 6.05%,分别体现在富裕、民生、活力、美丽、民主、法治、和谐、公正、文明、爱国方面。其中富裕、民生、活力、美丽、民主方面的进步尤为显著,而传统、自由、敬业、平等、敬业、友善、诚信方面的进步不太明显。

运用快速聚类法,4 个村寨的进步度主要为 3 种类型:一是整体进步型,即各个方面都有所进步,尤其是富裕、民生、法治、美丽、自由等方面的进步较为显著,占 18.27%;二是由富裕、民生、美丽、活力等目标价值观主导的进步型,但在平等、自由、公正、传统、敬业、和谐、爱国、文明、友善、诚信等方面有所退步,占 74.82%;三是由民主、公正、和谐、平等、活力、美丽等集体工具性价值观主导的进步型,但在民生、爱国、自由、富裕、法治、友善、传统、敬业、诚信等方面有不同程度的退步,占 6.91%。

其次,从 4 个村寨来看,进步最大的是郎德上寨,而后是小黄、肇兴、西江。其中,郎德上寨的各个方面价值观都有所改善,尤其是富裕、民生方面的价值观。小黄除在诚信、敬业、友善方面略有退步外,其他方面都有所进步,尤其在民生与富裕方面的进步显著。肇兴在富裕、民生、美丽方面进步显著,而其他方面都有所退步,其中退步比较大的依次是自由、平等、传统、公正等。西江进步较大的依次是富裕、活力、民主、美丽、民生,其他方面都有所退步,退步较大的依次是自由、文明、爱国、平等、传统等。

2.3.6 旅游地社会价值观感知的成因

关于地方居民旅游地价值观感知的原因,结合结构主义与建构主义理论,本节认为主要有以下 3 个方面(表 2.14)。

表 2.14 4 个村寨基对社会价值观的感知评价表

价值观	重要度/%					满意度/%					进步度/%				
	西江	郎德上寨	肇兴	小黄	综合	西江	郎德上寨	肇兴	小黄	综合	西江	郎德上寨	肇兴	小黄	综合
民生	0.07	0.06	0.07	0.06	0.07	3.41	3.89	3.87	3.72	3.68	7.86	28.79	24.7	21.03	18.71
富裕	0.06	0.06	0.06	0.06	0.06	3.12	3.56	3.78	3.55	3.46	38.53	47.69	40.6	19.84	38.37
民主	0.06	0.06	0.06	0.06	0.06	3.07	3.84	3.55	3.74	3.45	15.9	19.15	4.85	15.35	13.26
文明	0.06	0.06	0.06	0.06	0.06	3.46	3.94	3.61	3.94	3.66	−14.7	16.13	4.64	12.37	0.65
和谐	0.06	0.06	0.06	0.06	0.06	4.27	4.19	3.9	3.98	4.1	13.68	12.17	16.9	8.08	13.55
自由	0.06	0.06	0.06	0.06	0.06	3.22	3.8	3.4	3.87	3.46	−16.5	17.79	−6.4	6.73	−3.68
平等	0.06	0.06	0.06	0.06	0.06	3.27	3.74	3.32	3.81	3.44	−9.97	7.96	−5.5	7.56	−2.68
公正	0.06	0.06	0.06	0.06	0.06	3.33	3.76	3.31	3.79	3.47	−5.5	15.23	−2.8	11.57	1.75
法治	0.06	0.06	0.06	0.06	0.06	3.42	3.45	3.34	3.92	3.46	4.56	16.35	8.51	10.38	8.11
传统	0.07	0.07	0.06	0.06	0.06	3.8	3.95	3.69	4.08	3.83	−2.27	10.02	1.58	11.44	3.27
美丽	0.06	0.06	0.06	0.06	0.06	3.82	4.03	3.73	3.94	3.84	−9.93	0.35	−5.3	5.29	−4.58
活力	0.06	0.06	0.06	0.06	0.06	3.9	3.65	3.63	4.06	3.78	28.56	15.9	−0.5	5.93	14.49
爱国	0.07	0.06	0.06	0.06	0.06	3.68	4.13	3.81	4.38	3.89	−11	11.06	5.66	4.71	0.34
敬业	0.06	0.06	0.06	0.06	0.06	3.46	3.89	3.66	3.87	3.65	−7.68	4.98	1.46	−3.01	−1.86
诚信	0.06	0.06	0.06	0.06	0.06	3.9	4.16	3.57	4	3.86	−6.36	11.85	−2	−4.62	−1.26
友善	0.07	0.06	0.06	0.07	0.07	4.02	4.01	3.88	3.98	3.96	−6.35	7.38	−0.9	−0.99	−1.35
总评	—	—	—	—	—	3.57	3.87	3.63	3.91	3.69	1.18	15.17	5.36	8.23	6.05

注:上述价值观重要度的加总值为 1。

首先,地方传统文化构成地方居民价值观感知的底蕴与基础。价值观源于文化,文化的最深层次是价值观。任何一个社会群体,都有属于自己的文化,都有群体成员共同拥有和信奉的价值观;任何一个社会个体,都是文化的产物,都有自己接受和遵循的社会群体的价值观。价值观是行为经验的产物,人在习得社会行为时,就形成了与行为相一致的价值观。黔东南4个村寨的苗族、侗族传统文化深厚,当地居民具有善良勤劳、互助合作、团结友爱、乐善好施、助人为乐、敬老爱幼、家庭和睦等道德观念,但同时也有浓郁的平均主义思想,不太重视经商致富。所以,传统文化在当地居民的价值观中仍居于较为重要的地位,如友善、和谐、诚信、文明、敬业等,而不太熟悉的方面则居于不太重要的地位,如富裕、法治、民主等。

其次,社会转型与旅游制度差异构成了地方居民价值观感知差异的主要原因。改革开放与农村社会经济转型是乡村价值观变迁的重要因素。在转型过程中,人的社会生活实践、需求、自我意识、价值观体验等都发生变化,人们对价值观的感知也发生变化。中华人民共和国成立后,尤其是改革开放以来,我国社会从整体上进行转型,越来越重视民生、富裕、平等、公正、法治、民主等价值观,这也在不断影响黔东南居民的价值观。例如,西江的商业化以经济利益为导向,交织着政府、外地商户、本地居民与旅游者等之间的利益博弈,驱动旅游地从原有的人际和谐的价值观走向物欲化的价值观。旅游已成为旅游村寨社会转型的主要动力,它不仅涉及当地的社会经济文化的各个方面,也在不断融入与改变地方的价值观。与旅游相关的价值观,如地方传统、美丽、活力等都得到较高重视。不同的村寨实行不同的旅游制度,具有不同的旅游发展理念、旅游生产制度与旅游经营管理模式,这成为地方居民价值观感知差异的主要原因。其中,郎德上寨与小黄是由村寨与居民主导的旅游发展,更为重视民主、平等、公正、自由、和谐等方面的价值观,实行旅游规模较小的原生态旅游生产模式,旅游接待设施较少,由农家自主经营,村寨基本保持了原生的社会形态,旅游消极影响较少。而西江与肇兴是由政府与外资主导的旅游发展,实行旅游规模较大的商业化旅游生产模式,外资与政府居于强势地位,他们控制着社区的发展,而当地居民权利受限,处于被控制地位,社会发展总体上虽略有进步,但也不同程度地破坏了村寨原有的友善、平等、公正、诚信、和谐等方面的价值观,存在较多平等、公正、自由等方面的社会问题。

最后,个体因素是社会价值观感知差异的根本原因。价值观是以社会生活实践为基础,在主体需要的驱动下,在自我意识的引导下逐步形成的,是主体在价值活动中多次实践反馈的观念积淀与内化的过程。每个个体具有不同的社会学特征,而具有不同知识背景、社会实践经历、行为经验、精神体验与价值取向的人,对价值观的体验、审视、自我意识也有差异。①个体对价值观的感知是对村寨内外社会价值观纵、横向比较的结果。如2008年由政府主导旅游发展时,西江居民很乐观。但随着旅游的发展,越来越多的人认识到旅游的负面影响,加上各种不公平、不公正现象的出现,不少居民对旅游发展的评价越来越差,这导致西江居民对当地的价值观满意度不高、当地价值观进步度较低的状况。与此同时,郎德上寨的很多居民是在与西江对比的过程中获得价值观体验的,西江居民较多的旅游消极影响映衬了郎德上寨居民诸多旅游积极影响。②个体旅游参与的差异影响其对价值观的感知与评价。如从职业来看,旅游从业人员的旅游参与度最高,偏好富裕、诚信、自由、爱国、公正等方面的价值观,虽然他们的社会满意度排名居中,但他们的社会进步度排名却是最高的,显然旅游从业人员从旅游发展中获得较多的旅游积极影响与较少的旅游消极影响。而除了自由职业人员外的其他从业人员都认为社会发展总体略有退步。因为从事这些职业的人员获得的旅游积极影响较少,却要承担较多的旅游消极影响。③个体的社会经历与自我意识对价值观的感知也有很大影响。从年龄来看,青少年不太关心民生与富裕,更关注传统、法治;而中老年人重功利,偏爱富裕、民生、美丽;老年人的满意度最高,青年人次之,中年人最低;年龄越小的越满意于友善、传统、公正、平等、自由,年龄越大的越满意于民生与富裕,而中年人没有较突出的满意度,表现得更为均衡、理性、成熟。从收入来看,低收入人群更重视平等与公正等工具性的价值观,高收入人群更重视富裕等目标性的价值观;收入越低的人群对民生、富裕、文明、公正、和谐、爱国的满意度越高。从学历来看,学历越低的越重视民生、富裕、平等、公正、民主,偏重工具性的价值观,在民生、富裕、民主、文明、平等、公正、敬业方面的满意度、进步度越高;而学历越高的越重视文明、和谐、法治等目标性价值观,考虑得也更为全面,在法治、传统方面的满意度越高。

2.3.7　结语

从以上来看,可以得到以下几点结论:首先,从价值观的重要性与认同感来看。黔东南地方居民对价值观的认同感总体上一致,但在不断地分化。在价值观的内容与类型上,与地方居民生活、生存紧密相关的价值观受到当地居民更多的重视,对于欠发达的少数民族旅游地而言,民生与传统尤为重要;美丽、活力等衡量旅游景观或旅游发展综合水平的价值观不可或缺;旅游地社会价值观大致可分为个人工具性价值观、个人目标性价值观、社会工具性价值观、社会目标性价值观。其中,西江与肇兴两个旅游商业化程度较高的村寨更重视美丽、活力、敬业等更具旅游特色的价值观;由社区主导旅游发展的郎德上寨与小黄两个村寨更重视平等、公正、诚信等社会工具性的价值观。其次,从社会发展的满意度与进步度来看。4 个村寨的总体满意度较高,社会总体发展有所进步。从满意度来看,幸福型、满足型与不满型的居民,各占当地居民的 1/3,其主导因素可分为 4 种类型:集体工具满意型、个人工具满意型、个人目标满意型、旅游业满意型,这说明旅游发展对当地的价值观已产生较为重要的影响。如旅游对黔东南 4 个村寨的富裕、民生、美丽、民主等方面有积极的推动作用,而对传统、敬业等方面有较大的负面影响,对自由、友善、平等、诚信、公正、和谐、文明等方面也有不同程度的负面影响。社区主导旅游发展的,更为重视民主、平等、公正、自由、和谐等价值观的旅游村寨具有更高的社会满意度与社会进步度。

同时,对于旅游地社会价值观感知中存在的诸多问题,可从以下方面进行治理:首先需加强宣传,提高居民对社会价值观的认同。如黔东南州居民对富裕、法治、民主等方面的重视度较低,这对地方经济与旅游产业、依法行政与依法治旅、旅游参与等产生了不利影响。因此需要加强各种不同类型价值观的宣传,提高各个阶层对社会价值观的认同度,有利于践行社会价值观。其次,标本兼治,构建两类目标的旅游地社会创新模式。标本兼治,即不仅要治理旅游地社会问题的表面现象、消除其根源,还要从源头上预防社会问题的产生。这可采取两类目标的旅游地社会创新模式——基于旅游地社会问题的治理性社会创新与基于旅游地社会发展趋势的建设性社会创新。前者是要对各种社会问题及原因进行分析,在价值观的指导下,大力进行旅游制度创新,采取适宜的措施进行针对性的治理。后者是为了从源头上预防旅游地的社会问题,需要根据旅游地社会发展的需要与趋势,构建旅游发展的社会目标及适宜的战略。最后,人人参与,构建旅游地多元治理模式。随着我国社会主义市场经济的深入发展与政府职能的进一步转变,中国社会正从传统的国民社会阶段走向现代公民社会,这使公民社会的建设成为政府主导的有益补充。除了发挥政府的主导作用,还需加强社区组织、协会、非政府组织、公民的志愿性社团等公民组织在旅游地治理中的作用,构建旅游地多元治理模式,如政府主导型治理模式、社区主导型治理模式、社会中介组织主导型治理模式、社会企业主导型治理模式、综合治理模式等。

参 考 文 献

[1]习近平.青年要自觉践行社会主义核心价值观——在北京大学师生座谈会上的讲话[N].人民日报,2014-05-05(2).

[2]张曙光.论价值与价值观:关于当前中国文明与秩序重建的思考[J].人民论坛·学术前沿,2014(23):4-57.

[3]杨宜音.社会心理领域的价值观研究述要[J].中国社会科学,1998(2):82-94.

[4]唐文清,张进辅.中外价值观研究述评[J].心理科学杂志,2008,31(3):765-767,758.

[5]韩庆祥.核心价值观该如何凝练[N].光明日报,2011-08-04(11).

[6]姜广辉.儒家经学中的十二大价值观念:中国经典文化价值观念的现代解读[J].哲学研究,2009(7):44-53.

[7]SCHWARTZ S H, VERKASALO M, ANTONOVSKY A, et al. Value Priorities and social desirability:much substance, some style[J]. British Journal of Social Psychology, 1997,36(1):3-18.

[8]巴尔,力文.三种不同竞争的价值观念体系[J].国外社会科学文摘,1993(9):27-29.

[9]袁贵仁.关于价值与文化问题[J].河北学刊,2005(1):5-10.

[10]田海舰,田雨晴.中国传统文化价值观与社会主义核心价值观的培育[J].河北大学学报(哲学社会科学版),2015,40(2):48-50.

[11]刘云山.着力培育和践行社会主义核心价值观[J].党建,2014(2):21-24.

[12]杜鸿林.关于培育和践行社会主义核心价值观的若干思考[J].理论与现代化,2013(2):5-13.

[13]蔡树棠."社会影响"理论和旅游职业道德教育[J].旅游学刊,1988,3(4):50-52,5.

[14]王明强.浅谈旅游企业价值观[J].湖北商业高等专科学校学报,2002,14(4):60-63.

[15]陈仙波.论可持续旅游发展的理论与实践[J].商业经济与管理,1997(2):52-58.

[16] 张广瑞. 全球旅游伦理规范[J]. 旅游学刊,2000,15(3):71-74.

[17] 梁留科,曹新向. 和谐旅游的价值、构建及其实现[J]. 经济地理,2007,27(4): 681-685.

[18] 彭定光. 旅游行业核心价值观初探[N]. 中国旅游报,2012-12-05.

[19] 中国旅游研究院课题组. 旅游行业核心价值观建设研究[N]. 中国旅游报, 2013-05-17(2).

[20] 陈兵. 旅游行业核心价值观研究[N]. 中国旅游报,2013-04-05(8).

[21] 姜永志,白晓丽. 文化变迁中的价值观发展:概念、结构与方法[J]. 心理科学进展,2015, 23(5):888-896.

[22] 何景明,杨洋. 旅游情境下民族村寨管理制度与经济绩效的比较研究:来自贵州郎德上寨和西江千户苗寨的案例[J]. 贵州大学学报(社会科学版),2012,30(4):82-89.

[23] 陈志永,李乐京,李天翼. 郎德苗寨社区旅游:组织演进、制度建构及其增权意义[J]. 旅游学刊,2013,28(6):75-86.

[24] 康基柱,易蕙玲. 苗族伦理思想面面观[J]. 新疆师范大学学报(哲学社会科学版),2008,29(4):67-72.

[25] 李乔杨,朴君元. 侗族伦理思想综论[J]. 新疆师范大学学报(哲学社会科学版),2008,29(4): 73-78.

[26] 廖小平. 改革开放以来我国价值观变迁的基本特征和主要原因[J]. 科学社会主义,2006(1):64-67.

[27] 薛玉梅,向艳. 少数民族旅游村寨经济价值观的变迁与解读:以贵州西江为例[J]. 贵州民族学院学报(哲学社会科学版),2009(4):125-128.

[28] 李景源,孙伟平. 价值观和价值导向论要[J]. 湖南科技大学学报(社会科学版), 2007,10(4):46-51.

[29] 肖佑兴. 我国旅游地的社会问题及其对策[J]. 广西社会科学,2014(6): 156-160.

[30] 俞可平. 中国公民社会的兴起与治理的变迁[M]. 北京:社会科学文献出版社, 2002:189-190.

第 3 章
旅游影响的动力机制研究

3.1 旅游影响因子体系及生成机制——以云南丽江为例

本节从系统论的角度探讨了旅游对目的地影响的因子体系及其生成机制问题,分析了旅游影响的旅游影响动力因子模块、旅游影响应力因子模块与旅游影响规范因子模块三大因子模块与主要因子、属性以及其对旅游影响的作用。旅游影响动力因子的旅游流系统是通过旅游流各因子的各种行为对旅游影响产生驱动作用,从而使旅游目的地系统各因子产生响应,旅游制度创新系统通过规范各旅游利益相关者的行为达到对旅游影响的调适和优化,这三大旅游影响因子模块是在经济场、信息场、心理场、引力场和生态场等 5 种旅游影响场的作用下相互影响、相互作用,以及通过旅游影响的不断反馈而生成的。在此基础上,本节分析了不同的旅游目的地旅游影响的主导因子的差异性,并指出 4 种不同类型的旅游影响生成机制。最后,本节以丽江作为案例进行了旅游影响生成机制分析,认为丽江旅游影响的生成过程中旅游流居于主导地位。

3.1.1 前言

旅游影响研究是旅游研究的重要内容,因此旅游影响如何产生、发展与演进的旅游影响生成机制就成为旅游影响研究的重点。国内外关于旅游影响研究的文献浩如烟海,国外旅游影响研究开始于 20 世纪 60 年代的英语国家,至今已取得较大进展。多年来,我国旅游影响研究也取得了较多的成果,就整体研究而言,对旅游业多重影响的研究只是形成了基本的体系,虽然也积累了一定的研究成果,但还需要进一步地总结、提升和深入。在国外,针对旅游影响机制的研究,巴特勒提出旅游目的地生命周期理论,认为旅游者数量、类型和发展历史是影响旅游目的地不同发展阶段的决定因素,从而形成不同程度和形式的旅游影响。史密斯认为不同类型的旅游者对旅游目的地的影响具有一定的规律。多克塞对目的地居民的态度进行了研究,并提出了著名的"愤怒指数"。马西森指出了旅游经济影响的 5 种制约因素。巴特勒分析了旅游者行为对旅游影响的 5 种因素,并进一步指出旅游目的地社会影响与目的地的 5 个特征有密切关系。阿奇尔、马西森与沃尔等研究了旅游经济影响的因素和形成过程,史密斯和巴特勒等讨论了旅游社会影响的因素及形成机制,特纳和纲什讨论了旅游对文化的影响问题,沃尔研究了旅游环境影响因素及机制的问题,米奇科夫斯基认为4种因素对旅游环境影响发生作用。在国外关于旅游社会文化影响因素及影响结果的研究方面,宗晓莲等做了较为详细的介绍。在国内有关研究中,李江帆、罗明义等分析了旅游经济影响的问题;杨俭波分析了对旅游社会文化环境变迁产生干扰和波动的几种因素及作用机制;李星明等分析了旅游者对旅游影响的3种因素,申葆嘉、刘赵平等分析了旅游社会影响及其形成机制的问题;陆林等分析了旅游对当地居民态度影响的问题;王资荣、李贞等分析了旅游环境影响及机制问题;黄泰等对区域旅游影响的旅游流因子进行了形成机制分析,并构建了几种模式,但未能从系统角度分析其他因子;梁艺桦等人采用灰色关联度的方法讨论了旅游业发展因子的问题,认为旅游业发展因子分为资源因子和需求因子,没有涉及制度在旅游发展中所起的作用;敖容军,韦燕生分析了中国区域旅游发展差异影响因素,也未能讨论制度在其中所起的作用等。从上述旅游影响机制的研究来看,案例分析较多,理论分析较少,旅游单项影响机制研究得较多,旅游综合影响机制研究得较少,旅游影响单因子分析得较多,从系统论综合的角度进行旅游影响多因子分析得较少。因此,本节在系统论和系统动力学的指导下,通过对旅游影响多因子分析和驱动机制分析,建立一个旅游影响生成机制分析的初步框架。

3.1.2　旅游影响因子分析

旅游影响因子较多,根据影响因子在旅游影响生成中的作用与功能,可分为三大模块:一是旅游影响动力因子模块,即旅游流系统;二是旅游影响应力因子模块,即旅游目的地系统;三是旅游影响规范因子模块,即旅游制度创新系统。

1)旅游影响动力因子模块——旅游流系统

旅游流系统是由多重要素在多重空间流动的复杂的巨系统,是旅游影响产生的动力因子。没有旅游信息流,旅游目的地的应力就会紊乱,没有旅游客流,无论旅游目的地如何努力也不会产生旅游影响。这里的旅游流是一个狭义的概念,是指因旅游者的流动而引起的以旅游客流为主体的,包括旅游信息流、旅游货币流、旅游物流、旅游能流的一个复杂的巨系统。旅游客流即旅游者的流动。旅游信息流是旅游信息的流动,旅游信息包括旅游需求信息、旅游出游信息、旅游供给信息、旅游竞争信息、旅游体验信息、旅游文化信息等。旅游货币流指旅游者消费的现金流和非现金流。旅游物流主要包括旅游者的附属物、交通工具和随身物品等。旅游能流指因旅游者流动而引起的能量流动。旅游流是由旅游者的旅游需求和旅游行为所引发的,也是满足旅游需求和践行旅游行为的空间过程。在这个过程中,旅游流各因子的经济行为、空间行为、文化行为和心理行为在旅游影响场的作用下,对旅游目的地产生一系列直接和间接的影响,并实现旅游目的地经济、社会、环境价值的增值和综合效益的最大化。旅游流系统对旅游影响驱动作用的强度、范围和特征是由各因子的流向、流量、流速和时空分布等属性决定的(表3.1)。

表3.1 旅游流系统构成及其影响

旅游流行为	表现形式	旅游影响场	对旅游影响的驱动
经济行为	旅游需求信息流、旅游货币流、旅游能流	信息场、经济场、生态场	产生旅游经济影响
文化行为	旅游文化信息流	信息场、经济场	产生旅游文化影响
空间行为	旅游能流、旅游物流	引力场、生态场	产生旅游综合影响
心理行为	旅游信息流	信息场、经济场、心理场	产生旅游综合影响

2)旅游影响应力因子模块——旅游目的地系统

旅游流系统作为旅游影响的动力因子,需要旅游目的地系统的响应才能对旅游目的地产生各种影响。旅游影响应力因子模块包括旅游业因子、旅游经济环境因子、旅游社会环境因子和旅游生态环境因子。①旅游业因子。它是旅游目的地应力因子的关键要素,决定了旅游目的地响应的范围、程度与方式,包括旅游业发展水平、旅游业结构、旅游吸引力塑造和旅游目的地利益主体的响应行为等。②旅游经济环境因子。它不但对旅游业发展起着关键性作用,而且对社会环境、生态环境等也有较大的影响,主要包括经济发展水平、基础设施、产业结构、产业集群、经济开放度、市场体系的完备性、外来投资、人力资本环境、人文交流与信息环境、技术发展环境、社会公共管理环境及特定的企业文化传统等方面的特征。③旅游社会环境因子。它为整个目的地的旅游发展提供了一个基础环境,是旅游影响产生和发展的前提,主要包括当地居民及地方文化、当地政府及相关组织、区位及可进入性、总体形象、治安、科教环卫等状况。④旅游生态环境因子。它主要包括生物环境、土环境、大气环境、水环境、岩石环境、声环境、光环境、放射性环境及资源状况等。

在旅游目的地对旅游流系统的响应过程中,旅游目的地的旅游利益主体充当关键角色。旅游目的地的地方政府、旅游投资者、旅游经营管理者、当地居民、旅游媒介、其他相关团体与个人等旅游利益相关者在价值取向和价值目标指导下,在利益分配机制和价值增值机制激励下,在各种旅游影响场综合作用下,在旅游信息的引导下,通过为旅游者提供行为空间和旅游供给,参与旅游供给的各个环节,产生一系列对旅游流直接和间接的响应行为,改变旅游目的地的社会环境、经济环境和生态环境因子的时空结构,从而导致旅游目的地产生旅游社会、经济和生态影响。目的地系统对旅游流的响应程度、范围和方式,取决于旅游流的属性、特征、旅游目的地各旅游利益相关者的特性以及社会、经济和生态环境的特征(表 3.2)。

表 3.2　旅游目的地旅游利益相关者对旅游流的响应表

旅游利益相关者	对旅游流的响应行为	响应行为产生的旅游影响
地方政府	制订旅游发展政策,协调旅游分配机制,监督和管理旅游行业,进行旅游开发与建设,建设地方旅游形象和旅游品牌,传播旅游信息和市场营销,旅游资源与环境保护,等等	营造旅游发展的整体环境,影响其他旅游利益相关者的行为,增强地方吸引力,提升地方形象,促进旅游产业与地方经济发展、文化建设、社会开放、环境保护,等等
旅游投资者(包括私人投资和政府投资)	投入旅游资金,进行旅游开发与建设,营造旅游吸引力和塑造旅游空间,等等	吸引各种旅游发展要素的空间积聚,改变了旅游目的地社会、经济和环境的时空结构,导致旅游目的地增收致富、旅游产业演化、地方经济发展、就业机会增加、空间集聚与城镇化、通货膨胀、文化遗产保护或异化、旅游生态环境演化,等等
旅游经营管理者	旅游活动的日常接待、经营与管理,营造旅游吸引力,市场定位与营销、提供弹性的旅游供给,打造旅游竞争力,塑造旅游企业形象和品牌,实行旅游企业规模化、集团化、柔性化,进行企业文化建设,吸收当地员工,等等	优化产业结构,发展旅游生长点和构建旅游中心地,保护、继承、发扬传统文化与文化创新,推动地方文化演进,影响旅游环境,影响当地居民的生活水平、生活方式、思想意识、价值观念、文化水平和职业技能,等等
当地居民	旅游业、旅游决策和旅游规划等的旅游参与,与其他旅游利益相关者直接或间接地交流,与旅游者的空间和设施的竞争,对旅游业的认知和评价,等等	改变当地居民的生活水平、生活方式、思想意识、价值观、伦理道德观,增强地方自豪感,导致贫富分化,改变社会结构,推动地方文化演化,产生空间心理作用——拥挤效应,等等

续表

旅游利益相关者	对旅游流的响应行为	响应行为产生的旅游影响
旅游媒介	提供各种旅游咨询和旅游信息等	增强旅游目的地吸引力,提升或损害旅游目的地形象和知名度,提高社会开放度,影响旅游者的出游决策和出游行为,调节旅游流,等等
其他相关团体与个人	提供旅游配套服务,直接或间接的旅游参与,等等	产业结构演进、地方经济发展、空间积聚、地方文化演化、生态环境变化,等等

3）旅游影响规范因子模块——旅游制度创新系统

从区域层面来看,旅游目的地系统是一个自组织和他组织相结合的系统。自组织和他组织的作用力来自旅游制度系统。目的地系统在旅游流动力、目的地本身应力以及旅游制度创新系统的共同作用下,进行自组织和他组织的交织,不断发生演化,是一个从稳定到失稳再到稳定的过程。在这个过程中,旅游制度创新系统对旅游流的规模、特征以及目的地的响应不断进行规范,对旅游影响不断进行调适和优化。制度是与具体行为集有关的规范体系,它是由非正式的约束、正式规则和这两者的实施特征组成的,旅游制度系统就是与旅游活动有关的行为规范系统,包括与旅游有关的政策、法律、政治规则、意识形态、价值观、道德规范、风俗习惯、经济规则、契约等。多种形式的旅游制度构成了一个系统,成为旅游制度系统,它是由旅游利益相关者、国家机构、政党、地方政府、行业协会、地方团体、教育机构与宣传媒体、科研院校、社区等旅游制度系统创新主体,在旅游发展过程中自觉与不自觉地形成的。为了解决旅游业中的生产关系与生产力、上层建筑与经济基础的矛盾,需要不断进行旅游制度创新,构建旅游制度创新系统。

旅游制度系统可降低不确定性、降低交易成本与组织成本、消除外部性、促进社会效率,通过界定旅游利益相关者权利边界和行为空间,支配旅游利益相关者的行为,规范他们行为方式的选择,为行为绩效提供激励,改变旅游影响"场"中各个因子的数量、规模、强度和方向,影响旅游流的动力方式和旅游目的地的响应方式,使系统在新内外力的作用下打破过去的混沌状态和无序局面,进入动态有序的开放系统运行状态中,产生积极影响,抑制或消除消极影响,从而使旅游目的地系统不断得到优化,保持稳态或向顶级系统发展,从而实现旅游目的地可持续发展和综合效益最大化。这要求旅游制度系统必须通过保持开放性来降低系统熵值,防止内部的低水平自我复制,从外部吸收能促进增长和进化的动力,获得不断持续的制度创新(表3.3)。

表3.3　旅游规范因子模块一览表

<table>
<tr><td rowspan="6">旅游影响规范因子模块</td><td>旅游制度创新系统</td><td>政策、法律、政治规则、意识形态、价值观、道德规范、风俗习惯、经济规则、契约等</td></tr>
<tr><td>旅游制度系统派生措施</td><td>经济措施、行政措施、技术措施、宣传与教育等</td></tr>
<tr><td>对旅游影响的规范机制</td><td>界定旅游利益相关者的权利边界和行为空间,规范旅游利益相关者的行为方式,改变旅游影响"场"中各个因子的特征与属性,影响旅游流的动力方式和旅游目的地的响应方式</td></tr>
<tr><td>旅游影响规范的主体(旅游制度系统创新主体)</td><td>旅游利益相关者、国家机构、政党、地方政府、行业协会、地方团体、教育机构与宣传媒体、科研院校、社区等</td></tr>
<tr><td>旅游影响规范的客体(旅游利益相关者)</td><td>旅游者、地方政府、旅游投资者、旅游经营管理者、当地居民、旅游媒介、其他相关团体与个人等</td></tr>
<tr><td>旅游利益相关者行为</td><td>经济行为、文化行为、空间行为、心理行为等</td></tr>
<tr><td colspan="2">旅游影响规范的总目标</td><td>旅游目的地可持续发展,旅游目的地社会、经济、环境综合效益最大化</td></tr>
</table>

4)旅游影响因子体系

从以上分析来看,旅游影响因子体系包括旅游影响动力因子模块——旅游流系统、旅游影响应力因子模块——旅游目的地系统、旅游影响规范因子模块——旅游制度创新系统(表3.4)。

表3.4　旅游影响因子体系

因子模块	主要因子	因子属性	对旅游影响的作用
旅游影响动力因子模块——旅游流系统	旅游客流、旅游货币流、旅游信息流、旅游物流、旅游能流	流量、流向、流速、时空分布、文化特性、行为模式、组织形式	通过旅游流的注入,引发旅游目的地的经济、社会、生态的响应及演化

因子模块	主要因子	因子属性	对旅游影响的作用
旅游影响应力因子模块——旅游目的地系统	旅游业、旅游业经济环境、旅游业社会环境、旅游业生态环境	吸引力(包括对旅游流、资本流、劳动流、技术流和知识流的吸引力)、感应力、承载力、能动力、组织力、协调力	感应、承接与组织旅游流,组织与协调对旅游流的响应行为,促使旅游影响的生成,推动旅游目的地演化
旅游影响规范因子模块——旅游制度创新系统	与旅游有关的法律法规、政策、政治规则、经济规则、意识形态、价值观、道德规范、风俗习惯、契约等	普适、效率、公正、平等、激励、约束	界定旅游利益相关者的权利边界和行为空间,支配旅游利益相关者的行为,降低不确定性,降低交易成本与组织成本,消除外部性,规范旅游流动力与旅游目的地应力,调适和优化旅游影响

3.1.3　旅游影响场

旅游影响场是指旅游空间内各种旅游流在一定的方式作用下流通而形成的时空分布结构,它是一个时空分布的非均衡结构。在旅游影响的形成过程中,存在 5 个重要的影响场,它们分别为经济场、信息场、心理场、引力场和生态场。

经济场中,经济主体是在有限理性和约束条件下通过成本效用最大化原则来进行行为选择的,因此,经济流一般是从低效用向高效用的方向流通。由于经济场的作用,经济流导致了社会交换、乘数效应、外部效应、空间集聚、产业集群、产业结构变动、经济发展、就业增加、通货膨胀等一系列现象。

信息场是信息的集合。信息就是不确定性的减少或消除,信息流通的本质在于“信息差异”,信息流通过程是不断地消除信息生产者与信息消费者之间的信息差异、隔阂、距离和信息误区的过程。信息场的作用机制就是通过信息流通来减少或消除信息源与信息接受者之间所蕴含的信息差异。旅游行为的本质就是摄取地理信息的过程,是一个通过信息流通减少或消除信息差异的过程。在旅游活动的文化传播过程中,存在两个信息源和两个信息接受者,旅游者从旅游目的地获取各种文化信息。同时,当地居民也可从旅游者身上获得各种文化信息,因此文化信息的流

61

通是双向的。代表先进文化的信息源所蕴含的信息量较大,代表落后文化的信息源所蕴含的信息量较小,因此,文化信息流动的总方向是从信息量较大的信息源流向信息量较小的信息源。

心理场是心理与物体之间形成的场,是以人的心理为中心组成的特定的场。空间事物的数量、排列、属性、时间、群体人数与群体结构、个体经历、个体自然特征,以及个体的出生时间和出生地点等都会对心理场产生重要影响。旅游目的地的任何事物都必然影响心理场,同时这个已经形成的心理场又反过来影响周围的事物。

引力场是物质世界在引力作用下的空间存在状态,引力作用是自然世界一种基本的相互作用,地球对地表事物的引力作用对自然环境的演化产生重要作用。例如,人、汽车、建筑、植被等对土壤的压力影响土壤结构,并进一步对生态系统产生影响。同时,社会经济物质实体之间也会产生引力作用。例如,城市之间、乡村之间、城市与乡村之间,社会经济要素在引力场的作用下进行流动。

生态场是生命系统与其生存环境相互作用而存在的一种状态。在生态场中,物质和能量的物理生化,在生态链的作用下使物质流动和能量流动与循环来影响生态系统的发展。生态链中的某个环节或物质流动和能量循环中的某个环节发生了变化,就会使整个生态系统发生变化,从而对旅游目的地系统产生影响。通常,以上几种场是共同作用产生影响的,它们组成了旅游影响场系统。

3.1.4 旅游影响生成机制

在旅游生成过程中有一个旅游影响场,旅游影响场是指旅游空间内各种旅游流在一定的作用方式下流通而形成的时空分配状态,它是一个时空分布的非均衡结构。在旅游影响的形成过程中,存在 5 种形式的旅游影响场,它们分别为经济场、信息场、心理场、引力场和生态场。

旅游影响是旅游影响动力因子、旅游影响应力因子和旅游影响规范因子在旅游影响场的作用下,相互影响、相互作用而生成的,其函数关系可表示为:

$$l=f(f,d,i)$$

式中 l——旅游影响;

     f——旅游流动力因子;

     d——旅游目的地应力因子;

     i——旅游制度规范因子。

旅游影响具有一定的社会、经济、生态结构,这些结构形成一个旅游影响系统,旅游目的地系统与旅游影响系统是相互联系、相互影响、相互转化的,因此可把旅游目的地看作一个旅游目的地—旅游影响系统。旅游目的地各个旅游利益相关者在旅游流各种因子的行为驱动下,在旅游制度规范下,在旅游影响场作用下,产生各种响应行为,三者共同作用对旅游目的地社会、经济和生态产生一系列旅游影响。一旦旅游流的驱动作用与旅游目的地响应行为的辐合效应和旅游目的地系统不协调,就会产生消极影响。这就对旅游制度提出了创新需求,使旅游制度变迁能对旅游流和目的地系统产生新的规范作用,旅游制度创新系统通过界定旅游利益相关者的权利边界和行为空间,规范旅游利益相关者的行为方式,改变旅游影响"场"中各个因子的特征与属性,影响旅游流的动力方式和旅游目的地的响应方式,使旅游影响系统的发展符合旅游目的地的价值取向和价值目标,符合生态环境系统的演化规律,从而实现旅游目的地—旅游影响系统的可持续发展。同时,旅游目的地—旅游影响系统也会对旅游流系统产生反馈作用,旅游者获得旅游体验和总体评价后,会影响今后的旅游决策,并产生口碑效应,从而影响旅游流系统的演化,并通过旅游流的演化进一步对旅游影响系统产生作用(图 3.1)。

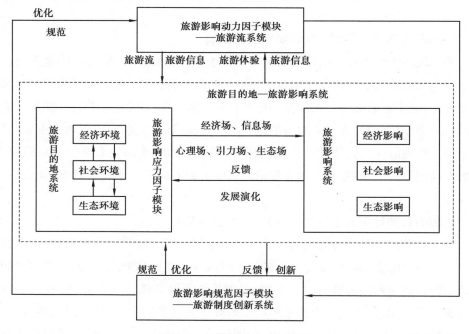

图 3.1　旅游影响生成机制图

3.1.5 不同类型的旅游目的地旅游影响生成机制

在旅游影响生成过程中,三大因子模块的地位在不同旅游目的地是有差异的。因此,不同类型的旅游目的地旅游影响生成的主导因子也有一些差异(表3.5)。

表3.5 几种不同类型的旅游影响生成机制

类型	主导因子	旅游影响调适与优化的重点	案例
旅游流动力因子主导型	旅游流的动力因子	选择适宜数量与类型的旅游者,控制与规范旅游流的规模与行为,对旅游流进行适宜的响应行为	黄山
旅游目的地应力因子主导型	旅游目的地的应力因子	塑造旅游吸引力和完善配套设施,对旅游流的积极且适宜的响应	深圳
旅游制度规范因子主导型	旅游制度的规范因子	降低旅游制度创新成本,促使旅游制度创新	雅安
综合因子主导型	没有显著的主导因子	多个因子的协调与优化	广州

1)旅游流动力主导型的旅游影响生成机制

旅游资源吸引力较大的旅游目的地能吸引较大的旅游流,旅游目的地无须过多资金投入旅游业就能获得较大的发展,这种类型的旅游目的地旅游影响的主导因子是旅游流,属于旅游流动力主导型的旅游影响生成机制。在旅游影响生成过程中旅游流起主要作用,旅游流对旅游目的地的经济、社会和环境影响作用居于主导地位,而旅游目的地的应力起辅助性作用,旅游目的地对旅游流的应力是承载旅游流、完善配套设施与提供旅游服务,而在塑造旅游吸引力方面的投入相对较少,如黄山、庐山等地。

2)旅游目的地应力主导型的旅游影响生成机制

对于旅游资源吸引力较小而旅游客源市场较丰富的旅游目的地而言,旅游目的地对强大的旅游流的响应除配套设施与旅游服务的建设和管理外,更重要的是如何塑造旅游目的地的旅游吸引力。例如,深圳旅游资源基础薄弱但积极创造资源,大力发展主题公园,逐渐成为中国重要的旅游城市和有名的主题公园之都,经过20多年的持续创新、不断进取的发展历程,深圳旅游产业形成了多元化发展格局,旅游产品日益丰富。深圳对旅游流的应力在旅游影响生成过程中居主导地位,这种旅游目的地旅游影响的主导因子是旅游目的地,属于旅游目的地应力主导型的旅游影响生成机制。

3）旅游制度规范因子主导型的旅游生成机制

对于一些旅游目的地而言,旅游制度在其旅游影响生成中起关键作用。例如,四川雅安通过制度创新开创了"碧峡峰模式",由政府出资源统一规划,由企业出资金独立建设、经营和管理,景区所有权和经营权实现有效分离,这使雅安旅游业获得极大成功,产生了良好的旅游影响。

4）综合因子主导型的旅游影响生成机制

对于一些旅游目的地而言,没有一个主导因子在旅游影响生成过程具有显著地位,各个因子的地位与作用相当。例如,广州既有一定数量较高吸引力的旅游资源,但总体旅游吸引力又不是很高,同时也有非常丰富的客源市场,因此不仅需要规范旅游流,完善旅游接待与配套设施,塑造旅游吸引力和提供相应的旅游产品,还需要加强旅游制度创新,不断优化旅游影响。

当然,一个旅游目的地在不同的发展阶段,其主导因子不是一成不变的,而是会随旅游发展环境而变化,呈多因子共同主导旅游影响生成的局面。例如,桂林在旅游业发展之初,凭借丰富的旅游资源吸引了大量的海内外旅游流,产生了良好的旅游影响。随着旅游需求从观光到休闲度假的转变,国内竞争者日益增多和旅游竞争格局的变化,桂林旅游发展不能单纯地依靠旅游流的主导,旅游目的地需要针对旅游流做出更多的响应,如发展休闲度假旅游、城市旅游、娱乐旅游、民俗旅游、乡村旅游等。随着旅游发展的不断深入,因旅游流紊乱和旅游目的地应力不当而引起的旅游负面影响的增加,旅游制度会产生越来越重要的作用,表现为旅游制度对旅游影响的不断调适和优化。从全国来看,中国改革开放之初,旅游制度的变迁推动了中国旅游业的飞跃发展,应该说旅游制度在那个时期发挥主导作用。随着改革开放的深入,旅游需求与国民经济的发展,旅游流的动力和旅游目的地应力的作用在加强,虽然制定的旅游法规和行业规范越来越多,旅游制度的作用相应地在下降,但它对旅游流和旅游目的地仍起到非常重要的规范作用。

3.1.6　云南丽江旅游影响生成机制

丽江位于云南西北部,它从一个边陲之地发展成国内外著名的旅游目的地。旅游业已经成为丽江的主导产业和最大的支柱产业,许多濒临失传的纳西族传统文化也在旅游发展中开始复苏和重生。总的来说,丽江受到了良好的旅游经济、社会文化和生态环境影响。从丽江旅游发展的历史来看,旅游影响因子包括以下几个方面：

1）旅游流的动力因子

由于旅游流内涵丰富,有些资料难以获取,因此这里只分析旅游客流。早在19世纪末20世纪初,就有许多来自西方的探险家、科学家、传教士、牧师和学者到丽江探险考察,他们为丽江的魅力所吸引,并留下了较多有关丽江的描述。这些描述激发了其他人对丽江的向往,同时这些信息流也有助于丽江人更深刻地理解保护古城与民族文化的意义,并由此产生了良性循环。1985年,丽江旅游业开始起步,当年接待了28个国家的425位外国游客;1992年外国游客达12 517人;1996年游客总量突破100万人次;2000年游客量为258万人次;2005年游客量为404万人次;2010年游客量达909.97万人次。不断扩大的旅游流引发了丽江的各种响应,促进了丽江经济的蓬勃发展,从而推动了丽江的全面发展。

2）旅游目的地的应力因子

（1）旅游业因子的应力

①为了承接旅游流,丽江加快了旅游设施建设。1995年古城开办了第一家民居客栈,此后民居客栈数量逐年快速增加,2001年民居客栈约为66家,总客房数约643间,总床位数约1 565个。1992开始建设的丽江机场经1998年改造后,已成为国内最繁忙的支线机场。1998年建成云南省第一家五星级酒店丽江官房大酒店,2001年玉龙雪山成为首批国家AAAA级旅游区。2005年丽江全市有旅行社34家,注册导游4 244名;星级酒店178家,星级标准床位20 690床;6家旅游汽车公司,525辆旅游车,14 000多个座位;24家旅游购物会员商店,21个旅游景区点;直接从事旅游业的人数达3.6万人,间接从事旅游业人数达8万人;旅游业总收入达38.59亿元。

②加强宣传与营销,选择和规范旅游客流。丽江先后成功举办了国际七星越野挑战赛、丽江东巴文化艺术节、雪山音乐节、亚太地区世界遗产年会等,组织古乐会到国内外演出,与日本高山市、加拿大新西敏市等建立了友好关系,玉龙雪山与阿尔卑斯山、马特宏峰合为姐妹峰等活动,扩大了丽江在海内外的影响力。

③吸引和引进资本、劳动力、技术和人才,通过开放推动丽江旅游的现代化、集团化与规模化发展。如引进的泰国M集团建成了丽江格兰酒店;引进的昆明官房集团建成了云南省第一家五星级酒店官房大酒店和滇西明珠花园别墅;引进剑南春集团建成了丽江剑南春文苑,丽江四星级以上酒店几乎都是通过招商引资建成的;引进昆明鼎业集团开发束河古镇,成功形成了"束河模式"。

④加强旅游产品开发,吸引和接纳更多的旅游流,如纳西古乐、丽水金沙、黄山民俗旅游、虎跳峡、束河古镇与玉龙雪山旅游区等。

(2)旅游社会、经济、生态环境因子的应力

①古城和民族文化是吸引旅游流的最重要因素,受该旅游信息流的激励,丽江采取各种措施,保护古城与民族文化。例如,保持古城建筑物的真实性,多方筹集资金,征收古城维护费,对古城的重点民居建档挂牌,并发放补助金;对传统的纳西族语言、服饰、民俗、节庆、手工业、民间艺术、东巴文化、乐舞和文物等进行系统的抢救、整理、传承与保护,并涌现了大研纳西古乐会、东巴宫股份有限公司、丽水金沙表演公司等一批文化企业。

②当地居民受旅游货币流的吸引而投身旅游业,转移了农村剩余劳动力,加快了城镇化进程,同时机场、高速公路、宾馆酒店、房地产开发、信息化建设取得了较大发展。丽江古城的开发带动了古城居民、泸沽湖的开发;带动了落水村、玉龙雪山的开发,让大东与大具两乡景区周边群众走上了脱贫致富之路。

③环境越好吸引力越大,在此激励下,丽江加强了天然林保护,停止了对天然林的采伐,关停了战河纸厂、新华纸厂、南口纸厂及城郊的砖瓦厂等一批污染环境的企业,营造了人居环境;按照《丽江世界遗产保护规划》对丽江古城进行修旧如旧,加强了对古城的三线入地和排污系统工程建设。但同时,旅游物流和能流的大量注入,导致丽江的河流污染,水源已不能再直接饮用和洗菜。

3)旅游制度的规范因子

在丽江旅游影响生成过程中,旅游制度规范起到了非常重要的作用,主要旅游制度见表3.6。

表3.6　丽江旅游制度规范因子一览表

旅游制度	主要制度	旅游制度的规范作用
保护政策	◆1951年,确立"保留古城,另辟新城" ◆1983年,编制《丽江县城总体规划》 ◆1986年,编制《丽江历史文化名城保护规划》 ◆1994年,制定《云南省丽江历史文化名城保护管理条例》 ◆1996年,变灾难为机遇,把恢复重建与申报世界文化遗产结合起来	◆规范丽江旅游利益主体行为,保护古城与民族文化,营造旅游吸引力 ◆加强旅游宣传与营销,提高旅游影响力,规范旅游流

续表

旅游制度	主要制度	旅游制度的规范作用
保护政策	◆1997 年 12 月 4 日,丽江古城成功申报世界文化遗产 ◆2003 年 7 月,三江并流申报世界自然遗产成功;8 月,丽江东巴文化古籍申报世界记忆遗产成功	
产业政策	◆1985 年,党中央、国务院、中央军委批准丽江县为对外开放地区 ◆1986 年,确立以旅游业为主导产业 ◆1994 年,云南省人民政府确立滇西北旅游发展以丽江为重点,丽江提出了"旅游先导"的发展战略 ◆1996 年,进一步明确了旅游业在全市经济发展的支柱地位,制定了《丽江市旅游发展总体规划》 ◆2004 年,市委、市政府明确提出打造丽江文化旅游名市,把丽江建设成国际精品旅游胜地、中国香格里拉生态旅游中心和示范区的目标	◆为旅游利益主体提供激励机制 ◆吸引旅游流、资本流、劳动流、技术流和知识流等 ◆减少不确定性,降低交易成本与组织成本
法律法规与政治规则	◆国家各种与旅游有关的法律法规和行业规范 ◆云南省旅游条例 ◆丽江市旅游协会章程 ◆丽江市旅行社业务人员管理办法 ◆丽江市旅行社经营积分管理办法 ◆丽江市导游人员积分量化管理办法 ◆1994 年,制定《云南省丽江历史文化名城保护管理条例》 ◆成立世界遗产丽江古城保护管理委员会和管理公司 ◆成立古城公安分局	◆保护与传承传统民族文化 ◆提供激励与约束机制 ◆控制和规范旅游目的地旅游利益主体行为 ◆合理控制和规范旅游流

旅游制度	主要制度	旅游制度的规范作用
经济规则与契约	◆"政府指导、市场主导、企业为主、行业自律、市场化运作"的管理原则 ◆"分级管理、分工负责、分类指导、各负其责、职能清晰、奖惩分明"的激励考核制度 ◆实施"一卡通"管理 ◆全面实施"门前三包责任制" ◆在海内外设立办事处,推广丽江旅游 ◆对古城居民发放补助金	◆减少交易成本与组织成本 ◆提供激励与约束机制 ◆规范旅游企业经营行为 ◆提高旅游经营与管理水平 ◆合理控制和规范旅游流
道德规范与风俗习惯	◆组建行业协会与行业协会自律公约,组建旅游诚信监理公司 ◆建立企业量化积分制度、诚信等级制度 ◆举办各种文明公民教育培训班 ◆印发《公民道德手册》《文明市民"十不"行为规范》等	◆降低不确定性与交易成本 ◆规范市场秩序 ◆规范旅游经营者行为 ◆规范社区居民行为
意识形态与价值观	◆古城保护的万人签名活动 ◆创建"文明古城,文明景区"活动 ◆开展"诚信丽江,从我做起""除陋习,树新风"主题道德教育活动 ◆开展历史文化名城与世界遗产的宣传教育活动	◆降低不确定性与交易成本 ◆规范市场秩序 ◆规范旅游经营者行为 ◆规范社区居民行为

从以上来看,丽江旅游影响是旅游流的动力因子、旅游目的地的应力因子以及旅游制度规范因子在旅游影响场的作用下相互作用、影响而生成的。目前来看,丽江的旅游流动力因子在旅游影响生成过程中占主导地位。长远来看,旅游目的地应力因子和旅游制度规范因子的地位会不断上升,进而演变为一个在多因子主导型的旅游影响生成机制下的旅游目的地。

3.1.7 结语

旅游影响的生成是一个复杂的过程,是在旅游影响动力因子模块——旅游流系统、旅游影响应力因子模块——旅游目的地系统,以及旅游影响规范因子模块——

旅游制度创新系统,在旅游影响场的作用下相互作用、影响,通过旅游影响的不断反馈而生成的。本节只对旅游影响的生成提出一个研究框架,对于各种旅游影响因子之间的相互作用、各种旅游影响因子如何量化,分析各旅游影响因子对旅游影响生成的贡献还未能深入,这可能是旅游影响生成机制研究的一个重点和难点,需要通过模拟方法建立模型来进行定量分析。

参 考 文 献

[1]潘秋玲,李文生.我国近年来旅游对目的地社会文化影响研究综述[J].旅游开发与管理,2004,24(3):412-415,422.

[2]刘迎华,朱竑.中国旅游业综合影响研究综述[J].思想战线,2004,30(6):130-138.

[3]张骁鸣,保继刚.旅游区域经济影响评价研究述评[J].桂林旅游高等专科学校学报,2004,15(2):38-45.

[4]周慧颖,吴建华.国内有关旅游对接待地社会文化影响的研究述评[J].旅游学刊,2004,19(6):88-92.

[5]王子新,王玉成,刑慧斌.旅游影响研究进展[J].旅游学刊,2005,20(2):90-95.

[6]BUTLER R W. The concept of a tourist area cycle of evelution:implication for management of resources[J]. Canadian Geographer,1980,1(24):5-12.

[7]SMITH V L. Hosts and guests[M]. Oxford:University of Pennsylvania Press,1977:152-158.

[8]MATHIESON A,Wall G. Tourism:economic, physical and social impacts[M]. Longman Inc,1982:167-175.

[9]BUTLER R W, PEARCE D G. Tourism research critiques and challenges[M]. London:Routledge. 1993:64-88.

[10]WALL R G. Evaluation ecotourism:the case of north sulawesi, Indonesia[J]. TourismManagement,1999,20, (6):673-682.

[11]MIECZKOWSKI Z. Environmental issues of tourism and recreation[M]. Lanham:University Press of America, Inc. ,1995:55-68.

[12]宗晓莲,朱竑.国外旅游的社会文化影响研究进展[J].人文地理,2004,19(4):14.

[13]李江帆,李美云.旅游产业与旅游增加值的测算[J].旅游学刊,1999(5):16-19,76.

[14]邓冰,俞曦,吴必虎.旅游产业的集聚及其影响因素初探[J].桂林旅游高等专科学校学报,2004,15(6):53-57.

[15]闫敏.旅游业与经济发展水平之间的关系[J].旅游学刊,1999(5):9-15.

[16]罗明义.旅游业税收贡献的分类测算方法[J].旅游学刊,2001,16(2):16-19.

[17]李江帆,李冠霖,江波.旅游业的产业关联和产业波及分析:以广东为例[J].旅游学刊,2001,16(3):19-25.

[18]杨俭波.旅游地社会文化环境变迁机制试研究[J].旅游学刊,2001,16(6):70-74.

[19]李星明,赵良艺.旅游者对发展中国家的旅游地社会文化影响研究[J].华中师范大学学报(自然科学版),2002,36(2):254-256,260.

[20]申葆嘉.国外旅游研究进展[J].旅游学刊,1996(3):48-54.

[21]刘振礼.旅游对接待地的社会影响及对策[J].旅游学刊,1992,7(3):52-60.

[22]刘赵平.旅游对目的地社会文化影响研究结构框架[J].桂林旅游高等专科学校学报,1999,10(1):29-34,56.

[23]王雪华.论旅游的社会文化影响[J].桂林旅游高等专科学校学报,1999(10):60-63.

[24]肖洪根.对旅游社会学理论体系研究的认识:兼评国外旅游社会学研究动态(上)[J].旅游学刊,2001,16(6):16-23.

[25]陆林.旅游地居民态度调查研究:以皖南旅游区为例[J].自然资源学报,1996(4):377-382.

[26]王莉,陆林.国外旅游地居民对旅游影响的感知与态度研究综述及启示[J].旅游学刊,2005,20(3):87-93.

[27]赵玉宗,李东和,黄明丽.国外旅游地居民旅游感知和态度研究综述[J].旅游学刊,2005,20(4):85-92.

[28]王资荣,郝小波.张家界国家森林公园环境质量变化及对策研究[J].中国环境科学,1988,8(4):23-30.

[29]李贞,保继刚,覃朝锋.旅游开发对丹霞山植被的影响研究[J].地理学报,1998(6):554-561.

[30]王金亮,王平,鲁芬,等.碧塔海景区旅游活动对湿地生态环境影响研究[J].地

理科学进展,2004(5):101-108.

[31]陈飙,杨桂华.旅游者践踏对生态旅游景区土壤影响定量研究:以香格里拉碧塔海生态旅游景区为例[J].地理科学,2004,24(3):371-375.

[32]孙静,苏勤.古村落旅游开发的视觉影响与管理:以西递、宏村为例[J].人文地理学,2004(4):37-40.

[33]黄泰,张捷.基于旅游流特征分析的旅游区域影响研究:以淮安市为例[J].旅游科学,2006,20(2):18-22.

[34]梁艺桦,杨新军,马晓龙.旅游业发展影响因子灰色关联分析[J].人文地理,2006,21(2):37-40,44.

[35]敖容军,韦燕生.中国区域旅游发展差异影响因素研究:来自1990—2003年的经验数据检验[J].财经研究,2006,32(3):32-43.

[36]杨俭波,乔纪纲.动因与机制:对旅游地社会文化环境变迁理论的研究[J].热带地理,2002,32(1):75-79.

[37]埃瑞克·G.菲吕博顿,鲁道夫·瑞切特.新制度经济学[M].孙经纬,译.上海:上海财经大学出版社,1998:2.

[38]宗晓莲.丽江古城民居客栈业的人类学考察[J].云南民族学院学报(哲学社会科学版),2002,19(4):63-66.

[39]段松廷.从"丽江现象"到"丽江"模式[J].规划师,2002,18(6):54-57.

3.2 旅游影响的动力系统研究

本节从涌现理论视角讨论了旅游社会影响动力系统问题。旅游社会影响的动力系统是由旅游人—人关系子系统、旅游人—地关系子系统的微观与宏观两个层次组成的。其中,旅游人—人关系子系统主要包括旅游者、旅游企业、政府部门、地方居民与社区等要素,旅游人—地关系子系统主要包括旅游流、旅游吸引力、旅游承载力、旅游制度等要素。旅游社会影响动力系统的微观层次子系统受制于旅游社会影响动力系统的宏观层次子系统,它同时具有较高的适应性、能动性与创造性,能通过涌现生成旅游社会影响动力系统的宏观层次子系统。旅游社会影响动力系统的两个层次子系统相互作用、相互影响,共同生成旅游社会影响,推动旅游目的地的发展与演化。在此基础上,本节提出了旅游创新型、文化涵化型、文化诠释型、文化传播型、制度强制型、文化象征型等旅游社会影响的主要模式。

3.2.1　引言

旅游发展会产生各种社会文化影响,因此其动力问题一直是旅游研究的重点。国内外的相关研究大概可分为 3 个方面:一是单纯的旅游地外部因素的研究。如科思、史密斯、卢与鲍勃·麦克切、黄泰等分析了旅游者等外部因素对旅游目的地的影响及旅游社会影响机制。这些研究把旅游社会影响看作外来要素影响的结果,虽有助于加深对旅游社会影响生成机制的理解,但未能从旅游地内生因素去真正理解旅游机制问题。二是综合旅游地内外因素的共时性研究。对旅游地的感知、态度与行为等响应模式的研究是一个较为集中的领域,先后出现了各种理论,如愤怒指数理论、社会交换理论、社会象征理论、社会承载力理论、场域理论、旅游凝视理论、社区旅游理论、依附理论等。这些理论从不同视角分析了旅游行动者互动过程中的文化、制度、权力、资本、网络、承载力等因素对旅游社会影响生成的作用。但它们大多是关于旅游社会影响生成的共时性研究,而对旅游社会影响发展与演化的历时性动态变迁研究却明显不足。三是综合旅游地内外因素的历时性研究。主客关系理论与涵化理论认为,旅游者与东道主社会的互动导致多种文化接触与传播,推动着旅游地的社会变迁,但它们过于强调二者的关系,相对忽略了其他多种要素的作用。受这些理论影响最大的是旅游地演化理论,它描述了旅游社会影响变迁与旅游地演化的基本过程,其影响因素包括旅游地的区位、市场、资源、投资、管理与规划、突发事件、环境、旅游容量等内外因素,出现了 7 种力量论、市场与空间的二元结构论、混沌与创新论、"起点—动力"假说、系统组织论、旅游创造性破坏理论等。

总之,上述研究虽取得大量的学术成果,但还存在以下几个方面的不足:一是旅游社会影响生成的因素,如对旅游行动者、旅游流、旅游吸引力、旅游承载力及其相互关系的整合研究还不够。二是旅游系统在功能上的层次性研究。三是旅游社会影响与旅游行动者对旅游社会影响的感知及二者之间的关系。本节以系统论为基础,针对以上几个方面的不足,对旅游社会影响的动力系统及机制进行分析。

3.2.2　旅游系统的内涵

要构建旅游社会影响动力系统,必须深入理解旅游系统的内涵,分析旅游系统构成、相互作用及产生的影响。旅游系统是一个学术概念,已被学界所认同,但学界并没有就旅游系统的定义、组成、结构、功能、特点等基本方面达成共识。旅游系统是以旅游目的地为核心,由具有一定旅游功能与要素的各种旅游地构成的整体。它具有以下几方面的内涵:第一,旅游系统是一个旅游供求系统,它是以旅游需求与旅游供给为核心、以经济为主导功能的旅游系统。其中,旅游供求关系与供求矛盾是旅游系统的核心关系与矛盾。旅游供求关系包括两个方面:一是旅游者与旅游供给者之间的供求关系;二是旅游产品生产者与旅游要素供应者之间的供求关系。其中,旅游供给又可分为旅游吸引力与旅游承载力。第二,旅游系统是以旅游目的地为核心的旅游地域系统,它具有一定的空间范围与空间结构。除旅游目的地外,旅游系统还涉及旅游客源地与旅游要素供给源地。第三,旅游系统是一个动态的开放系统,它的各种要素不仅具有动态性,而且不断与外界发生旅游客流、信息流、物流、能量流等的交互流动。各种旅游地的外部环境是旅游系统从无序产生有序的原动力。第四,从控制论与旅游管理的角度来看,旅游系统是一个可调控的组织系统,不仅需要依靠各旅游行动者的能动性与创造性,更需要通过不断地创新旅游制度达到调控旅游系统的目标。第五,旅游系统具有所有系统所共有的整体涌现性。也就是说,旅游系统是具有一定结构与功能的有机整体,应存在多个层次。较高的层次与结构是较低的层次与结构通过涌现机制生成的,具有较低层次的各单个要素所不具有的属性、行为与功能。旅游系统的整体涌现性主要是在结构效应与规模效应下产生的。第六,旅游系统是一个复杂适应性系统,在这个系统中,上述各个层次的各个构成要素通过对环境的适应与反馈,不断积极能动地改变旅游系统的属性与状态。

3.2.3　旅游社会影响的动力系统及构成

根据上述对旅游系统内涵的分析,可将旅游社会影响的动力系统分成两个子系统:一是旅游人—人关系子系统,为旅游社会影响动力系统的微观层次;二是旅游人—地关系子系统,为旅游社会影响动力系统的宏观层次(表3.7)。

1)旅游人—人关系子系统

旅游人—人关系子系统,即旅游行动者子系统。旅游利益涉及的主体较多,主要包括旅游者、当地居民与社区、国家与地方政府、旅游企业、行业协会、教育与科研机构、相关个人与团体等。这些不同类型的旅游行动者有着各自不同的利益诉求、行为与角色,会产生一定的功能与影响(表3.8)。各个旅游行动者并不局限于一个角色,有时具有多重身份,如政府、居民通过旅游经营与旅游参与也扮演着旅游企业的角色。

表 3.7 旅游社会影响的动力系统表

层次	主要构成	主要功能
旅游人—人关系子系统,即旅游行动者子系统	旅游者、旅游企业、政府、地方居民、科研机构、旅游协会、相关个人与团体等	它是旅游社会影响动力系统的微观结构,是旅游系统中最为积极、最为活跃的部分,具有高度的能动性、创造性与适应性。既对较高层次的结构具有较高的适应性,又可通过创新与系统的涌现机制,能动性地创造与生成旅游社会影响动力系统的宏观结构
旅游人—地关系子系统,即旅游可持续子系统	旅游流、旅游吸引力、旅游承载力、旅游制度	它是旅游社会影响动力系统的宏观结构,通过对旅游流的注入、吸引、承载,以及各种要素的规范,产生各种积极的与消极的社会、经济与生态环境影响,推动旅游目的地的演化

表 3.8 主要的旅游行动者

旅游行动者	主要利益诉求与主要目标	主要行为	主要功能与影响
旅游者	旅游动机满足;较低旅游成本、较高旅游体验	旅游需求、旅游消费、旅游体验、旅游凝视,形成一定的旅游模式等	通过旅游需求推动旅游供给,带动旅游消费,促进旅游流的形成与发展,影响旅游地之间的关系,推动旅游地的演化等
国家与政府	较高的旅游综合效应;促进旅游业可持续发展,较高的政绩等	旅游投资、开发、建设、保护、经营管理;制定相关法律法规、旅游发展政策与旅游行业管理规范,监督和管理旅游行业等	提供旅游供给,拉动旅游需求,营造旅游发展环境,塑造旅游空间,形成旅游吸引力,提高旅游承载力,规范旅游发展等
旅游企业	以较高的旅游经济效应为主,兼旅游社会与自然生态效应	旅游供给、旅游投资、旅游开发、旅游建设、旅游保护、旅游营销、旅游经营管理、旅游分配、旅游企业制度建设等	提供旅游供给,拉动旅游需求,形成旅游吸引力,建设旅游承载力,提高旅游产业链,推动旅游系统发展等

续表

旅游行动者	主要利益诉求与主要目标	主要行为	主要功能与影响
地方居民与社区	较高的旅游综合效应；较高的生活满意度与幸福感	提供旅游吸引力、旅游承载力、旅游空间与旅游环境,具有一定的风俗习惯与道德规范;对旅游发展进行感知与评价,形成相关的期望、态度与行动等	根据对旅游的不同态度与各种行动,提供旅游供给,建构旅游吸引力,建设旅游承载力,推动社区的发展等

2) 旅游人—地关系子系统

旅游人—人关系子系统内各个旅游行动者的行为和其之间的相互关系,可进一步涌现以旅游目的地为核心的旅游人—地关系子系统,它是旅游系统的中观结构,包括旅游流、旅游吸引力、旅游承载力、旅游制度4个要素,在功能上表现为旅游可持续子系统(表3.9)。其中旅游者和各种旅游要素涌现旅游流、各种旅游供给涌现旅游吸引力和旅游承载力,各种旅游行为规则涌现旅游制度。

表3.9 旅游人—地关系子系统表

主要因素	主要类型	因子属性	主要功能与影响
旅游流	旅游人流、旅游货币流、旅游信息流、旅游知识流、旅游技术流、旅游权力流、旅游物流、旅游能流等	流量、流向、流速、时空分布、文化特性、行为模式、组织形式	通过旅游流的注入、集聚、累积与扩散,构成旅游目的地的熵动力,产生各种积极的与消极的旅游社会影响,获得旅游目的地的经济、社会、生态的响应并推动其演化
旅游吸引力	旅游经济吸引力、旅游社会吸引力、旅游自然吸引力	特色、指向性、多样性、组合与互补性、规模、可创新性	激发旅游动机与旅游需求,吸引与组织旅游客流与旅游要素流

主要因素	主要类型	因子属性	主要功能与影响
旅游承载力	旅游经济承载力、旅游社会承载力、旅游自然承载力	约束、协调、支持、弹性、可创新性	感应、承接、组织、支持旅游流,促使旅游社会影响的生成,推动旅游目的地演化
旅游制度	旅游产品生产制度、旅游消费制度、旅游企业经营管理制度、旅游产业制度、旅游行业管理制度等	普适、效率、公正、平等、协调、激励、约束	界定旅游行动者的行为规则,规范旅游流、旅游吸引力与旅游承载力,调适和优化旅游社会影响

(1)旅游流就是旅游目的地的旅游部分与非旅游部分之间,旅游目的地与旅游客源地、旅游要素源地等之间相互作用而引起的人、物质要素与非物质要素在旅游系统中的流动。它主要包括旅游客流、旅游货币流(含旅游消费流、旅游资本流)、旅游信息流、旅游知识流、旅游人力流、旅游权力流、旅游文本流、旅游体验流、旅游技术流、旅游物流、旅游能流等。一般情况下,旅游客流居于主导地位。旅游流是旅游目的地发展的外部动力,它通过集聚、累积与扩散,获得旅游目的地的经济、社会文化与自然环境的响应,推动旅游吸引力与旅游承载力的发展,产生各种积极的与消极的旅游社会影响,推动旅游目的地的演化。正如谢勒与厄里指出,旅游是一种流动的形态。随着全球空间的压缩与社会关系的扩张,人、资本、商品、物品、技术、信息、知识等在全球范围内日益流动,并驱动旅游地的生成与毁灭。旅游流对旅游目的地驱动作用的强度、范围和特征是由各因子的流向、流量、流速和时空分布等属性决定的。

(2)旅游吸引力是旅游目的地扩大旅游流的各种事物和要素,它可分为旅游经济吸引力、旅游社会吸引力、旅游自然吸引力,具体包括旅游资源吸引力、旅游设施吸引力、旅游服务吸引力、旅游形象吸引力等。旅游吸引力既包括旅游客流的吸引力,也包括其他旅游流的吸引力。其中,旅游客流的吸引力是旅游吸引力的主要构成部分,它主导着其他旅游要素的吸引力。旅游吸引力是旅游目的地发展的内在动力,没有足够强大的旅游吸引力,旅游流就难以形成一定的规模,旅游系统也难以完善。旅游吸引力的大小、强弱是由其特色、多样性、指向性、组合与互补性、规模、创新性等属性决定的。

（3）旅游承载力是指在不导致旅游体验与环境质量出现不可接受的下降的前提下，旅游目的地承受旅游流压力的能力。旅游承载力可分为3种类型：旅游自然环境承载力、旅游社会环境承载力、旅游经济环境承载力。其中，旅游自然环境承载力包括旅游地空间承载力、资源承载力、生态承载力、自然灾害承载力；旅游社会环境承载力包括旅游者心理承载力、居民心理承载力、旅游安全与危机承载力、旅游制度承载力、人口承载力；旅游经济环境承载力包括旅游设施承载力、基础设施承载力、旅游要素供给承载力、旅游产业承载力等。旅游承载力作为旅游可持续发展的关键，对旅游发展具有约束与协调作用，它通过对旅游流的感应、承接、组织、支撑，承载与支持旅游流的集聚、扩散、累积与循环运动，进一步推动旅游目的地演化。旅游承载力类型多样，不同旅游目的地的旅游承载力的大小、结构各异。根据木桶原理，其大小取决于最小的旅游子承载力。但是旅游承载力具有弹性，可通过旅游创新与旅游适应不断提高。

（4）旅游制度系统是与旅游相关的行为规范系统。它是由非正式的约束、正式规则及二者的实施特征构成的，包括与旅游相关的法律法规、政策、政治规则、经济规则、意识形态、价值观、道德规范、风俗习惯、契约等。从旅游制度的功能来看，它包括旅游产品生产制度、旅游消费制度、旅游企业经营管理制度、旅游产业制度、旅游行业管理制度等。旅游制度是各种旅游行动者在旅游发展过程中自觉与不自觉地形成的，具有一定的制度结构，可降低不确定性、降低交易成本与组织成本、消除外部性、提高社会效率。它通过界定旅游行动者权利边界和行为空间，支配旅游行动者的行为，规范他们行为方式的选择，为行为绩效提供激励，进一步对旅游流、旅游吸引力、旅游承载力等产生多种错综复杂的作用，从而推动旅游地的发展与演化。若旅游行动者之间，旅游流、旅游吸引力与旅游承载力之间，以及旅游地的关系之间产生不协调、矛盾甚至冲突，就会有旅游制度创新的需求，旅游行动者会在旅游制度结构约束下，通过互动进行旅游制度创新，推动旅游系统的完善。

3.2.4　旅游社会影响因子间的关系与动力机制分析

1）旅游人—人关系子系统各因子的相互关系

旅游人—人关系子系统的各因子之间的关系错综复杂。其中，旅游者与旅游企业、旅游政府等旅游供给者之间的经济供求关系，是旅游人—人关系子系统中最基本的关系，主导着旅游系统的发展与演化。这种供求关系一旦失衡，必然会影响其他因子的变化,导致旅游系统的波动甚至衰退。旅游者与地方居民、社区除具有供求关系外,还表现为主客关系———一种特殊的社会关系。不同类型的旅游者具有不同的动机与行为、不同的消费模式与空间模式,会产生各种不同的旅游社会影响,由此旅游地的产业、景观、形象、价值观等被社会性地重构,推动着旅游地的不断演化。旅游企业类型多样,既包括酒店、旅行社、景区、旅游交通等旅游接待企业,还涉及旅游市场、信息、人才、技术、知识、土地、资金、物质、能源等供给旅游要素的企业。不同的旅游相关企业之间主要表现为旅游供应、竞争、合作等关系,体现旅游产业的关联性。旅游企业与地方居民、社区之间的关系主要为经济关系,也表现为一定的社会关系,甚至有时表现为政治关系。这是因为:一方面,旅游企业的发展空间、土地资源、文化资源、人力资源等都主要来源于社区;另一方面,旅游企业在经济发展、旅游就业、财富分配、文化发展、社会稳定、生态发展等方面对社区产生各种积极的与消极的旅游社会影响。各级政府与地方居民、社区、企业之间虽有一定的社会经济联系,但主要表现为政治关系,政府若没有担任其人民公仆(或代理人)的角色,并承担职责,就容易产生各种社会问题甚至政治问题,从而影响旅游可持续发展。

同时,旅游人—人关系子系统中的各个旅游行动者,是旅游系统中最积极、最活跃的因子,具有各自的价值观、利益诉求、目标、角色、动机、感知、预期、态度、决策与行为,具有高度的能动性、创造性与适应性。他们在旅游地—地关系子系统与旅游人—地关系子系统的激励与约束下,通过旅游行动者间的互动,旅游网络下的旅游流发生的联系、竞争、合作、协调、妥协甚至斗争,平衡旅游行动者之间的利益,改善旅游行动者间的互动与旅游人—人关系子系统的结构,促进旅游流、旅游吸引力、旅游承载力、旅游制度以及旅游地间关系的发展,推动旅游地的生产与再生产。在旅游行动者的互动中,政府资本、外来资本、地方资本等旅游资本是居于主导地位的。一方面,他们运用各自强大的经济与政治权力影响并控制其他的旅游行动者;另一方面,旅游资本是企业家精神和旅游创新的主体与动力源泉,正是旅游资本通过持续不断的旅游创新与创造性破坏,旅游地才呈现一种创新→破坏→创新→破坏的非线性演化过程。

总之,旅游人—人关系子系统是旅游系统的微观结构,它既受制于宏观结构,又对宏观结构具有较高的适应性,还可通过创新与系统的涌现机制能动地创造与生成旅游系统的宏观结构。

2)旅游人—地关系子系统各因子的相互关系

旅游人—地关系子系统四者的关系和作用,可简述如下:设旅游流为 TF,旅游

吸引力为 TA,旅游承载力为 TCC,则:

(1)若 TF≤TCC,旅游流产生的压力在旅游承载力范围内。一般而言,旅游流越大产生的旅游积极影响就越大,旅游可持续发展能力就越高。其中可分为两种情况:若 TF< TA,旅游流小于旅游吸引力,说明旅游流的开发还有较大潜力,需重点推动旅游流的发展;若 TF>TA,旅游吸引力小于旅游流,说明旅游需求旺盛,则需提高旅游吸引力。

(2)若 TF≥TCC,旅游流产生的压力超出旅游承载力的范围,TF 越大产生的旅游消极影响就越大,旅游可持续发展能力就越低。对此,一方面需规范旅游流,另一方面需提高旅游承载力。若 TA< TCC,旅游吸引力小于旅游承载力,还需提高旅游吸引力。

(3)若旅游制度能有效地规范旅游流、旅游吸引力与旅游承载力 3 个要素,则可推动旅游目的地可持续发展;若旅游制度对三者失去规范作用,则难以推动旅游可持续发展,需加强创新。

总之,旅游人—地关系子系统既约束微观结构,又是由旅游人—人关系子系统涌现与生成的,它通过旅游流的注入、吸引、承载,以及各种要素的规范,推动旅游目的地的演化。

3)旅游社会影响的动力机制

旅游社会影响的动力系统是由微观与宏观两个层次组成的,旅游社会影响动力系统的微观层次子系统受制于宏观层次子系统,同时具有较高的适应性、能动性与创造性,能通过涌现生成宏观层次子系统。旅游社会影响动力系统的两个层次子系统相互作用、相互影响,共同产生客观的旅游社会影响。由于不同的旅游行动者受到的旅游社会影响和认知模式各异,每个旅游行动者感知的主观的旅游社会影响也各不相同。因此,旅游社会影响动力系统在不断生成客观的旅游社会影响时,又被旅游行动者感知后变为旅游社会影响,二者共同构成旅游社会影响系统。旅游社会影响系统的反馈会影响旅游行动者的预期、评价与行动,旅游吸引力、旅游承载力与旅游制度,推动旅游地的发展与演化(图 3.2)。也正因如此,旅游社会影响与旅游目的地的发展与演化表现为非线性、复杂性与动态性。

3.2.5 旅游社会影响的主要模式

根据各种主导因素及旅游社会影响的主要机制(表 3.10),旅游对目的地影响的模式主要包括以下几个方面。

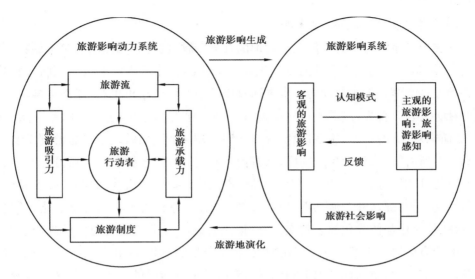

图 3.2　旅游社会影响的动力系统及生成机制

表 3.10　旅游社会影响的主要模式

主要模式	创新型	涵化型	诠释型	传播型	旅游制度强制型	象征型
引发变异的主要机制	旅游资本主导的旅游创新,以解决旅游地的各种问题	外来文化的示范与传播	地方居民文化诠释的个体差异性	媒体的旅游文化传播	外来旅游制度与行为规则的强制性进入	旅游娱乐中象征意义的应用引起的文化变异
主要行为	旅游投资、开发与供给,建设旅游吸引力与旅游承载力	产生涵化现象,如"汉化""西化"	对旅游发展进行感知与评价,对行为规则具有各自的诠释	促进旅游文化交流,推动旅游生产与生活模式的借鉴与模仿	正式旅游制度的强制性变异;外来人员移入	宗教弱化;淫秽色情、犯罪、赌博等
对社会变异的影响	构建生产模式,呈现多种复杂的旅游经济、社会文化与环境影响	改变居民的思想意识与文化行为,推动了社会开放、多元与分化	改变了居民的思想意识与文化行为,推动了社会的差异化、多元与分化	加快了社会流动性,导致旅游地的文化全球化与地方相似性	推动了法制化与民主化,加快了旅游地的社会流动性	引发了文化堕落与社会断层

1）旅游创新型的旅游社会影响

它主要是旅游资本为了解决旅游地的社会问题，进行积极主动的旅游创新而引起的变异，是旅游地社会变异的主要根源。正如创造性破坏理论认为，创新是驱动旅游地发展与演化的主要动力。资本通过旅游地的生产与再生产，能动地推动旅游地的社会变迁。首先，旅游通过旅游投资、开发、建设、保护、经营管理，整合旅游资源、旅游需求、旅游资本、旅游信息、旅游知识、旅游技术、旅游政策等旅游创新要素，推动旅游所有制度、旅游生产制度、旅游消费制度、旅游交易制度、旅游分配制度、旅游经营管理制度等旅游制度的产生、发展，以及旅游地生产模式的变异，改变职业构成与社会关系，提高社会流动性，复兴传统文化，促进文化商业化与舞台化，景观的视觉化、休闲化与体验化等。其次，旅游地旅游制度与生产模式的变异改变了参与旅游的地方居民的生产方式与经济状况，促进其思想意识、文化传统、生活习俗与生活方式等的变异，不同程度地影响未参与旅游的地方居民的思想意识、文化传统、生活习俗与生活方式，进一步促进旅游地社会分层与社会分化。最后，旅游创新在推动社会发展的同时，也可能会产生制度失效与制度结构失衡，导致矛盾深化、文化堕落、社会断层、环境恶化等，呈现复杂的旅游社会影响。

2）文化涵化型的旅游社会影响

旅游的发展吸引了大量的旅游者、旅游投资者、旅游经营管理者与就业人员，这些人员不仅改变了旅游地原有规则出现的频率，还会产生涵化现象。这些外来人员借助凝视、表演、阅读等方式，通过权力、知识、消费、身体、符号等方面的实践对旅游地产生广泛影响。涵化理论认为不同的文化接触会引起广泛的文化"借鉴过程"；文化适应理论认为弱势文化常常会接受强势社会的许多文化要素，以适应旅游的发展。而与文化适应理论不同的是，文化漂流理论认为东道主行为只是在与游客互动期间的暂时转变，并会一直延续。例如，我国少数民族旅游地出现的"汉化""西化"等现象，是旅游地社会变异的重要表现。

3）文化诠释型的旅游社会影响

诠释是对事物的理解方式，对事物不同的理解是文化差异的重要表现。旅游发展不断改变文化的场景与能动者的角色与地位，使旅游地居民日益分化，促使不同旅游行动者对文化与行为规则的诠释产生差异，从而影响他们关于旅游的感知、态度、情感、满意度、幸福感、行为与响应模式。如道克西的愤怒指数、艾皮与普朗克顿的容忍阶段模型等。不同旅游行动者对真实性的看法也各不相同，这导致"真实性"的概念不断变化，成为一个从实在主义到建构主义的连续体。文化环理论也认识到诠释在文化变迁中的重要意义,该理论认为从生产者、文本、阅读、活文化再到生产构成了文化环。其中,文本最初由生产者形成,并成为读者诠释的一部分,文本发生变化的意义进入已有的文化储藏库中,意义中新的变化成为新的生产原材料。文化是由生产与消费交织在一起共同构建的,这个共建的文本在活态文化内循环着,为它的成员所阅读,并通过持续的再诠释与不断变化的社会环境而进一步发生变迁。

4) 文化传播型的旅游社会影响

旅游推动了旅游地与外界的互动,使旅游地跨文化交流日益频繁。尤其是随着全球空间的压缩与全球流动性日益增强、社会关系的扩张,人、资本、商品、物品、技术、信息、知识、文本、符号等在全球范围内快速流动,这促使旅游地日益融入全球化运动,产生文化全球化与文化相似性现象,如"麦当劳化"和"麦当娜化"。在世界体系理论框架下,核心边缘理论、新殖民主义、帝国主义、依附理论等理论,强调作为核心的发达国家对作为边缘的发展中国家在社会变迁中的支配作用。但近来,阿加瓦尔认为旅游地变迁需要从全球化与地方化互动的框架中进行分析,这个框架中存在区域、国家与国际等多个层次的互动。他特别强调了地方特质、地方行动属性,以及影响地方行动的因素等地方因素的作用。

5) 旅游制度强制型的旅游社会影响

强制型变异是指外来制度的强制性进入,主要表现为国家级、上级的各种正式的旅游制度向下级、民众的强制性扩散。例如,中央机关与旅游相关的意识形态、法律法规、政策与行业管理规范都要求地方的强制性执行。这些较高层面的规则通常更加制度化、普遍化、规范化,具有稳定性。

6) 文化象征型的旅游社会影响

旅游推动了起源于艺术、大众文化或生活的其他象征性方面的娱乐活动,渗进当地的实际生活中。例如,旅游发展促进了宗教旅游的开发,淫秽色情、赌博、犯罪行为等的产生,引发文化堕落与社会断层。对此,科恩有较为深入的研究,他认为欧洲很多宗教场所已经完全被旅游者占领,有的甚至实际上已不再是教徒参拜的场所。宗教盛会与节日越来越多地被旅游所主导,宗教仪式已经脱离了原有氛围。总的来说,旅游使当地人对宗教的虔诚程度不断降低,但同时也会导致当地宗教复兴。他还梳理了旅游相关犯罪的不同类型,提出了旅游者犯罪的一般模型。而帕克与斯托克斯基以乡村社区为例,运用社会断层理论分析了随着旅游者与外来人员的增多,不同乡村的旅游犯罪率,认为旅游发展水平越高的旅游地,旅游犯罪率越高,逮捕率也越高。

3.2.6 结语

旅游社会影响动力系统的两个层次子系统相互作用、相互影响,共同生成旅游社会影响,并产生了旅游创新型、文化涵化型、文化诠释型、文化传播型、制度强化型、文化象征型等旅游社会影响的主要模式,推动了旅游目的地的发展与演化。

参　考　文　献

[1]史密斯.东道主与游客:旅游人类学研究[M].张晓萍,译.昆明:云南大学出版社,2007:11-13.

[2]Erik Cohen.旅游社会学纵论[M].巫宁,马聪玲,陈立平,译.天津:南开大学出版社,2007:47-60.

[3]LEW A ,MCKERCHER B. Modeling tourism movements a local destination analysis [J]. Annals of Tourism Research,2006,33(2):403-423.

[4]黄泰,张捷.基于旅游流特征分析的旅游区域影响研究:以淮安市为例[J].旅游科学,2006,20(2):18-24.

[5]MICHAEL K H. Can the tourist-area life cycle be made operational? [J]. Tourism Management, 1986,7(3):154-167.

[6]PAPATHEODOROU A . Exploring the evolution of tourism resorts[J]. Annals of Tourism Research, 2003,31(1):219-237.

[7]FAULKNER R B. Entrepreneurship, chaos and the tourism area life cycle[J]. Annals of Tourism Research, 2004,31(3):556-579.

[8]张骁鸣,保继刚.旅游发展与乡村变迁:"起点—动力"假说[J].旅游学刊,2009,24(6):19-24.

[9]陆林,鲍捷.基于耗散结构理论的千岛湖旅游地演化过程及机制[J].地理学报,2010,65(6):755-768.

[10]徐红罡.旅游系统分析[M].天津:南开大学出版社,2009:15-27.

[11]SHELLER M, URRY J. Tourism mobilities:places to play, places in play[M]. London:Routledge, 2004:1-10.

[12]肖佑兴.旅游影响的因子体系及生成机制:以丽江为例[J].人文地理杂志,2007,22(6):98-104.

[13]WALL G，MATHIESON A.旅游：变化、影响与机遇[M].肖贵蓉,译.北京：高等
　　教育出版社,2007:173-204.

[14]CHRONIS A. Coconstructing heritage at the gettysburg storyscape[J]. Annals of
　　Tourism Research，2005,32(2):386-406.

[15]AGARWAL S. Global-local interactions in English coastal resorts：theoretical per-
　　spectives[J]. Tourism Geographies,2005,7(4):351-372.

[16]COHEN E .旅游社会学纵论[M].肖贵蓉,译.天津：南开大学出版社,2007:
　　183-243.

[17]PARK M,STOKOWSKI P A. Social disruption theory and crime in rural communi-
　　ties：comparisons across three levels of tourism growth[J]. Tourism Management,
　　2009,30(6):905-915.

3.3　旅游对文化传承的影响机制研究——以贵州黔东南西江苗寨为例

　　旅游的发展对地域文化传承具有较大的影响。本节采用系统论方法,以贵州黔东南西江苗寨为例,系统讨论旅游影响下的文化传承及其机制。旅游地的文化传承是在旅游流系统、旅游制度系统与旅游地文化系统三者相互作用、相互影响下进行的。西江苗寨作为贵州发展迅速的旅游地,在旅游的影响下出现了一些新的文化传承方式,构建了西江多层次立体型的文化传承框架,对我国当前社会转型期的民族文化传承起到较好的示范作用。

3.3.1　引言

　　文化传承是每个国家、每个人的责任,它是人类将已有的文化信息通过体外的方式传递给下一代人,下一代人继承传授的知识、观念、风俗、习惯、准则等,并指导自己的行为,推动着文化的继承与发展。文化作为旅游吸引力的重要因素,对旅游发展具有巨大的推动作用,同时旅游发展也为文化传承带来了各种影响。然而,旅游对文化传承的影响,特别是对传承方式、传承模式及传承机制的影响研究还不多。例如,刘锡诚分析了文化传承的 4 种方式;王德刚、田芸总结了文化传承的 4 种模式,认为社区旅游模式与景区旅游模式是非物质文化遗产的旅游化生存的两种模

式,但二者都未做深入分析。本节采用系统论方法,以贵州黔东南西江苗寨为例,系统讨论了旅游影响下的文化传承及其机制。

3.3.2 旅游地文化传承的影响因子分析

如果把旅游地的文化传承看成一个系统的话,就可以构成旅游地文化传承系统。旅游地文化传承的影响因素较多,既有内部因素,也有外部因素。根据文化传承中各影响因素的作用与功能,旅游地文化传承系统可分为三大因子模块:一是文化传承动力因子模块,即旅游流系统;二是文化传承规范因子模块,即旅游制度系统;三是文化传承应力因子模块,即旅游地文化系统。

1)旅游流系统

旅游流是指因旅游者的流动而引起的以旅游客流为主体的,包括旅游信息流、旅游货币流、旅游物流与旅游能流等多重要素的,在多重空间流动的复杂的巨系统。它是支撑旅游文化系统运行的基点和动力,是维系旅游目的地文化系统运行要素的总称,是旅游地文化传承动力因子。旅游流系统对旅游地文化传承驱动作用的强度、范围和特征是由各因子的流向、流量、流速和时空分布等属性决定的。

2)旅游制度系统

制度是与具体行为集有关的规范体系,它是由非正式约束、正式规则和二者的实施特征组成的。旅游制度系统是与旅游活动有关的行为规范系统,包括旅游相关的政策、法律、政治规则、意识形态、价值观、道德规范、风俗习惯、经济规则、契约等。多种形式的旅游制度构成的系统是旅游制度系统,它是由旅游利益相关者、国家机构、政党、地方政府、行业协会、地方团体、教育机构与宣传媒体、科研院校、社区等旅游制度系统创新主体在旅游发展过程中自觉与不自觉地形成的。

3)旅游地文化系统

旅游地文化系统包括文化传承的内容、文化传承的方式与文化生态环境 3 种因子。①文化传承的内容,大概包括 4 个方面:物态文化、制度文化、行为文化、心态文化。②文化传承方式的要素包括文化的传者、承者、传承场、传承媒介等。旅游地的地方政府、旅游企业及员工、当地居民、旅游媒体、相关团体与个人等旅游利益主体既可作为文化的传者,亦可作为文化的承者,甚至还可作为文化的传承媒介。根据文化传承场的差异,传承方式可分为家庭传承、寺庙传承、社区传承、学校传承、企业传承、地域传承、社会传承等(表 3.11)。这几种传承方式往往不是单个地出现,而是组合出现,形成多层次交互的传承模式。③文化生态环境是文化系统产生、发展与演化的背景和条件,本身又构成一种文化成分,不同的文化生态环境孕育出不同的文化及传承方式。地域文化的文化模式对地域生态环境有一种很强的适应性,文化生态环境的变迁会导致文化结构与传承方式的变化。旅游地文化系统对文化传承响应的程度、范围和方式,取决于旅游流、旅游制度的属性和特征、旅游地各旅游利益相关者的特性,以及文化生态环境的特征。

表 3.11　文化传承方式一览表

传承方式	传者	承者	传承场	传承媒介	传承的特点	在文化传承中的作用
家庭传承	父母、长辈	后辈	家庭	语言、家庭生活与生产实践	熏陶、潜移默化、口耳相传、言传身教、自学、模仿与创新	文化传承的基础与根基
社区传承	族长、长辈、传承人等	后辈、同辈	社区	语言、民俗活动	口耳相传、口传心授、言传身教、约定俗成的民俗活动、自学、模仿与创新	文化传承的群众性基础,起到交流、示范与约定俗成的作用,强化了文化适应性
寺庙传承	师傅	徒弟	寺庙、道观等宗教场所	语言、宗教经典、宗教活动	口耳相传、口传心授、言传身教、自学、模仿与创新	宗教文化的系统性、规范性的传承
学校传承	教师	学生	学校	文字、图片、符号、工具、音像等	言传身教、社会实践、自学、模仿与创新	具有文化传承的目的性、系统性、规范性、基础性、长期性等作用
企业传承	师傅、员工	徒弟、员工	市场	实践、培训	学中干、干中学;口传心授、模仿与创新	使文化传承的功能从以交流、娱乐等为主转向以经济、生计为主,增强文化自觉与文化竞争力
地域传承	近邻社区	近邻社区	地域空间	民俗活动	模仿、采借、创新、文化传播	强化地域文化的融合、集聚与凝聚力

续表

传承方式	传者	承者	传承场	传承媒介	传承的特点	在文化传承中的作用
社会传承	专家、学者、社团、传媒等	社会成员	社会	网络、电视、书籍、报刊杂志、音像、赛事、名人等	文化传播、模仿、采借、创新	提高文化的凝聚力,促进地域文化向外扩散,强化文化的竞争力

3.3.3　旅游地文化传承的机制分析

文化传承过程中存在一个场,它是指地域空间内,各种流在一定的方式下流通而形成的时空分配状态,是一种时空分布的非均衡结构,具有 3 种形态,即经济场、信息场、心理场。在经济场中,为了满足各种旅游消费者的需求,旅游地经济主体在有限理性和约束下,通过成本效用分析和福利最大化原则进行行为选择,不断地进行旅游生产与再生产。因此,经济流一般是按照低效用向高效用的方向流动,这导致了社会交换、乘数效应、外部效应、空间集聚、产业集群、产业结构变动、经济发展、就业机会增加、通货膨胀等一系列社会经济现象。信息场是信息的集合,信息是不确定性地减少或消除,信息流通的本质在"信息差异",信息流通过程是不断地消除信息生产者与信息消费者之间的信息差异、隔阂、距离和信息误区的过程。信息场的作用机制是通过信息流通来减少或消除信息源与信息接受者之间所蕴含的信息差异。文化信息流动的总方向是从信息量较大的信息源流向信息量较小的信息源。心理场是在心理与物体之间形成的场,是以人的心理为中心组成的特定的场。空间事物的数量和排列;属性、时间、群体人数和群体结构、个体经历、个体自然特征,以及个体的出生时间和出生地点等都会对心理场产生重要影响。个体感知的任何事物都必然影响心理场,同时这个已经形成的心理场又反过来影响周围的事物。在文化传承场中,上述 3 种影响因子对文化传承产生重要作用。

1)旅游流系统对旅游地文化传承的驱动作用

旅游流是由旅游者的旅游需求和旅游行为所引发的,也是满足旅游需求和践行旅游行为的过程。在这个过程中,旅游流的客流、货币流、信息流、物流等因子的注入,对旅游地产生一系列直接和间接的影响,引发旅游地文化生态环境的变迁,推动旅游地文化的商品化与文化供给,构建物质生活的生产方式与物态文化,同时也制约或推动制度文化、行为文化与心态文化的发展,促进旅游地的文化生产、文化创新与文化传承。

2) 旅游制度系统对旅游地文化传承的规范作用

旅游制度系统及其派生措施可降低不确定性、降低交易成本、消除外部性、促进社会效率,通过界定旅游利益主体、旅游文化传者与承者的权利边界和行为空间,规范旅游地文化传者与承者的行为方式与文化传承行为,改变各个因子的特征与属性,影响旅游流系统的动力方式和旅游地文化系统的响应方式,旅游地文化的传承与发展符合旅游地的价值取向、价值目标以及生态环境系统的演化规律,从而实现旅游地文化系统的可持续发展。

3) 旅游地文化系统对旅游地文化传承的响应作用

旅游地文化系统在旅游流各种因子的驱动下,在旅游制度规范作用下,产生各种文化传承的响应行为。旅游地文化系统既进行文化经济化,又不断在文化生态环境变迁过程中进行文化适应、文化自省与文化自觉。在这个过程中,旅游地的旅游利益主体充当关键角色,他们充当了文化的传者与承者。各种旅游利益主体在价值取向和价值目标指导下,在利益分配机制和价值增值机制激励下,通过为旅游者提供行为空间和旅游供给,参与到旅游供给的各个环节,这不仅改变旅游地的文化生态环境,而且通过文化经济、文化适应与文化自觉,不断创新文化传承方式。在文化传承过程中,文化信息不断地进行保持、产生、传递、选择、接受、组织、加工、使用、诠释与附会,文化就不停发生流动、传承、累积、创新、生产与再生产,推动旅游地文化的传承与演化。

总之,旅游地的文化传承就是旅游地文化系统在旅游流系统与旅游制度系统的相互作用、相互影响下进行的。旅游地文化系统不仅对旅游流具有吸引与承载作用,同时也通过旅游信息与旅游体验对旅游流进行调节与组织。若旅游流系统的驱动作用和旅游地文化系统的响应行为的辐合效应与旅游地文化系统不协调就会产生消极影响,这就对旅游制度提出了创新需求,需要旅游制度变迁能对旅游流系统和旅游地文化系统产生新的规范作用(图 3.3)。

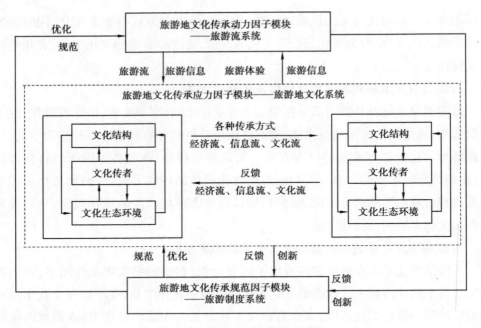

图3.3 旅游地文化传承机制图

3.3.4 贵州黔东南西江苗寨的文化传承机制分析

西江苗寨位于黔东南雷山县东北部,距县城 36 km,距州府凯里市 35 km。根据西江"子父联名制"推演,如今已有 600 多年的历史。西江有居民 1 288 户,共 5 120 人。其中,苗族人口占全寨的 99.5%,是中国最大的苗寨。西江苗寨木质吊脚楼群依山而建,气势恢宏,独具特色,苗族风情浓郁,已被联合国列入世界文化遗产。西江苗寨 1982 年被省政府列为全省乙类农村旅游区;1987 年被列为东线民族风情旅游景点;1999 年列为全省重点保护与建设民族村镇;2008 年第三届贵州旅游发展大会在西江召开之后,西江旅游业发展迅速,同时带动了西江的文化传承与发展。

1) 旅游流系统对文化传承的动力作用

2009 年,西江景区游客人数达 64.65 万人次,门票收入 0.12 亿元,旅游总收入 1.4 亿元,居民年人均纯收入达 3 010 元。在资金流上,2009 年雷山县人民政府在西江投资约 8 000 万元,并注册资金 1 000 万元成立西江千户苗寨旅游发展责任有限公司,引进朗云台度假酒店、黔森酒店、西江月大酒店、阿旺朵酒店等主要外来投资约 5 000 万元。此外还有当地居民的各种旅游经营投资,全村 5 000 多人中约 50% 通过出租房屋、经营企业、旅游就业等方式直接参与旅游发展。旅游业对西江苗寨的经济发展产生巨大影响,对文化传承也有较大影响。根据对西江居民的问卷调查(发放问卷 200 份,有效问卷 190 份),大部分居民认同旅游对经济产生了较好的影响,对文化传承有积极作用(表 3.12)。

表 3.12　西江居民对旅游影响下的文化传承的感知　　　　　　单位:%

感知类型	完全同意	很同意	基本同意	中立	基本不同意	很不同意	完全不同意
旅游提高了居民收入	29.5	16.8	41.1	9.5	1.1	1.1	1.1
旅游改善了居民的生活质量	16.8	21.1	46.3	6.3	7.4	2.1	0
旅游产生了较好的综合影响	12.6	38.9	32.6	9.5	3.2	2.1	1.1
旅游促进了居民对传统文化的学习	15.8	22.1	35.8	13.7	12.6	0	0
旅游促使家长对小孩的传统文化教育	7.4	17.9	34.7	21.1	14.7	1.1	3.2
旅游促进了居民间的学习	18.9	24.2	30.5	17.9	2.1	3.2	3.2
旅游推动了学校的传统文化教育	12.6	20.0	28.4	21.1	11.6	2.1	4.2
旅游企业推动了文化传承	20.0	32.6	25.3	17.9	1.1	2.1	1.1
居民自身的文化创新与创造	15.8	30.5	30.5	16.8	5.3	1.1	0

2)西江苗寨的旅游制度系统对文化传承的规范作用

(1)保护制度

西江被列为全国第三批历史文化名镇,以西江千户苗寨为主体的黔东南苗族村寨被列为中国世界文化遗产;雷山县的苗族鼓藏节、苗族银饰锻制工艺、芦笙制作工艺、西江千户苗寨营造工艺、苗族服饰文化等被列入国家级首批非物质文化遗产名录;西江成立民族文化保护和研究机构,加强对苗族文化,包括服饰艺术、芦笙文化、银饰工艺、吊脚楼建造艺术与苗族历史、教育、经济等内容的研究,将研究成果应用于旅游商品研发。

（2）产业政策

雷山县制定积极的财税政策，促进民族民间工艺品事业的发展。例如，2006 年起，每年财政预算 100 万元作为贷款贴息发展旅游产品。2009 年，雷山县实行"万户小老板工程"，重点打造西江民族商品街和扶持改造"农家乐"设施，将银饰、民族服饰等旅游商品展示展销并打造宣传窗口；雷山县以西江、麻料、控拜一带为核心构建"中国银饰加工基地"，对此给予相关优惠政策；积极组织工匠参加"多彩贵州"能工巧匠，促进了民族民间工艺品的开发保护。雷山县实施联合国旅游商品设计加工培训等的"送出去、请进来"模式；西江实行积极的财政政策与开放政策，引进外来资金。

（3）法律法规与政治规则

《贵州省民族民间文化保护条例》、贵州省实行"民族民间文化进课堂"、《黔东南苗族侗族自治州民族文化村寨保护条例》、《黔东南民族民间文化优秀传承人选拔管理办法》、《黔东南州人民政府关于加快发展服务业的实施意见》、黔东南探索建立生态文明建设试验区、西江实行旅游强镇战略与新农村建设、《西江千户苗寨保护与整治规划》、《西江景区新村建设规划》等。

（4）经济规则与契约

西江探索建立的景区特许经营制度、西江组建的农家乐协会、西江景区市场管理办法、西江景区门票管理办法、西江景区环境卫生保洁制度、西江景区旅游看点管理制度、西江景区应急预案、西江景区旅游商品户、装摊点等的诚信文明经营协议书等。

（5）道德规范与风俗习惯

西江乡规民约、西江苗族贾理、西江千户苗寨卫生治理工作实施方案、西江苗族文化园区文化拓补与传承建议方案；黔东南州通过"公助民筹、民办公助"和社会支持方式，大力扶持、引导和鼓励民间办好自己的节日等。

（6）意识形态与价值观

西江千户苗寨被评为"中国景观村落"和"贵州省新农村建设十佳乡村"，西江每天早上用广播进行民族村寨安全教育，开展"靓苗乡，迎奥运，西江千户苗寨妇女卫生创建活动"，开展"我以我是西江人为荣"等主题教育活动。

3）西江苗寨旅游文化系统对文化传承的响应行为

西江传统的文化传承方式是宗教信仰、家庭教育、社区（含鼓藏头、寨老、活路头、歌师、游方、节庆活动)等。然而,西江苗寨的文化生态环境在中华人民共和国成立后发生了较大变化,特别是改革开放以来,电视进入普通家庭,大量村民外出打工,原生态文化正在逐渐消亡,文化传承出现了断点,很多青少年甚至中年人都不太了解传统文化,西江的文化生态环境发生了变化,原有的传承方式已不适应新的文化生态环境。在旅游发展的影响下,西江苗寨的文化传承出现了一些新的传承方式,如家庭传承、社区传承、学校传承、企业传承等,推动了文化的传承与发展。

3.3.5 结语

以旅游发展为主导的旅游地的文化传承包括 3 个主要影响因子,即旅游流系统、旅游地文化系统、旅游制度系统,3 个影响因子相互作用、相互影响,共同推动旅游地文化的传承与发展。西江作为贵州发展迅速的旅游地,在旅游影响下,出现了一些新的文化传承方式,构建了西江多层次立体型的文化传承框架,对我国当前处在社会转型期的民族文化传承起到良好的示范作用。然而,西江的文化传承同样面临多种问题。例如,传统的传承方式日渐衰落,大量传统文化逐渐失传;新型的传承方式有待完善,学校传承、社区传承、企业传承等还需强化与规范;文化传承的经济驱动力过大,易出现文化商品化与庸俗化的倾向。因此,针对西江的文化传承,黔东南还需加强旅游制度、旅游技术、旅游产品等的创新,规范旅游流与旅游利益主体行为,不断完善民族民间文化教育体系、民族文化传承与发展框架,推动旅游地可持续发展。

参 考 文 献

[1]刘锡诚.非物质文化遗产的传承与传承人[C]//中国非物质文化遗产保护论坛.中国非物质文化遗产保护论文集:2006 年卷.北京:文化艺术出版社,2011.

[2]王德刚,田芸.旅游化生存:非物质文化遗产的现代生存模式[J].北京第二外国语学院学报,2010(1):16-21.

[3]杨俭波,乔纪纲.动因与机制:对旅游地社会文化环境变迁理论的研究[J].热带地理,2003,23(1):75-79.

[4]埃瑞克·G.菲吕博顿,鲁道夫·瑞切特.新制度经济学[M].孙经纬,译.上海:上海财经大学出版社,1998:2.

[5]肖佑兴.旅游影响的因子体系及生成机制:以丽江为例[J].人文地理,2007(6):

98-104.

[6]张岱年,方克立.中国文化概论[M].北京:北京师范大学出版社,1994:5-7.

[7]贺宝林.人类学视野下的地域文化[J].东方艺术,2005(20):76-77.

[8]张凯.信息场性能分析[J].情报杂志,2003(2):19-23.

[9]王雨田.控制论、信息论、系统科学与哲学[M].北京:中国人民大学出版社,
1986:336-341.

[10]郑英隆.信息流通与流通的协同发展[J].经济学家,1994(1):107-111.

[11]郑希付.心理场理论[J].湖南师范大学社会科学学报,2000,29(1):75-79.

3.4 旅游地文化传承模式——以贵州黔东南为例

随着社会的变迁,文化传承的方式与模式也在不断变化与创新。旅游发展对文化传承具有较大影响,不仅影响传承的动力,也不断创新文化传承模式。本节以黔东南为例,讨论了黔东南家庭传承、社区传承、学校传承、企业传承、社会传承等文化传承的传承场、传承媒介、传承特点,以及在文化传承中的作用等。黔东南虽然建构了多种模式的文化传承框架,但是还需要深入开展文化创新,以推动地域文化系统的可持续发展。

当前,我国蓬勃发展的旅游业给文化传承带来了各种影响,但国内对旅游发展产生的文化传承模式的探讨却不多。本节以黔东南为例,从家庭、社区、学校、企业与社会等文化传承场系统讨论了旅游地文化传承模式。黔东南苗族侗族自治州位于云贵高原东南部,有苗、侗等 33 个民族,少数民族人口占全州人口总数的81.87%,被誉为"世界上最大的民族博物馆",是世界乡土文化保护基金会授予的全球 18 个生态文化保护圈之一。随着旅游的发展与社会环境的变迁,黔东南的文化传承模式也在不断发生变化,在传统的文化传承模式基础上,黔东南出现了一些新的文化传承模式。

3.4.1 家庭传承模式

家庭是文化传承最基本的单位、最传统的方式和场所,是文化传承的基础和根基。文化的传者是父母与长辈,文化的承者是儿女与后辈。文化传承的媒介主要是

语言、家庭生活、生产实践。文化传承主要是通过口耳相传、言传身教、熏陶与潜移默化方式进行的。文化传承内容主要是语言、风俗习惯、宗教信仰、音乐、舞蹈、工艺等。当前,在旅游发展的影响下家庭传承具有一些新的模式。

1) 家庭博物馆

西江通过建立文化遗产保护评级与补助制度,20 多户居民在自己家里建立家庭博物馆,陈列祖祖辈辈传承的生活、生产用品与工具。

2) 家庭作坊

银饰、芦笙制作、家庭服饰制作等专业性、技艺性比较强的产业,主要通过家庭作坊进行传授和经营,子承父业,世代相袭。例如,雷山县的控拜村与麻料村等银饰村大多以家庭作坊形式经营,其中西江景区就有 30 家。

3) 农家乐

大多数农家乐是以家庭形式经营的,主要提供民居住宿、民歌演奏、长桌宴及各种美食等。

3.4.2　社区传承模式

社区传承是在社区内进行的文化传承模式,是社区的寨老、歌师等文化传承人主持约定俗成的民俗活动、社会成员(群体)的共同参与;传承人通过口传心授、口耳相传、言传身教等方式来进行文化传承。这种文化传承模式具有较好的群众基础,能起到交流、示范作用,强化了文化的适应性。黔东南村寨的寨老、歌师等是传统的传承人,担任着文化传承的责任。侗族大歌是一种全民参与的文化传承方式,它以歌代文、以歌为伴,以及以歌习得民族历史、生产生活的知识和为人处世的道理。在旅游蓬勃发展的影响下,当前的社区传承也发生了一些变化。

1) "社区+旅游就业"的文化传承模式

很多村寨在传统传承方式下发展旅游,2007 年黔东南州人民政府公布了 100 个重点民族文化村寨,并确定了 50 个文化旅游村寨。这些村寨在旅游发展中进行文化传承,同时文化制度的建立引导了文化保护与发展。例如,旅游发展为小黄村的文化传承带来了新特点,主要表现在两个方面:一是外出打工的居民,主要服务于外地各旅游区。20 世纪 80 年代开始,以谋生为目的的文艺工作人员,占外出务工人员的 70%,文艺工作人员人均月收入 1 200 元,年龄主要是 16～30 岁。二是本地的旅游服务,主要包括餐饮、住宿、侗歌表演、土特产与工艺品销售等。旅游发展为小黄村的文化传承带来了经济动力,同时,非本地需求的舞台式的文化传承方式也推动了文化方式的创新与文化发展。例如,侗歌更注重演唱的标准化和舞台表演的模式化,借鉴了美声和民族唱法中的气息训练方式,注重形体的训练,实现了演唱风格由静态向动态的转化。

2)生态博物馆模式

生态博物馆与普通博物馆不同,它是通过文化生态环境与原生态文化保护进行传承等,黔东南拥有中国·黎平堂安生态博物馆、中国·锦屏隆里生态博物馆、黎平县茅贡乡地扪侗族人文生态博物馆三家生态博物馆。例如,黎平县茅贡乡地扪侗族人文生态博物馆是 2005 年由香港明德创意集团出资兴建的,博物馆聘请当地的歌师负责收集与整理地方传统的侗歌与侗戏,教授青少年侗歌与侗戏,有时也进行表演。通过这种综合传承方式,地扪村大多数青少年都掌握了基本的侗歌与侗戏,极大地推动了文化的传承与保护。2009 年,明德公司与乡政府、地扪村合作成立了乡村旅游合作社,其旅游定位是豪华型的休闲度假、修学旅游的高端旅游,由于旅游者数量不多,这种旅游产业减少了旅游发展的负面影响。

3)社区文化传承人模式

传统的歌师、寨老、鼓藏头等充当文化传承人角色,但在当前环境下其文化传承的动力略显不足。2007 年,实行 100 名民族民间文化传承拔尖人才扶助工程。当前,黔东南形成了国家级、省级、州级与县级共 4 个级别的文化传承人制度,不同级别的文化传承人具有不同的补助:国家级每年补助 8 000 元;省级补助 5 000 元;州级补助 3 000 元;县级补助不等。文化传承人的传承模式大概可分为两种类型:一是政府将传承人集中起来,承办文化培训班,群众自愿报名免费学习,同时对传承人进行适当补助。二是传承人日常的传承活动,如侗戏的国家级非物质文化传承人——侗戏发源地黎平县腊洞村的张启高,作为侗戏师爷的后代和侗戏的重要传人,除在年前传授外,还在村内组织约 30 人的传承队,每周两次为本村自愿学习的青少年教授侗戏。教授过程一般是老师文字演示讲解,学生边抄边改与模仿。同时还组织编戏、编教材与创作。此外,张老师根据古代的历史文化与题材,结合相声、小品等艺术形式与新时代的特点进行戏剧创作。例如,把先进性教育活动的内容用侗歌的形式编唱出来,让群众乐于接受传统文化,并在娱乐中学习传统文化。

3.4.3　学校传承模式

学校传承是通过学校教师的言传身教、师生互动、社会实践等方式进行文化传承,主要媒介有书籍、文字、图片、符号、工具、音像等,具有文化传承的目的性、专门化、系统性、规范性、基础性、长期性等作用。学生毕业后既可在社区从事文化传承工作,也可通过就业进行企业传承。学校传承模式主要表现在以下两方面:

1) 民间文化进课堂

20 世纪 90 年代以来,黎平、榕江、雷山、台江等县把侗族大歌、苗族飞歌、苗族舞蹈、苗族蜡染刺绣等民族文化搬进中小学课堂作为必修课,先后开办了"金蝉侗歌班""侗歌班""九寨侗族文化艺校"等,讲授民居、民俗、服饰、歌舞等课程。丹寨县鼓励民间艺人和体育老师合作,创造极具民族文化特色的"锦鸡体操"。21 世纪以来,西江小学、西江中学、雷山中学、黔东南的各职业中学、凯里学院等大中小学校开展了苗语进课堂、民间文化进课堂活动;开设了苗歌、刺绣等课程;开创了民族艺术班、文化传承人等班级文化传承形式。从 2003 年起,黔东南逐步完善了民族文化保护教育体系,将民族文化教育纳入大中小学教育网络,并作为学生素质教育考察内容。

2) 百名原生态民族文化高级人才培养工程

2007 年起,凯里学院每年招收 100 名学生专门学习民族文化,毕业后从事文化传承工作。百名学生 5 年在校学习费用、生活费用以及必需的教学设备费用都由黔东南州财政进行补贴。州民委、州文化局、州旅游局等单位负责人组成民间文化艺术专业教学领导小组,制订教学计划、编制教学大纲和教材,计划建设一支高素质的专业教师队伍。

3.4.4　企业传承模式

企业传承主要是通过企业的生产实践与培训进行文化传承,其特点是口传心授、学中干、干中学。企业传承使文化传承的功能从以交流、娱乐等为主转向以经济、生计为主,增强了文化的自觉与文化竞争力。传统的企业传承方式主要是"师说式"的,当前文化产业逐渐发展壮大的黔东南,越来越多的民间工艺走向市场,民间工艺者进入公司,成为公司的一员,公司化运作推动了文化传承。企业传承日益成为文化传承的重要力量。目前主要有以下两种模式:

1) 旅游商品生产型

它依托传统的工艺与专门从事旅游商品生产的企业,具有较强的市场导向。如雷山民族银饰制作有限公司,从事民族银饰品、工艺品、民族服饰的加工制作与销售。在市场导向下,通过企业文化与技术、员工的学习、员工的模仿进行文化传承。黔东南太阳鼓苗侗刺绣有限责任公司实行"公式+村寨+农户"模式,与贵州 4 个刺绣专业村合作,通过公司接订单,出样品给村民加工、生产,互惠互利,共同推动民族文化保护与传承。

2)旅游表演型

它依托地方文化资源与创新文化艺术形式传承传统文化。例如,西江的大型表演就是德享公司聘请西江居民成立表演队员,在对传统艺术的加工与整合的基础上,将艺术舞台化,进行旅游表演。镇远县于 2010 年 9 月举办的大型实景演出"水舞太极·千年镇远",力求展现镇远水文化、历史文化,实现地域文化、民族文化与时代精神的完美结合。

3.4.5　社会传承模式

传统的社会传承主要是以近邻村寨之间的文化交流为主,如侗族的邀寨与寨客。而当前的文化传承更多地是体现在文化研究、文化保护、文化宣传等方面,其媒介主要包括网络、电视广播、书籍、报纸杂志、音像、赛事等,推动了文化的传播、模仿、采借与创新,有助于提高文化凝聚力,促进地域文化扩散,强化文化的竞争力。

1)加强文化制度建设,实行各种保护工程,保护原生态文化

如颁布《黔东南苗族侗族自治州民族文化村寨保护条例》《黔东南民族民间文化优秀传承人选拔管理办法》;2007 年,黔东南实行 100 个重点民族文化村寨保护工程与 100 个原生态民族文化典型建筑保护工程等;黔东南的苗族村寨被列入中国世界文化遗产预备名单等。

2)组织各种研究机构,整理文化瑰宝,推动文化传承

例如,州文化局组织编写黔东南民族文化丛书;雷山县 2000 年成立了县苗学研究会与中国苗族文化雷山研究中心,对苗族文化包括服饰艺术、芦笙文化、银饰工艺、鼓藏节、吊脚楼建造艺术以及苗族历史、教育、经济、人才培养等内容积极开展研究,并取得了一定成果;小黄村成立了乡、村两级侗歌侗戏研究会与侗歌协会,并组织专业人员组建小黄侗歌优秀曲目收集办公室,通过收集整理文字、图片与音像等大众传播信息建立侗歌音像资料库。

3)开展多种文化赛事与文化宣传活动,促进文化创新

例如,开展多彩贵州旅游商品设计大赛、能工巧匠选拔大赛及旅游商品展销大会(简称"两赛一会"),举办苗乡侗寨电视歌唱大赛、斗牛比赛、中小学生艺术展演比赛等;举办中国凯里·甘囊香国际芦笙节、中国苗族(丹寨)传统农耕文化节、台江苗族姊妹节、贵州原生态民族文化体育旅游节;发行《走进黔东南》旅游宣传片,黔东南州被联合国教科文组织推荐为世界十大"返璞归真,回归自然"的旅游目的地首选地之一,被誉为"原生态博物馆";西江景区每天早上广播村寨防火知识;各种文化刊物与音像的出版等。

3.4.6　结语

在传统的传承方式下,黔东南不断创新文化传承模式,形成了多层次的文化传承框架,对我国其他旅游地民族文化传承有较好的借鉴作用。然而,黔东南文化传承同样面临多种问题,如传统的传承方式日渐落后、新型的传承方式还有待完善;学校教育、社区教育、市场传承等还需强化与规范;文化传承的经济驱动力过大,易出现文化商品化、舞台化与庸俗化倾向。因此,旅游地需要不断加强制度、技术、产品等方面的创新,规范文化的传者与承者等利益主体行为,不断完善民族民间文化教育体系与民族文化传承与发展框架,推动地域文化系统的可持续发展。

参 考 文 献

[1]朱丹丹,张玉钧.旅游对乡村文化传承的影响研究综述[J].北京林业大学学报(社会科学版),2008,7(2):58-62.

[2]宗晓莲.旅游开发与文化变迁:以云南省丽江纳西族自治县纳西族文化为例[D].广东:中山大学,2004.

[3]王德刚,田芸.旅游化生存:非物质文化遗产的现代生存模式[J].北京第二外国语学院学报,2010(1):16-21.

[4]杨正权.黔东南非物质文化遗产集锦[M].贵阳:贵州民族出版社,2007:1-7.

[5]杨莉,卢芝艳.侗族大歌的起源、传承及现代发展:以黔东南州小黄村为例[J].职教论坛,2009(6):88-89.

[6]周惠萍,李虹玉,吴文前.民族民间艺术与文化旅游开发:贵州从江县小黄村的调查研究[J].贵州大学学报(艺术版),2008,22(4):89-93.

第4章
制度视角下的旅游地变迁研究

4.1　**制度视角下的乡村旅游地社会变迁研究**

旅游发展已成为我国乡村社会变迁的主要动力。本节以制度为旅游地社会变迁的内生变量与"基因",分析了乡村旅游地社会变迁的机制问题。在旅游影响下,乡村由传统的农业社会逐步向新型的旅游社会转变,它是一个社会遗传、变异与选择的互动过程。遗传是社会传统得以延续的方式;变异是社会多样性的创生机制;选择则是多样性减弱的机制。其中,旅游制度规范旅游行动者行为,并通过社会传承延续社会传统。同时,旅游行动者可通过各种社会变异能动性地塑造和再塑造旅游制度,推动旅游地走向多样性。在多样化的制度中,新型的旅游制度逐步被社会选择,并建构新型的旅游社会。

4.1.1　引言

旅游已经产生了广泛的社会影响,成为我国乡村社会转型与变迁的重要动力。旅游是如何推动乡村旅游地社会转型与变迁的,其机制如何? 对此,国内外学者从以下视角进行了相关研究:

1) 旅游者视角

旅游者类型、旅游凝视、旅游表演与阅读等理论从消费、权力、知识、身体、符号等视角阐释了旅游者对旅游地社会变迁的机制,认为不同类型的旅游者具有不同的动机与行为模式,从而产生不同的旅游社会文化影响。

2) 社区视角

面对旅游的影响,社区的不同响应模式对旅游地社会变迁产生各种作用,对此出现了多种相关理论。例如,愤怒指数、容忍阶段模型、相互凝视等理论解释了社区居民的态度与行为呈线性或非线性变化;主客关系理论将客人与主人的关系视为简单的刺激—反应关系,认为居民对旅游具有相似的响应行为;涵化理论认为,强势的旅游者与弱势的东道主社区间的文化接触,会产生示范效应,导致后者对前者的借鉴与模仿;社区旅游理论强调旅游发展的内嵌、内生与赋权可促进积极的社会文化影响;社会表征理论认为,影响人们对旅游响应模式的是有关旅游的知识体系;社会交换理论、意义均衡理论、文化适应理论等分别从成本效益、意义、适应与重构等视角阐述了旅游地社会变迁的机理。

3) 旅游业视角

文化的旅游化导致文化的商品化、庸俗化与变异,产生"真实性"问题与诸多消极影响;场域理论、文化再生产与空间生产、文化环理论、旅游行动者网络理论分别从资本、生产、政治、网络等视角阐释了旅游地社会变迁是一个文化的生产、创新与发展的社会建构过程,这为理解旅游地社会变迁提供了新的思路。

4) 地方化与全球化互动视角

核心边缘理论强调,全球化背景下边缘对中心在客源、投资、技术、管理等方面的依赖而产生各种不同的社会影响。近年来,全球化与地方化互动的研究更加关注地方的制度、政策、地方主动的行动在全球化中的积极作用,重视旅游地内外结构的宏观分析。

5) 旅游地生命周期视角

旅游地生命周期理论为旅游地社会变迁提供了一个基本框架,它解释了旅游者数量与类型、居民感知与环境变迁等随旅游发展阶段呈现的不同变化。

6) 生物学隐喻视角

周霄、雷汝林从文化变异问题的生物学和历史学出发,提出了旅游文化变异的交互适应本质与旅游文化变异的阶段模式,但未探讨文化基因的遗传与选择问题。

从以上视角来看,旅游地社会变迁研究已取得了较多成果,不少研究较重视旅游创新与变异在旅游地社会变迁中的作用,但对旅游地的文化基因的遗传、变异与选择连续性的动态过程探讨较少。

4.1.2 理论基础与研究方法

近年来,社会学与演化经济学借鉴生物学隐喻与达尔文进化论的遗传、变异与选择 3 个机制分析社会与经济的变迁,取得了较大成就。例如,以社会学家汤姆·R. 伯恩斯为代表的乌普沙拉学派构建的规则系统理论认为,文化进化意味社会规则的产生、选择、传递与再生的过程。复杂多维的规范网络不是既定的,而是人类行动的产物,社会规则系统是人类的建构,人类能动者持续形塑和再塑社会规则系统;演化经济学也把制度作为经济演化的基因,经济变迁过程具有变异与选择两阶段模型与遗传、变异、选择三阶段模型。基于上述理论,本节综合运用社会学、人类学与演化经济学的方法,以制度为旅游地基因,针对乡村旅游地制度与社会变迁状况,分析制度的遗传、变异与选择的机制、模式与过程,以此来探讨旅游地社会变迁的机制问题。

4.1.3　乡村旅游地制度与社会变迁状况

1）乡村旅游地

旅游地是具有一定旅游吸引力与旅游承载力的空间,可开展一定的旅游活动,并产生一定的旅游影响,推动旅游地的发展与变迁。旅游地的主要特征是旅游业成为其主导产业,旅游是其社会变迁的主要动力。对于乡村旅游地而言,乡村旅游是其社会转型与变迁的主要动力。

2）乡村旅游地基因——制度（惯例）

制度是旅游地的基因与旅游地社会变迁的内生变量,它不仅体现了旅游地的各种行为规则,约束与规范旅游行动者的行为,而且具有惯性与路径依赖的特征,能通过代代相传实现社会传承与扩散,又能在一定环境下通过旅游行动者的能动性与行为规则的变化产生变异。

根据是否得到正式机制支持,制度可分为正式制度与非正式制度。正式制度一般是政治权力机构自上而下设计出来并强加于社会付诸实施的。非正式制度大都诉诸自愿协调或自发生成。根据是否具有生产性功能,制度可分为生产性制度与非生产性制度。生产性制度是指与经济生产紧密相关的制度,主要包括生产资料所有制、生产制度、消费制度、交易制度、分配制度、经营管理制度等。非生产性制度是指与社会文化、风俗习惯、民主政治等紧密相关的制度,具体包括语言、建筑、饮食、服饰、民间工艺、家庭、节庆、婚姻、宗教、就业、教育、医疗、卫生、社区参与和管理等方面的制度。生产性制度与非生产性制度都含有相应的正式制度与非正式制度,在一定环境下可相互转化,共同构成旅游地的制度结构,成为旅游地社会模式的内核。

旅游地的行动者是指在旅游环境中具有行为能力的个体、群体、组织与国家等各种主体,主要包括旅游者、当地居民与社区、国家与各级政府、旅游企业、行业协会、教育与科研机构、旅游媒体,以及其他非政府组织、非营利组织等。这些不同类型的旅游行动者有着各自不同的动机与利益诉求、行为与角色,会产生不同的影响。他们受制度结构规范与约束,同时又能动性地建构旅游制度与旅游地的社会模式（表4.1）。

3）乡村旅游地的社会变迁状况

乡村旅游的发展促进了乡村生产性制度的转型升级,推动了非生产性制度的变迁,使乡村旅游地由原有传统的农业社会逐步向旅游社会转变。旅游社会属于后工业社会形态,大致具有以下几个特征:①以市场化的旅游服务业为主导,这是旅游社会的根本特征。②职业主要为旅游服务人员。③社会流动性强,尤其是空间的流动性非常强。④社会关系以旅游关系为主。⑤社会分工精细,社会结构日益分化。⑥社会文化是现代旅游文化,社会开放而富有创新,社会心理与价值观念多样化,旅游意识、市场意识、保护意识、法治意识浓厚,生活方式现代化,物质文明较为发达。⑦社会管理日益多元化。⑧法治成为政治系统运行的基本方式,民主化程度较高。⑨生态景观强调视觉化、休闲化和体验化。⑩空间日益集聚,城镇化程度高。目前,各乡村旅游地呈现农业社会与旅游社会的混合形态,只是混合程度略有不同(表4.2)。

表 4.1　乡村旅游地的生产性制度变迁状况

类型	生产资料所有制	生产方式	消费制度	交易制度	分配制度	经营管理制度
旅游发展前	农田等主要生产资料为集体所有制	田园耕作	自给自足为主	自给自足、货货交易大量存在	平均分配为主	家庭承包经营
旅游发展后	以公有制为主体、多种所有制经济共同发展	旅游要素整合,提供旅游设施与旅游服务	以外地游客消费为主	货币交易为主、在线交易盛行	按劳、资分配等多种分配形式;旅游惠民分配制度	现代经营管理制度

表 4.2　乡村旅游地的社会变迁状况表

社会形态	旅游发展前(农业社会)	旅游发展后(旅游社会)
经济	以自给自足的农业为主导,生产力水平较低	以市场化的旅游服务业为主导,生产力水平较高
职业	主要为农民	主要为旅游服务人员
社会流动性	较弱	较强,尤其是空间的流动性非常强
社会关系	以血缘与地缘为主	以旅游关系为主
社会结构	社会分工不明确,社会结构单一	社会分工明确,社会结构分化
社会文化	传统农耕文化,淳朴自然的田园生活,物质文化不发达	现代旅游文化,生活方式现代化,物质文化较发达
社会管理	社会管理模式单一	社会管理日益多元

续表

社会形态	旅游发展前(农业社会)	旅游发展后(旅游社会)
民主政治	人治为政治系统运行的基本方式,民主化程度较低	法治成为政治系统运行的基本方式,民主化程度较高
生态景观	自然性与物质生产性	视觉化、休闲化与体验化
空间	空间分散,城镇化程度低	空间集聚,城镇化程度高

4.1.4　乡村旅游地的社会遗传(传承)

社会遗传是社会传统得以延续的方式。人们不能根据"自己的喜好"去建构社会,只能在继承过去的基础上,即在先辈建立的既有结构条件下去建构。人们文化基因不是先天获得的,而是在后天的生产、生活与社会交往中通过信息与知识的学习获取的。制度主要通过 3 种基本机制获得遗传:

① 制度的强制作用。各种与旅游相关的法律法规、规章制度和相关的管理机构,不仅对制度的执行提出相对明确的要求,而且具有有效的监督和重要的制裁、惩罚以及权力机制,可推动旅游地制度特别是正式制度的遗传。

② 制度的规范作用。规范强调社会责任与约束性期待,如旅游行业惯例、旅游地村规民约等。

③ 能动者的模仿,这包括直接的指导,即"照我说的做"和社会学习或模仿。模仿强调视若当然、共同理解与建构性图式,如旅游地的风土人情与旅游习惯等。

这些机制界定了人们采纳新的结构和行为所具有的不同动力,但都通过信息与知识在行动者之间流动与累积,并内化为行动者的行为规则。

一般地,乡村旅游地在旅游发展前,传统文化传承以社区与家庭为主。旅游发展后,对社会传承产生了各种影响:

①增强社会传承意识。传统文化是旅游地重要的旅游吸引物,旅游可增强文化自豪感,改变旅游行动者对传统文化的思想意识,提高传承意识与学习传统文化的积极性。

②降低传承成本。在旅游发展中,各种旅游保护、旅游投资与旅游规划活动通过整理传统文化,将其中大量意会性知识编码成可整理的知识。由于可整理的知识的转移成本较低,传统文化易于传承,提高了文化传承的效率与速度。

③传承模式多样化。乡村旅游地社会传承在家庭与社区的基础上,形成了旅游

企业、政府、学校、媒体、非营利组织等传承模式,产生了"社区+旅游就业"、民间文化进课堂、"学校+旅游就业"、旅游商品生产与旅游文化表演、旅游文化赛事与文化活动等模式(表4.3)。

表4.3　乡村旅游地社会遗传的主要模式

主要模式	家庭与社区传承	旅游企业传承	政府传承	学校传承	媒体传承	非营利组织传承
主要传承机制/学习模式	言传身教、潜移默化、约定俗成、模仿等	学中干、干中学、口传心授等	强制、规范、遵守、执行等	言传身教、师生互动、社会实践、模仿等	文化传播、社会学习与模仿等	多种机制融合
主要传承行为	家庭与社区的生活、社会交往与生产实践	生产实践、企业培训、旅游投资	制定并执行文化保护的法律法规、政策、规章制度等	在课堂与实习中进行文化教育与传播	通过各种媒体进行文化传播	非营利组织公益性的文化传承活动
旅游影响下的典型传承形式	家庭博物馆、家庭作坊、家庭旅馆、农家乐等;社区文化传承人、"社区+旅游就业"等	旅游商品生产、旅游表演、旅游扩张等	《世界文化遗产保护管理办法》《历史文化名城名镇名村保护条例》《传统工艺美术保护条例》等	民族学校、民间文化进课堂、"学校+旅游就业"、原生态民族文化人才培养工程等	网上文化博物馆、旅游文化研究与传播、旅游形象宣传与营销、旅游评选活动、旅游论坛等	非营利组织定期与不定期的文化传承活动
在社会传承中的主要作用	传承的自发与自觉行为,具有基础性与根本性作用	以经济、生计为主,促进传统文化自觉,提高传统文化的竞争力	具有规范性与强制性作用	具有目的性、系统性、规范性、基础性、长期性等	促进地域文化扩散,提高传统文化凝聚力与竞争力	旅游地文化传承的有益补充

　　总之,社会传承有助于旅游地在一定程度上保持甚至复兴文化传统。

4.1.5　乡村旅游地的社会变异

变异是基因出现新的内涵与形式,它是社会多样性的创生机制。旅游发展改变了旅游地的制度结构、功能与社会文化环境,从多方面影响社会变异。根据引起变异的主要机制,乡村旅游地社会变异主要有以下几种模式(表4.4)。

表4.4　乡村旅游地社会变异的主要模式

类型	创新型变异	涵化型变异	诠释型变异	传播型变异	强制型变异	象征型变异
引发变异的主要机制	积极的旅游创新,以解决旅游地的社会问题	外来文化的示范与传播	地方居民文化诠释的个体差异性	媒体的旅游文化传播	外来旅游制度与行为规则的强制性进入	象征意义应用引起的变异
主要变异行为	创新旅游生产性制度与非生产性制度	产生涵化现象,如"汉化""西化"	对旅游发展进行感知与评价,对行为规则具有各自的诠释	旅游文化交流,旅游生产与生活模式的借鉴与模仿	正式旅游制度的强制性变异,外来人员移入	宗教弱化,淫秽色情、犯罪、赌博泛滥等现象
对社会变异的主要影响	推动旅游市场化,呈现复杂的旅游社会影响	推动社会开放、多元与分化	推动社会的差异化、多元与分化	加快了社会流动性,导致全球化与地方文化相似性	推动法治化与民主化,加快了社会流动性	引起文化堕落与社会断层

1)创新型变异

创新型变异是为了解决旅游地的社会问题,积极主动地进行旅游创新而引起的变异。创新型变异是旅游地社会变异的主要根源,正如创造性破坏理论认为,创新是驱动旅游地发展与演化的主要动力,资本通过旅游地的生产与再生产能动地推动旅游地的社会变迁。第一,旅游资本通过整合各种旅游创新要素,推动了旅游生产性制度的发展与旅游地生产模式的变异。第二,旅游生产性制度的发展要求与之相适应的非生产性制度的创新与发展,尤其是乡村旅游地的社区参与社区管理、民主政治、教育等方面的制度。第三,旅游生产性制度与生产模式的变异改变了参与旅游的地方居民的生产方式与经济状况,促进其思想意识、生活习俗、生活方式等非生产性制度的变异,并不同程度地影响未参与旅游的地方居民的非生产性制度的变异。第四,旅游创新推动了社会的发展,促进了社会分工与社会分化,提高了社会流动性,改变了职业结构与社会关系,促使地方文化走向商业化与旅游化,使社会日益多元化、法制化、民主化。但同时也可能产生制度失效与制度结构失衡现象,导致利益分化、社会不公、矛盾深化、文化堕落、社会断层、环境恶化等问题,呈现复杂的旅游社会影响。

2)涵化型变异

旅游发展吸引了大量的旅游者、旅游投资者、旅游经营管理者与就业人员,这些外来人员不仅改变了旅游地原有行为规则出现的频率,还产生了涵化现象。他们通过凝视、表演、阅读等方式,运用权力、知识、消费、身体、符号等对旅游地产生广泛社会影响,如"汉化"与"西化"现象。

3)诠释型变异

诠释是对事物的理解方式,对事物的不同理解是文化差异的重要来源。旅游发展不断改变文化的场景与能动者的角色与地位,使旅游地居民日益分化,促使不同旅游行动者对文化与行为规则的诠释产生差异,从而影响他们对旅游的感知、态度、情感、满意度、幸福感、行为与响应模式,如道克西的愤怒指数、艾皮与普朗克顿的容忍阶段模型等。不同旅游行动者对真实性的看法也各不相同,这导致"真实性"的概念发生变化,这种变化使"真实性"概念成为一个从实在主义到建构主义的连续体;文化环理论也认识到诠释在文化变迁中的重要意义。

4)传播型变异

旅游推动了旅游地与外界的互动,使旅游地的跨文化交流行为日益频繁。尤其是随着全球空间的压缩与全球流动性日益增强、社会关系的扩张,人、资本、商品、物品、技术、信息、知识、文本、符号等在全球范围内快速流动,促使旅游地日益融入全球化运动,产生文化全球化与文化相似性现象,如"麦当劳化"和"麦当娜化"现象。

5)强制型变异

强制型变异指的是外来制度的强制性进入,这可分两种情况:一是国家级、上级的各种正式制度对下级、民众的约束。例如,我国中央与旅游相关的意识形态、法律法规、政策与行业管理规范都要求地方强制执行。这些较高层面的规则通常更加制度化,一旦进入旅游地,不仅对旅游地产生较大的影响,而且比本地的规则更难以改变。二是外来人员的进入改变了旅游地原有行为规则出现的频率,引起文化入侵。

6）象征型变异

旅游推动了起源于艺术、大众文化或生活的其他象征性方面的娱乐活动渗入当地的实际生活。例如,旅游发展促进了宗教旅游的开发,淫秽色情、赌博、犯罪等现象的产生,引发文化堕落与社会断层。

总之,各种旅游行动者在旅游活动环境中进行着各种互动,在思想意识、价值与偏好、现实模式、知识与创新行为的基础上,通过各种变异模式,参与诠释、遵从、重组旅游制度及其体系,能动地塑造和再塑造各种生产性制度与非生产性制度,推动旅游地走向多样化。

4.1.6　乡村旅游地的社会选择

变异是社会多样性的生成机制,而选择则是社会多样性减弱的机制。它是解释旅游地社会选择的关键,体现了旅游制度与社会模式对旅游环境的适应性。面对多样化的乡村制度,旅游地的选择过程决定部分制度将被淘汰或延续与再生。

根据旅游地社会选择的主要机制与影响因素,乡村旅游地社会选择的主要模式（表4.5）主要包括以下几种：

1）旅游市场选择

旅游市场选择是由市场的价格、供求与竞争机制主导的社会选择。其标准主要是成本效用,即新的规则只有在成本效用划算的情况下才会被采用。第一,它使旅游地所有要素都可能被市场化与商业化,这包括旅游地的自然要素、文化要素,甚至人本身。第二,旅游生产性制度与旅游生产模式是旅游市场选择的结果。它既要满足旅游者的需求,也要符合旅游资本获取利润的需要,这推动了旅游地生产的创意化与舞台化、社会文化旅游化、景观的视觉化与休闲化、职业旅游服务化、社会分工精细与社会结构日益分化、空间集聚化与城镇化等。第三,与农业相比,旅游业具有更高的生产力水平与成本效用比,因此旅游业被逐步选择为经济主导产业,主导旅游地的社会转型与变迁。同时,一旦旅游业被选择为主导产业,就会路径依赖,旅游业被按照旅游地某一特定路径继续发展。第四,非生产性制度与社会模式也会受这一选择机制的约束。

2）政治结构选择

政治结构选择是指由旅游地内外的政治结构所形成的约束或便利性所推动的社会选择,其选择标准是政治利益。首先,旅游地正式制度限定行动者能做什么、不能做什么,它是在强制甚至暴力作用下发挥作用的。对于旅游地来说,把旅游业培育成国民经济的战略性支柱产业和人民群众更加满意的现代服务业是其最大的政治利益。中央及各级政府推动并建立了一系列旅游制度,促进了旅游地的规范化、法制化、民主化、和谐化。其次,旅游地内部不同旅游行动者构成各种政治团体,他们之间的矛盾或协调也是制度结构选择的重要动力,这有助于旅游地的协调发展。但若政治斗争失控或产生政治腐败与政商勾结现象,就会引起社会不公与诸多社会矛盾,增加旅游地的社会风险。

表4.5　乡村旅游地社会选择的主要模式

	旅游市场选择	政治结构选择	旅游精英选择	地方传统文化选择	公民社会选择	自然环境选择
主要影响因素	旅游市场、盈利能力	政治制度的约束、权力	杰出人物的偏好	价值观与共同信念等	公共利益	自然环境的约束
主要机制	成本效用分析	强制、斗争、协调	权力、个人魅力、忠诚	承诺、频率依赖效应	非营利与志愿互助精神	人类对自然的适应性
主要选择行为	对理性的旅游行为与模式进行投资并加以扩散	建立各种正式的与非正式的旅游规范	追随旅游精英	维护地方传统,与社会变异进行抗争	非营利、公益性活动	适应自然环境的行为
对旅游地社会变迁的作用	促进旅游市场化与创意化、生活现代化、空间城镇化、社会分化等	推动旅游地的法制化、规范化、民主化、和谐化,产生社会不公与社会风险等现象	产生权威文化与偶像文化,导致对文化的盲目崇拜等	促进旅游地文化的延续性、自发性、稳定性等	促使社会管理多元化、政治民主化、社会公民意识提高等	人与自然的协调与和谐

3)旅游精英选择

　　权威人士的社会选择表现在两个方面:一是杰出人物努力保持、改变或补充规则。权威人士对规则进行有意识的主动选择。权力可以通过奖惩直接行使,也可以采用更加隐蔽的形式。交往中权力的使用能够影响行为规则的分布,这是文化和制度中的"偏好动员"。二是权威人士具有某种人格魅力(如政治领袖、社区领头人、市场能手、企业精英等),能聚起一群忠实的追随者,其选择标准是忠诚。

4) 地方传统文化选择

地方传统文化选择是指地方居民在共有的惯例、习惯、道德规范、价值形态等的推动下所做的选择,其选择标准是价值观念。这种基于承诺递增的制度,在关系合同和网络组织形式中发挥着较大作用。传统文化是地方文化延续的前提和基础,具有一定的惯性与路径依赖,地方居民总是倾向于沿袭原有的文化规则。例如,习俗构成了博弈行为人的均衡结果,遵循习俗是他们面对其他行为人策略选择的最好回应。面对传统文化的旅游商业化,当地方文化发展与传统文化规则不相吻合时,传统文化的价值观念会对新的文化规则产生约束、抵抗、冲突,使新、旧文化规则不断协调与整合。总的来说,地方传统文化选择可促进旅游地社会变迁的自发性、延续性、稳定性,不过其作用也在弱化。

5) 公民社会选择

公民社会选择是指由公民社会通过非营利与志愿互助精神获取社会公共利益所推动的社会选择。公民社会是国家或政府之外的所有民间组织或民间关系的总和,其组成要素是各种非国家或非政府所属的公民组织。它在文化、教育、扶贫、环保、民主、社会管理等方面发挥着重要作用。

6) 自然环境选择

它是指自然环境的约束所推动的选择,其标准是人类对自然环境的适应性,可推动旅游地人与自然的协调与和谐。

当然,旅游地的制度选择往往是多种机制共同作用的结果,一旦各种选择机制相互作用,选择机制就会形成一种层级嵌套的复杂系统。这些社会选择模式通过资源配置,造成某种行为规则无法发生作用或代价高昂。同时,各种已有规则之间存在竞争压力,当竞争压力大到使可选择的规则无法并存时,那么,对个人持续适应性贡献最小的那些规则就会被淘汰。总之,旅游驱动各种资源配置倾向于旅游创新与社会变异,农业社会中旧制度的实施频率逐步降低甚至消失,而旅游制度的频率逐步提高并占据主导地位,这使乡村旅游地逐步由农业社会向旅游社会转变。

4.1.7　结语

旅游发展已成为我国旅游地社会变迁的主要动力,推动着乡村旅游地由传统的农业社会向新型的旅游社会转变。这种转变的内核与基因是制度,它是一个社会遗传、变异、选择的互动过程。遗传是社会传统得以延续的方式;变异是社会多样性的创生机制;选择则是多样性减弱的机制。其中,旅游制度构成了复杂多维的规范网络,具有一定的制度结构,规范旅游行动者的行为,并通过社会传承延续社会传统。旅游行动者不仅是社会延续与遗传的载体,同时又是能动的旅游制度的创制者。各种旅游行动者在旅游活动环境中进行各种互动,能动地塑造和再塑造旅游制度,推动旅游地制度走向多样化,而这些多样化的制度能否进一步保存下来,取决于它们是否适应旅游地环境。其中,市场机制、政治结构、旅游精英、传统文化、公民社会发挥着不同的作用。总之,从旅游地基因与旅游制度的视角出发,分析其遗传(传承)、变异、选择 3 个机制的动态过程,体现了旅游地社会变迁的内生性、复杂性、综合性与动态性。本节虽然提出了乡村旅游地社会变迁的一般性分析框架,还需要进一步结合案例进行分析,总结不同旅游地的变迁机制与模式。

如何促进乡村旅游地又好又快地向新型社会转变,根据上述机制,应做好以下几方面:一是坚持以旅游市场为导向,促进旅游创新,推动旅游地由生产效率较低的农业生产模式向生产效率较高的旅游生产模式转型升级。二是坚持社会主义基本原则,推动顶层设计与“摸着石头过河”相结合,制订乡村旅游地的发展目标与政策体系,规范乡村旅游地社会变迁的方向与路径。加强不同社会群体的利益协调,确保广大群众的根本利益,推动社区经济发展与社会建设,促进乡村旅游地和谐稳定。三是发挥旅游精英的积极示范作用,带动村民发家致富奔小康。四是推动传统文化的保护与传承,发展地方文化事业,丰富人民群众文化生活,提高旅游文化生命活力,构建乡村新的价值体系,促进旅游地的文化自觉、自信、自强。五是注重乡村公共利益,发展旅游公共服务体系,构建民生导向的旅游发展体系。加强公民社会建设,创新社会管理,建立集政府、市场、社会一体的旅游多元治理模式或官民协同治理模式,推动旅游行业自律与旅游地的自治。六是推动旅游绿色化、循环化、低碳化,加强人与自然环境的和谐共生,实现美丽乡村梦。

参 考 文 献

[1]COHEN E.旅游社会学纵论[M].巫宁,马聪玲,陈立平,译.天津:南开大学出版社,2007:183-243.

[2]URRY J.游客凝视[M].杨慧,赵玉中,王庆玲,等译.南宁:广西师范大学出版社,2009:5-22.

[3]EDENSOR T. Staging tourism:tourists as performers [J]. Annals of Tourism Research, 2000,27(2):322-344.

［4］WALL G，MATHIESON A. 旅游：变化、影响与机遇［M］. 肖贵蓉，译. 北京：高等教育出版社，2007：173-204.

［5］HORN C，SIMMONS D. Community adaptation to tourism：comparisons between Rotorua and Kaikoura，New Zealand［J］. Tourism Management，2002，23（2）：133-143.

［6］FREDLINE E，FAULKNER B. Host community reactions：a cluster analysis［J］. Annals of Tourism Research，2000，27（3）：763-784.

［7］刘赵平. 交换理论在旅游社会文化影响研究中的应用［J］. 旅游科学，1998（4）：30-33.

［8］陈岗，黄震方. 基于意义及其均衡理论的旅游文化形成与变迁机制研究［J］. 改革与战略，2009，25（6）：132-135.

［9］唐雪琼，钱俊希，陈岚雪. 旅游影响下少数民族节日的文化适应与重构：基于哈尼族长街宴演变的分析［J］. 地理研究，2011，30（5）：835-844.

［10］周春发. 旅游场域中的乡村社会变迁：以徽村为例［D］. 上海：上海大学，2009.

［11］宗晓莲. 布迪厄文化再生产理论对文化变迁研究的意义：以旅游开发背景下的民族文化变迁研究为例［J］. 广西民族大学学报（哲学社会科学版），2002，24（2）：22-25.

［12］宗晓莲. 旅游地空间商品化的形式与影响研究：以云南省丽江古城为例［J］. 旅游学刊，2005，20（4）：30-36.

［13］CHRONIS A. Coconstructing heritage at the gettysburg storyscape［J］. Annals of Tourism Research，2005，32（2）：386-406.

［14］GIBSON C，DAVIDSON D. Tamworth，Australia's 'country music capital'：place marketing，rurality，and resident reactions［J］. Journal of Rural Studies，2004，20（4）：387-404.

［15］AGARWAL S. Global-local interactions in English coastal resorts：theoretical perspectives［J］. Tourism Geographies，2005，7（4）：351-372.

［16］周霄，雷汝林. 旅游文化变异机制的人类学透视［J］. 鄂州大学学报，2004，11（1）：90-92.

［17］汤姆·R. 伯恩斯. 结构主义的视野：经济与社会的变迁［M］. 周长城，等译. 北京：社会科学文献出版社，2004：246-263.

［18］约翰·福特斯，J. 斯坦利·梅特卡夫. 演化经济学前沿：竞争、自组织与创新政

策[M]. 贾根良,刘刚,译. 北京:高等教育出版社,2005:1-16.

[19]柯武刚,史漫飞. 制度经济学:社会秩序与公共政策[M]. 韩朝华,译. 北京:商务印书馆,2000:3-7,31-37.

[20]埃瑞克·G. 菲吕博顿,鲁道夫·瑞切特. 新制度经济学[M]. 上海:上海财经大学出版社,1998:2.

[21]彼得·什托姆普卡. 社会变迁的社会学[M]. 林聚任,译. 北京:北京大学出版社,2011:204.

[22]W. 理查德·斯科特. 制度与组织:思想观念与物质利益[M]. 姚伟,王黎芳,译. 北京:中国人民大学出版社,2010:56-144.

[23]CHRONIS A. Coconstructing heritage at the gettysburg storyscape[J]. Annals of Tourism Research, 2005,32(2):386-406.

[24]PARK M, STOKOWSKI P A. Social disruption theory and crime in rural communities: comparisons across three levels of tourism growth[J]. Tourism Management, 2009,30(6):905-915.

[25]黄凯南. 现代演化经济学基础理论研究[M]. 杭州:浙江大学出版社,2010:80-87.

[26]俞可平. 中国公民社会的兴起与治理的变迁[M]. 北京:社会科学文献出版社,2002:189-190.

[27]杰克·奈特. 制度与社会冲突[M]. 周伟林,译. 上海:上海人民出版社,2009:92-101.

4.2 制度视角下的广州旅游发展历史与演化

本节从旅游制度视角出发,将广州2000多年的旅游发展历史分为4个阶段,即旅游业萌芽阶段、旅游业兴起阶段、旅游业探索阶段、旅游业发展阶段,并分析了广州各个旅游发展阶段的旅游制度状况与特点。这4个时期的发展是以广州旅游制度的变迁为标志的,各种旅游制度在其中发挥的作用各不相同;广州的社会基本制度与总体发展制度等发挥了基础性作用,为广州旅游发展创造各种条件。各种旅游行业的内生制度在旅游发展中起到了关键作用,决定了广州旅游发展的水平与阶段。各种旅游制度间的互动共同推动广州旅游业的发展与演化。

旅游地生命周期理论为旅游地发展与演化提供了一个基本框架,其影响因素包括旅游地的区位、市场、资源、投资、管理与规划、突发事件、环境、旅游容量等内外因素,出现了 7 种力量论、市场与空间的二元结构论、混沌与创新论、"起点—动力"假说、系统组织论、旅游创造性破坏理论等演化动力理论。但大多研究的是海滨旅游、文化旅游、山区旅游、乡村旅游等,对城市旅游研究得较少。总的来看,旅游地发展与演化研究已经取得了较多成果,不少研究重视制度在旅游地演化中的作用,但大多把制度看成外生变量,较少把制度视为旅游地演化的内生要素,从研究制度变迁的视角研究旅游地的演化。

制度是与具体行为集有关的规范体系,是由非正式的约束、正式规则和这两者的实施特征组成的。旅游制度是与旅游相关的行为规则,城市旅游制度大致可分为社会基本制度、城市总体发展制度、旅游产业发展制度、旅游消费制度、旅游产品开发制度、旅游经营管理制度、旅游行业管理制度等。其中,社会基本制度与城市总体发展制度是旅游业发展的基础,制约了广州旅游业发展的水平与规模。而旅游消费、旅游产品开发、旅游经营管理、旅游行业管理等方面的制度则是旅游行业内生的制度,决定了旅游业的发展水平、发展阶段及特点。广州的旅游发展历史悠久,但有关广州旅游历史的相关研究文献却不多,学界对广州旅游发展历史与发展阶段的研究较少。本节根据广州 2 000 多年的旅游发展历史与旅游制度状况(表 4.6),将广州市旅游业划分为 4 个阶段:旅游业萌芽阶段、旅游业兴起阶段、旅游业探索阶段、旅游业发展阶段,并分析各个旅游阶段发展的特点。

表 4.6　广州市旅游发展历史与阶段

阶段分类	旅游业萌芽阶段	旅游业兴起阶段	旅游业探索阶段	旅游业发展阶段
时间	1912 年之前	1912—1949 年	1950—1977 年	1978 年以来
社会基本制度	封建制度、半封建半殖民制度	封建制度向资本主义制度过渡	社会主义制度;企业国营化	社会主义制度;改革开放
城市总体发展制度	西汉"海上丝绸之路";唐代市舶使制度;明朝"定期市";清朝"一口通商"等	岭南中心城市建设;近现代革命的策划	广州由消费城市发展为生产城市;华南中心城市建设;1957 年创办"广交会"	华南中心城市、历史文化名城、国家中心城市、花城、园林式城市、国家卫生城市、山水生态城市、中国优秀旅游城市、国家文明城市等的建设

续表

阶段分类	旅游业萌芽阶段	旅游业兴起阶段	旅游业探索阶段	旅游业发展阶段
旅游产业制度	无	无	以政务性的外事接待、公众福利事业、参展商接待为主	旅游业的市场化、产业化、规范化
旅游者消费制度	除了商务旅游、宗教旅游外,旅游类型较为单一,旅游规模较小,旅游人数较少	商务、探亲访友、宗教等;团队与集体旅游兴起等;旅游活动多元化、平民化	商务、政务、探亲访友、观光等;旅游活动政治化	旅游"生活化";旅游市场快速发展,逐步由以入境旅游为主导发展成以国内旅游为主导、三大旅游市场并行的格局
旅游产品开发制度	旅游资源开发有限,主要依托于自然风景	有意识地旅游资源开发,规模逐步扩大	旅游开发逐步强化,形成城市公园体系	旅游产品逐步多元化、体系化;城市"旅游化"
旅游经营管理制度	出现以官营、私营为主,外资、中外合资为辅的旅游经营管理制度	旅游经营日益企业化、现代化	旅游企业国营化、市场专门化	旅游经营管理制度丰富多样;旅游产业体系日益形成
旅游行业管理制度	逐步形成专业性的行业管理组织;宋明清出现"广州八景"评选活动	开始出现官方旅游管理机构与相关旅游组织,具有一定的旅游行业管理能力	旅游行业管理逐步细化、具体化	国家、广东省与广州市制定了一系列的旅游行业管理规范,旅游行业管理系统化、层级化

4.2.1 广州旅游业萌芽阶段

从秦代至鸦片战争,广州一直处于封建社会,鸦片战争后,广州沦为半殖民地半封建社会。这一时期广州以自然经济为主,生产力水平总体较低。秦始皇三十三年(前214年),秦统一岭南,设立南海郡与番禺城(今广州市)。同时,秦汉以来广州建立了一系列的对外贸易制度,秦汉是"海上丝绸之路"的开始时期,唐代建立了市舶使制度,形成"广州通海夷道",并在宋代得到进一步发展,使广州成为当时的海上贸易中心。明代,广州每年1月和6月分别举行一次集市交易,叫"定期市"。外国船只在划定的市舶区交易,是当时的"出口商品交易会"。清朝实行"一口通商"后,广州成为当时全国唯一的对外通商口岸,对外贸易达到了历史的顶峰,当时著名的"十三行"所在地就是全国对外贸易中心。这些政策推动了广州在古代成为中外海上贸易中心与岭南中心城市。

广州旅游业大致是从秦代萌芽的,清末民初以前,广州旅游市场还未发育,除以休闲娱乐为目的进行的旅游活动的少数贵族绅士、文人墨客等外,其他是以宗教与商务活动为主,广大民众还没有足够的能力参与旅游,其休闲与旅游活动是个别的、有限的。旅游资源开发有限,旅游景点规模较小。在接待方面,广州出现了一些专门的住宿设施,具有一定的旅游接待能力,并逐渐形成了专业性行业管理,但其规模较为有限,组织与管理水平较低,企业化与市场化程度较低,未能形成旅游产业。这一时期,广州旅游业发展状况具体如下:

1) 旅游消费较为单一

这一时期,广州的旅游消费较为单一,主要是商务旅游消费与宗教旅游消费,以休闲娱乐为目的的旅游消费活动较少、规模较小。

①商务旅游是广州市外地游客最为重要的旅游活动。广州对外经贸较为发达,吸引了众多国内外商人,商务旅游兴盛。唐代的"广州通海夷道"自广州起航到南海、印度洋、波斯湾和非洲东海岸诸国,途经 90 多个国家和地区,是当时世界上最长的国际航线。元代同广州贸易来往的国家和地区已达 140 个,往来广州的船舶有 6 条定期航线,外国商船多达 40 艘。宋代侨居广州的外商(主要是阿拉伯人)数以万计,最盛时达 10 万人。1790 年,往来广州的洋船多达 59 艘。1821—1838 年,平均每年增加 110 艘。

②宗教旅游是广州内外游客参与最广泛的休闲活动。广州宗教历史源远流长,吸引了昙摩耶舍、智药禅师、印度王子达摩、唐代高僧鉴真、唐代高僧慧能等高僧讲学、传教。值得一提的是,海幢寺在嘉庆十一年(1806 年)被辟为外国人的游览区,成为广州旅游史上第一个专门为外国人开辟的游览区。道教寺观中最著名的南海神庙,建于开皇十四年(594 年),供奉的是集水火于一身的南海神。从唐代开始,南海神庙便香火日盛,众多路过的中外商船均来祭祀,附近的扶胥镇自古商旅云集,民间庙会兴盛。广州穆斯林商人多聚居于"蕃坊",该地设有礼拜寺和墓地,唐代修建的怀圣寺已成为当时广州市伊斯兰教的重要标志。

③以休闲娱乐为目的的旅游者主要是帝王贵族、文人墨客、宗教人士与信徒、商人等,他们主要的旅游行为是观光游览、题词作诗、商务旅游、宗教活动等。例如,广

州在秦代便有旅游活动,方士郑安期云游至白云山;此后韩愈、李商隐、李群玉、苏东坡、杨万里、李昂英、陈白沙、陈子壮、屈大均、张维屏等,在白云山上游览题咏,吟诗作赋;唐宋以后,广州的经济发展水平较高,旅游者的范围有所扩大,不少普通民众也会观光游览,如唐宋民众开展游憩、祭祖、文墨诗书、樵耕渔读等休闲旅游活动。

2)旅游开发有限,主要依托自然风景

这一时期,广州的商务旅游与宗教旅游虽然广泛,但不是有意识的旅游开发活动,有限的旅游开发主要依托自然风景。例如,白云山千百年来一直是广州有名的风景胜地,有九龙泉、甘露泉、虎跑泉、玉虹池、"天南第一峰"石牌坊、明珠楼等名胜古迹。越秀山早在周夷王时期就建立了"楚庭",秦末汉初以来陆续建了"任嚣城""赵佗城",是帝王贵族休闲娱乐的专属地。此后越秀山成为宗教名山,建有三元宫、应元宫、龙王庙与关帝庙等众多道观,并在光绪年间开始向市民开放。珠江是广州的母亲河,荔枝湾在唐代开始建造园林,元代开辟御果园,明代已成为平民百姓可以涉足的胜地,是明代羊城八景之一的"荔湾渔唱"。

3)具有一定的旅游接待能力,出现多种旅游产权形式,逐渐形成专业性行业管理

秦朝设置南海郡之后,广州就已出现专门接待旅客的驿站;在汉代,接待设施除了公共的"亭"之外,开始出现私营的"逆旅""客舍";在唐代,各种公立与私营的客栈不仅有所发展,而且还专门指定城西南壕东岸蕃舶码头区作为外国人的居住地,即历史上所谓的"蕃坊";宋代,出现专门接待外国使臣的"怀远驿";在此基础上,明代又发展了专门接待外商的豪华驿站;清朝末年,广州私营客栈得到较快发展,被纳入广州商业七十二行,被称为"客栈行",成为一个专业性行业。

4.2.2 广州近代旅游兴起阶段

清末民初,广州从封建主义向资本主义过渡。中华民国政府颁布了一系列有利于资本主义经济发展的措施,推动了生产力的发展,促进了广州近代旅游业的兴起与发展。这一时期,广州以建设岭南中心城市为目标,同时成为近现代革命的策源地,并建立了广州国民政府,为广州1920年至抗战前的政治稳定与经济发展提供了条件。民国初期,孙中山提出将广州建设为"南方大港",民国十八年(1929年)至民国二十五年(1936年),陈济棠在广东主政,重视当地经济发展。在此期间,广州的经济得到较快发展。

这一时期是广州旅游业的兴起时期。旅游市场逐步平民化,以休闲、商务、观光、宗教等为主的旅游活动得到发展并日益多元化;出现了较多以现代理念经营的旅游企业,相关的旅游行业管理制度也得到了一定的发展。这标志着旅游业开始向市场化、企业化、规模化、组织化、规范化的方向发展。但由于政局不稳定,社会经济总体水平较低,旅游市场还未完全发育,广州近代旅游业发展水平较低,发展时间较短且不稳定。广州旅游业在清末民初得到了较快发展,20 世纪 20 年代初又受到一定的阻碍,20 年代末至抗战前夕旅游业较为繁荣,抗战时期旅游业一片萧条,抗战胜利后旅游业有所复苏。这一时期,广州旅游业发展状况具体如下:

1) 旅游消费逐渐多元化、平民化

这一时期,以休闲、商务、观光、宗教等为主的旅游活动得到了丰富,并日益多元化。如荔枝湾自古便是著名的消夏游乐场所,吸引众多王侯将相、达官贵人参观、游乐,这使得荔枝湾在很多朝代都是王宫禁地。20 世纪 20—30 年代荔枝湾开始走向平民化,休闲娱乐活动也逐渐多样化,如上树采摘与品尝荔枝、游河活动、品尝各种美食、听咸水歌等活动。

2) 旅游开发逐步有意识地进行,规模也逐步扩大

园林是过去帝王贵族休闲娱乐的重要场所。辛亥革命后,广州仍建造了文园、南园、漠筋园、西园等私家花园。1918 年,孙中山先生倡议筹建广州第一个公园(今人民公园),开创了广州公园建设新篇章,这一过去私人专属的休闲空间逐步转变为城市公共的休闲区域。1921 年越秀山被辟为公园,广州陆续建成海珠公园、净慧公园、仲凯公园、义令公园、河南公园、永汉公园、东山公园等。其中,1929 年动工、1933开业的永汉公园是广州第一家动物园,为现在的广州动物园的前身。同时,自然型的旅游景点也得到进一步开发。早在明代,从化温泉的"百丈飞泉"就被列为从化八景之一,在明清时已成为游览胜地。20 世纪 30 年代,广州成立了从化温泉建设促进会,兴起开发旅游热,短短数年就建造了别墅和房屋 37 栋,游客数量日益增多。

3) 旅游经营日益企业化、现代化

在住宿业方面,1914 年马应彪投资建成的东亚大酒店,是广州首次运用外国的先进管理方式,之后又建成了兰亭、西濠、亚洲等具有先进管理方式的酒店;1920年,广州兴建了新华、新亚、白宫、胜利宾馆等规模较大、服务功能较为齐全的大酒店;1934 年,陈卓平先生集华侨资本建造的爱群大酒店(现爱群大厦),是当时华南地区最高的建筑物,也是一座典型的骑楼建筑。它们已具有现代企业的一些特征:

规模较大、装饰华丽、注重环境卫生、房间设备较为齐全、服务项目多样、注重营销。同时,广州其他类型的酒店数量也在逐年增加,1921年177家,1930年158家,1935年401家。

在旅行服务方面,由于广州进出香港与出国的人员较多。1933年,广州第一家旅行社——中国旅行社广州支社成立,隶属于中国旅行社香港分社,以办理票务和货物为主,旅行事宜由香港分社代办。1937年,中国旅行社广州支社升格为中国旅行社广州分社,承担所有业务。1930年,由于团队旅游在广州盛行,一些非旅游机构开始组织旅游团队,由单位自发组织的集体旅游开始产生。

4)开始出现专门的官方机构与相关的旅游组织,进行专门的旅游管理

1936年,广州交通管理处成立,负责监督管理全市水陆交通运输设施与导游事宜,是广州最早管理旅行游览事务的官方机构,加强了对旅游业的监管,并制定了旅馆开业、卫生、服务与经营以及公园游览等方面的规范。1937年,广州交通管理处下成立导游办事处,负责"办理本市指导广州游旅一切事务",包括提供游旅问询、编印游览指南、培训导游、安排游客行游住、与香港等地旅行团体建立业务联系等。1921年广州成立旅店业同业社与广州旅业公会,1931年成立旅业同业公会,1936年成立广州游旅事业研究委员会和广州游旅事业促进会。1945年成立广州酒旅店房租评价委员会,1946年成立广州旅商业同业公会,1948年成立广州旅社商业同业公会。这些旅游协会在规范企业经营、促进行业发展、协助政府管理等方面发挥了一定作用。

4.2.3 广州旅游业探索阶段

新中国成立后,以生产资料私有制为基础的剥削制度被消灭,以生产资料公有制为基础的社会主义制度建立。中华人民共和国成立后广州由消费城市发展为生产城市,加强了华南中心城市的建设。由于全球被划分为东、西方两大阵营,西方帝国主义对我国实行经济封锁。1956年,为了社会主义的蓬勃发展,打破帝国主义对我国的经济封锁,发展我国与世界各国的贸易关系,中国出口商品展览会(中国出口商品交易会的前身)秋季在广州开办,广州成为我国与第三世界国家交流的窗口。1957年春季,首届中国出口商品交易会在原中苏友好大厦举办,"广交会"开创了新中国展览会的新纪元,成为广州旅游发展的重要动力。

1950—1977年,广州旅游业总体得到一定发展。中华人民共和国成立初期,广州游客量较少。1953 年后,各省市每年在广州举办各种物资交流会和展览会,游客量增加。1966 年,游客量略有下降,但 1968 年之后,游客量又有所增加。由于当时我国还处于社会主义的计划经济体制下,广州的旅游业市场化程度还较低,旅游未能形成产业体系,旅游业还处于探索阶段。这一时期,广州旅游业是以政务性的外事接待为主,兼具接待交易会客商、少量回国探亲的华侨、港澳同胞,以经营为主要目的旅游业尚未完全形成,国内旅游业也无大的发展。这一时期,广州旅游业发展状况具体如下:

1) 旅游产业政策:旅游活动政治化,旅游接待以外事接待为主

这一时期,旅游产业的特点是旅游活动政治化,旅游业务以政务性的外事接待为主,接待对象是当时社会主义国家的旅游者与交易会的来宾。旅游接待对象除前两者外,还有少量探亲与观光的华人华侨,其他类型的游客较少。

2) 逐步修复与完善原有的旅游资源与景点,建立旅游景点与公园体系

白云山建设了一系列文化设施,修复了一批历史古迹。例如,1959 年根据五羊传说建设的五羊雕塑,被誉为广州城徽。1956—1959 年是广州公园建设最集中的时期,先后建设了一大批公园,如广州文化公园、广州起义烈士陵园、流花湖公园、荔湾湖公园、东山湖、华南植物园、广州动物园等。

3) 旅游设施进一步完善,旅游企业国营化与集体化,出现专门化的旅游企业

建国初期酒店较少,交易会开办之后陆续建设了新的酒店,如 1957 年建成的华侨大厦,它是专门接待华人华侨的酒店;1961 年建成的当时规模最大的羊城宾馆(现东方宾馆);1966 年新建的流花宾馆、红棉酒店、海珠宾馆、矿泉别墅等;1968 年建成的当时广州最高的广州宾馆;1973 年建成的流花宾馆;1976 年建成的 80 年代广州最高的建筑物——白云宾馆。在旅行社发展方面,1952 年广州相继出现私人经营的顺风旅行社和闽侨旅行社,同年成立中国国际旅行社从化温泉支社。1954年后成立了中国国际旅行社广州分社、广东省中国旅行社、广州市中国旅行社、广东省粤侨旅游公司。这一时期,广州旅行社发展到了 7 家。中华人民共和国成立初期,虽然有少量的私营企业,但是随着社会主义改造,旅游企业逐步国营化与集体化。

4) 建立一系列正式的旅游制度,旅游业管理逐步具体化、细化

在旅游业管理机构方面,1965 年广州市旅业管理处成立,1973 年广州市旅业管理处改为广州市旅业有限公司,并设立保卫科。在旅游管理制度方面,旅游业管理逐步具体化、细化,如中华人民共和国成立后广州规定住宿业需取得公共场所卫生许可证,1953 年公布《广州市旅栈业暂行管理规则补偿办法》,1957 年制定服务业员工守则,1966 年制定《旅馆业卫生工作标准》,1971 年制定《旅店管理暂行办法》,1973 年制定《接待店治安保卫工作制度》,1974 年颁布《旅店业治安管理暂行规定》,1977 年颁布《广州市饮食卫生工作守则》。在旅游资源保护方面,1961 年国务院通过《文物保护管理暂行条例》,同年公布了第一批全国重点文物保护单位名单,广州的 4 个文物榜上有名。

4.2.4　广州市旅游业发展阶段

1978 年以来,我国实行改革开放,坚持以经济建设为中心,并与各国建立了良好的外交关系,日益融入全球化运动中。特别是 1992 年邓小平发表南方谈话和党的十四大之后,全国掀起了改革开放的新高潮。党的十四大明确了以社会主义市场经济体制作为我国经济体制改革的目标模式,建立以"产权清晰、权责明确、政企分开、管理科学"为基本特征的现代企业制度。改革开放使我国成功从高度集中的计划经济体制向充满活力的社会主义市场经济体制转变。改革开放以来,广州作为沿海开放城市和综合改革试验区中心城市,进行大力创新,以建设华南中心城市、国家卫生城市、园林式城市、山水生态城市、中国优秀旅游城市、国家中心城市等为目标,为广州现代旅游业发展创造了良好条件。

这一时期广州已制定了多项旅游发展规范,旅游产业逐步转变为以市场经济为中心的旅游发展模式,旅游业整体发展速度较快,旅游市场逐步由以入境旅游为主导转变为以国内旅游为主导,旅游产品日益多元化与体系化,旅游经营管理制度多样化,旅游产业体系日益形成。这一时期,广州市主要旅游指标统计一览表如表 4.7 所示,广州旅游业发展状况主要包括以下几个方面。

表 4.7　广州市主要旅游指标统计一览表

年份	旅游总人次/万人次	海外旅游人次/万人次	国内旅游人次/万人次	旅游总收入/亿元	国际旅游收入/亿元	国内旅游收入/亿元
1980	178.40	175.00	3.38	—	—	—
1990	668.10	189.10	479.00	32.22	15.00	17.22
2000	2 300.00	420.70	1 879.20	415.72	124.53	291.19
2010	4 506.40	814.80	3 691.60	1 254.61	318.64	935.97
2013	5 041.92	768.20	4 273.72	2 202.39	320.09	1 882.30

资料来源:广州市统计信息网。

1) 旅游产业制度的转型

1978 年全国旅游工作会议提出,旅游工作要从"政治接待型"转变为"经济经营型";1981 年中央提出今后一个时期发展旅游事业的方针;1985 年发布《关于当前旅游体制改革几个问题的报告》;1986 年旅游业首次被列入国民经济和社会发展计划,标志着我国首次明确了旅游业的产业地位;1993 年《关于积极发展国内旅游的意见》要求国内旅游业要纳入国民经济和社会发展计划;2001 年《国务院关于进一步加快旅游业发展的通知》提出,在发展入境旅游的同时,要把国内旅游放在重要位置;2009 年《国务院关于进一步加快旅游业发展的通知》,国家把旅游业作为战略性支柱产业来发展,同意广东建立"中国旅游综合改革示范区"。同时,广州也出台了一些旅游政策,如 1994 年出台的《关于加快发展旅游业的决定》;1995 年制定《广州旅游发展战略纲要(1996—2005 年)》(草案);2009 年广州颁布实施《关于加快旅游业发展建设旅游强市的意见》,这些政策都进一步推动了广州国内旅游的深入发展。这一系列有关旅游的政策,推动了广州旅游业逐步走向市场化、产业化与规范化。

2) 旅游消费的日益"生活化",旅游市场由以入境旅游为主导逐步转变为以国内旅游为主导

改革开放以来,旅游观念已深入人心,旅游逐步成为一种民众选择的生活方式。旅游活动由改革开放初期的以探亲访友与公务经商为主,发展到近来的以观光休闲为主,探亲访友、公务经商为辅。改革开放初期旅游市场主要是以入境旅游为主,随着国内经济的发展与旅游制度的改革,国内旅游逐渐占据主导地位,旅游市场形成国内旅游为主导、三大旅游市场快速发展的格局。

3) 旅游产品逐步多元化,初步构成旅游产品体系,城市逐步"旅游化"

除继续加强历史古迹、风景名胜的修复完善与公园建设外,广州重视城市景观、主题公园、城市商业游憩区、事件旅游等建设。近年来,广州不断重视环城游憩带的建设,大力发展乡村休闲度假、乡村文化、乡村农业等乡村旅游。广州旅游产品已逐步多元化,初步构成了旅游产品体系。同时,整个城市在逐步改善城市环境与各种基础设施,提升城市旅游形象,强化城市旅游功能,形成城市"旅游化"。同时,旅游产品的空间分布由中心城区逐渐向外围扩散,旅游布局日益广泛。

4) 旅游行业管理日益规范化、层级化

改革开放后,国家颁布了旅游产业政策、旅游休闲制度、旅游保护制度、旅游经营管理制度、旅游产品生产制度等一系列制度规范,如 1999 年的《全国年节和纪念

日放假办法》;2003 年的《旅游区质量等级的划分与评定》;2009 年的《旅行社条例》等。同时,广州也根据自身特点,加强了旅游行业管理,如 1995 年出台的《广州地区旅游行业管理规定》(征求意见稿)、《广州地区旅游景点发展专用资金征收与管理实施细则》;1998 年颁布了《广州市"一日游"管理规定》。近年来,广州出台了《广州市旅游条例》、《广州市社会导游人员管理暂行办法》(修订稿)、《广州市乡村旅游区(点)服务规范》、《广州市工业旅游景区服务规范》、《广州市特色旅游购物街区旅游服务规范》、《广州市旅行社组织外国人来穗旅游奖励办法》、《广州市旅游景区评定工作暂行管理办法》、《广州市旅行社组织外国人来穗旅游奖励》等多种旅游规范。此外,广州还采取了一系列措施提升旅游形象、推动旅游营销,广州旅游协会建立了诚信旅行社的规范。

5) 旅游接待类型、经营管理制度丰富多样,旅游产业体系日益形成

广州通过引进海外先进的旅游管理制度、开放旅游资本投资市场,形成以国营企业、合资合作、外资、私营、集体酒店多种经济成分的住宿体系;近年来,酒店数量总体稳定,但星级酒店数量增长较快,形成星级酒店、经济型酒店、公寓式酒店、青年旅馆、国际学生旅馆、其他各种旅馆等多种类型的住宿体系。旅游饮食形成以粤菜为主,中外菜系为辅的美食体系。广州旅游饮食市场呈现以粤菜为主,川菜、湘菜、苏菜、东北菜等中国菜系,日本、泰国、韩国、俄罗斯、印度、越南、阿拉伯等异域美食为辅的繁荣景象,同时一批咖啡厅、酒廊、酒吧、菜艺馆也加入了餐饮行列,丰富了广州的旅游美食类型。日益形成多个特色鲜明的城市商业游憩区、购物街区与广州特色的旅游商品购物体系。目前已形成北京路、上下九、农林下路三条商业步行街,并在天河城—正佳广场一带、北京路、上下九等地形成多个城市商业游憩区。广州传统的玉雕、牙雕、木雕、榄雕、广彩、广绣、粤剧人偶和金银首饰等独具岭南特色的工艺品是受海外旅游者青睐的旅游商品。旅游产业涉及旅游住宿、旅游餐饮、旅游交通、旅游购物、游览、娱乐、旅游邮电通信等构成,逐渐形成完善的旅游产业体系。

4.2.5 结语

根据广州的旅游制度结构,广州旅游业的发展历史大概可分为 4 个时期:旅游业萌芽阶段、旅游业兴起阶段、旅游业探索阶段、旅游业发展阶段。广州是我国城市旅游业发展的一个典型代表,反映了我国城市旅游发展的基本历程。这 4 个时期的发展是以广州旅游制度的变迁为标志的,各种旅游制度在其中起到的作用各不相同。首先,广州基本社会制度、总体发展制度等起到了基础性的作用,为广州旅游发展创造了各种重要条件。其次,旅游行业的内生制度相互作用与协同变迁,在旅游发展中起了关键作用,决定了广州旅游发展的水平与阶段,共同推动广州旅游业的发展与演化。最后,各种旅游制度在时间与发展阶段上既有一定的传承,又持续不断地创新。尤其是当前,广州旅游业发展遇到较多障碍与挑战,未来发展应充分结合国家制度与政策、广州自贸区等城市发展制度,充分发挥广州在区位、经济发展、岭南文化等方面的优势,促进国家、地方参与全球化的良性互动,在旅游消费、旅游产品开发、旅游经营管理、旅游行业管理等方面不断进行创新,进一步推动广州旅游业实现可持续性发展。

参 考 文 献

[1]PAPATHEODOROU A. Exploring the evolution of tourism resorts[J]. Annals of Tourism Research, 2003,31(1):219-237.

[2]FAULKNER R B. Entrepreneurship, chaos and the tourism area life-cycle[J]. Annals of Tourism Research, 2004,31(3):556-579.

[3]张骁鸣,保继刚.旅游发展与乡村变迁:"起点—动力"假说[J].旅游学刊,2009,24(6):19-24.

[4]陆林,鲍捷.基于耗散结构理论的千岛湖旅游地演化过程及机制[J].地理学报,2010,65(6):755-768.

[5]埃瑞克·G.菲吕博顿,鲁道夫·瑞切特..新制度经济学[M].孙经伟,译.上海:上海财经大学出版社,1998:2.

[6]赖井洋.略论余靖对岭南经济发展的贡献[J].世纪桥,2012(5):25-27.

[7]蒋祖缘,方志钦.简明广东史[M].广州:广东人民出版社,1993:385.

[8]马楠.荔枝湾史话[J].岭南文史,2004(2):52-53,56.

[9]广州市地方志编纂委员会.广州市志(卷六)[M].广州:广州出版社,1996.

[10]李平.新中国旅游管理体制的演变与启示[J].中国经济史研究,2003(3):35-41.

4.3　制度视角下的传统村镇建筑景观演化比较研究——以贵州黔东南为例

传统村镇是传统文化的重要载体,本节基于"制度转向"与演化理论,结合创造性破坏模型,把建筑景观制度视为建筑景观演化的基因与内在变量,分析了黔东南4个旅游村镇建筑景观演化状况。本节认为4个村寨建筑的物质景观变化较大,建筑的非物质景观变化较小。从当前建筑景观类型来看,西江苗寨与肇兴侗寨为旅游转型家园景观,小黄侗寨为现代家园景观,而郎德上寨为遗产家园景观。黔东南4个村寨建筑景观演化是其消费、生产、交易、分配、保护等景观制度演化与互动的结果。总体来看,旅游消费比例较高的、消费方式转变较快的、生产商业化规模较大的、市场化程度较高的、保护弱化的旅游地,其建筑景观的变迁程度较高,日益向旅游功能的景观转变。在此基础上,本节提出了建筑景观优化措施。

4.3.1　引言

文化景观是一个集物质实体与景观意义于一体的综合体。它是人类活动的成果,是人与自然相互作用的地表痕迹,赋予了一个地方特性,能直观地反映一个地区的文化特质。传统村镇是传统文化的重要载体与重要旅游吸引物,旅游商业化已成为传统村镇面临的重要问题。旅游发展虽然促使传统村镇产生许多旅游景观,但也导致了传统景观的缺失化、消减化、破碎化、边缘化与孤岛化。20世纪90年代,经济地理学出现了"制度转向",它不仅关注不同种类制度在塑造空间经济中的作用,而且还强调经济景观的演化。旅游总是在一定的制度环境下产生、发展与运行的。旅游地不仅含有各种地方性制度,还有各种外来制度,这构成了复杂多维的制度网络。旅游制度对旅游发展的作用是显而易见的,但不同的旅游制度对旅游地建筑景观有什么影响呢?近年来,作为苗乡侗寨的贵州黔东南,旅游业快速发展,其独具特色的苗乡侗寨民居建筑吸引了大量的游客,但传统建筑也受到较大的负面影响,发生了较大变化,不利于当地旅游可持续发展。在旅游发展的环境下,黔东南的民居建筑受到了哪些影响,发生了什么变化,其原因是什么,本节试图对此进行探讨。

4.3.2　文献回顾

1）旅游对传统村镇景观的影响研究

传统村镇的旅游发展不仅创造新的景观,也伴随旧景观的毁灭,推动旅游地不断发展与演化。在旅游地演化理论的解释中,影响力最大的是巴特勒提出的六阶段旅游地生命周期理论。该理论认为旅游者数量、类型和发展速度影响旅游目的地不同发展阶段,促使不同的阶段表现出不同的特征。有关学者还分析了旅游地演化的因素,如旅游资源、地理位置、居民因素、旅游市场、旅游地形象、旅游地知名度、旅游竞争力、旅游制度、旅游发展速度等。该分析虽影响深远,但仍有一些不足,如主要应用于海滨地区、集中于旅游者数量这一单个变量、对文化景观的分析不足等。加拿大地理学者米歇尔基于熊彼特与大卫·哈维的创造性破坏理论,以商业驱动活动、消费者、居民对旅游的态度等改为指标,他提出创造性破坏模型,将传统村镇景观的演化分为 3 个阶段,即生产式的乡村景观、后生产式的遗产景观、非生产式的休闲景观,认为企业家精神、旅游商品化与旅游创新是旅游发展的主要动力,资本发挥主导作用。而在中国,政府对旅游发挥着重要作用。这些理论虽具有独特解释力,但关于制度在旅游地演化中的作用的分析还不够深入。

2）旅游对建筑景观的影响

这方面的文献主要包括两个方面:一是旅游地建筑景观变化的表现。例如,李娜等认为九寨沟树正寨民居的变化表现在建筑材料外墙、屋顶、经幡的使用上,尤其是其使用功能、外墙装饰以及外墙装饰设计思想的变迁。这些变化包括外在形象变化与内在生活、文化变化,前者包括特色的保留与去除、代表性特色;后者包括使用功能与外墙设计观念。邓玲玲认为侗族村寨传统建筑的变化主要表现在现代建筑元素渗入侗寨民居建筑、普通侗寨公共建筑消失。李旭分析了龙胜平安寨传统壮族干栏式民居在旅游影响下的变迁,认为民居变化主要体现在内部空间与外部形式的演变。刘韫分析了丹巴县民居变迁状况,认为民居变化主要表现 4 个方面:与传统民居不协调的新建筑、仿造的古建筑、迎合旅游者的民居内部格局的改变以及内部装饰的变化。二是旅游地建筑变化的成因。旅游商业化被认为是旅游地建筑变化的主要原因,它导致旅游功能发生变化,其根本原因是地租的变化。这是一个各利益相关者的态度变化与博弈的过程,地方政府预见性的干预是有效控制历史村镇旅游商业化的决定性力量。项萌认为旅游地面临满足居民改造民居的需求同保护旅游社区原始风貌之间的矛盾,这导致传统民居向家庭旅馆结构与功能、砖混结构民居建筑转变。汤芸认为旅游场域使鼓楼获得了前所未有的社会地位与文化意义,成为定型化的景观,该楼已经逐渐成为一种脱离地方社会文化根基的文化展示景观等。总的来看,这些对建筑变化的分析维度还不够全面、不够深入,建筑变化的原因大多被归结为旅游商业化,缺少从制度视角专门探讨建筑的变化。

4.3.3 概念界定、研究思路与研究方法

1)概念界定

首先,本节采用柯武刚、史漫飞对制度概念的界定,他们认为制度是一套关于行为和事件的模式,具有系统性、非随机性,是可理解的。其次,建筑景观制度是关于建筑景观行为与事件的模式,主要包括建筑景观的消费、生产、交换、分配与保护等方面的制度。

2)研究思路

首先,本节将建筑景观分为物质景观与非物质景观两个方面。建立建筑景观因子体系,采用问卷调查法来评价它的变化状况。同时,结合创造性破坏模型,分析景观所处的阶段。其次,分析建筑景观的消费、生产、交换、分配与收益、保护等5个方面的制度对建筑景观演化的影响。

3)研究方法

课题组 2014 年 8 月 2—24 日在黔东南 4 个村寨进行了调研,对旅游地居民、旅游企业、政府官员等人员进行了问卷调查、访谈或座谈。问卷调查采取随机抽样的方法,调查人员到居民家中或企业派发问卷,同时对相关问题进行访谈。具有一定文化程度的居民可独立填写,调查人员现场解释其不理解的部分;不能独立完成调查问卷的居民,由调查人员通过访谈代为填写。本次调查总共发放问卷 600 份,回收问卷 545 份,有效问卷 505 份,有效问卷率为 92.66%。其中西江 182 份,郎德上寨 68 份,肇兴 132 份,小黄 123 份,受访对象的基本情况见表 4.8。

表4.8 受访对象的基本情况

社会学特征		人数	比例	社会学特征		人数	比例
性别	男	268	53.069 3		2万元以下	225	44.554 5
	女	237	46.930 7		2万~5万元	102	20.198
民族	苗族	237	46.930 7		5万~10万元	42	8.316 8
	侗族	233	46.138 6	年收入	10万~20万元	35	6.930 7
	汉族	26	6.138 6		20万~50万元	31	6.138 6
	其他	4	0.792 1		50万~100万元	26	5.148 5
年龄	18岁以下	53	10.495		100万元以上	44	8.712 9
	18~24岁	78	15.445 5		农民	196	38.811 9
	25~34岁	126	24.950 5		旅游业	80	15.841 6
	35~44岁	81	16.039 6		行政/事业单位人员	33	6.534 7
	45~54岁	76	15.049 5		企业管理人员	11	2.178 2
	55~64岁	62	12.277 2		私营业主	51	10.099
	65岁以上	29	5.742 6	职业	工人	12	2.376 2
学历	小学	147	29.108 9		学生	63	12.475 2
	初中	142	28.118 8		自由职业者	23	4.554 5
	高中	103	20.396		专业技术人	8	1.584 2
	大专	62	12.277 2		离退休人员	7	1.386 1
	本科	41	8.118 8		其他	21	4.158 4
	研究生	10	1.980 2				

注:职业中的旅游业是指旅游业从业人员,其中有的为兼职人员;其他职业中也有部分工作人员是旅游兼职人员。

4.3.4 研究对象——4个旅游村寨概况

1)西江苗寨

西江苗寨位于黔东南雷山县,已有600多年的历史,包括平寨、羊排、东引和南贵4村,现有1 288户居民,共5 120人,是中国最大的苗寨。西江1982年被列为贵州省乙类农村旅游区;1987年被列为贵州东线民族风情旅游景点;2007年被评为国家历史文化名镇;2012 年被评为贵州首批民族文化村寨(镇)。西江在 20 世纪 80 年代开始发展旅游业,2008 年西江成功举办贵州省第三届旅游产业发展大会后,政府强力发展西江旅游业,并快速发展。2013 年,西江景区接待游客达 300 万人次,旅游收入达 3.7 亿元,居民人均纯收入由 2008 年的 2 050 元上升到 2013 年的 8 250 元,其中人均旅游收入占人均总收入的 70%。

2) 郎德上寨

郎德上寨位于雷山县西北部,全寨有居民 128 户,共 530 人。1986 年郎德上寨被国家文物局列为全国第一座露天苗族风情博物馆;1997 年被文化部授予"中国民间艺术之乡"称号;2001 年郎德上寨古建筑群被列为"全国重点文物保护单位"。从 1987 年开始,郎德上寨通过社区主导、全民参与、工分制的组织制度发展旅游业。郎德上寨不收门票费,只在接待旅游团队时收取表演参观费。2008 年接待游客达 23.8 万人次,旅游收入达 357.15 万元,每户平均旅游收入上万元。但在 2008 年西江苗寨旅游业崛起后,郎德上寨旅游业开始下滑,2009 年游客量仅 3.51 万人次,旅游收入仅 52.65 万元;2014 年,郎德上寨平均每周接待数个团队仅与数量不等的散客。

3) 肇兴侗寨

肇兴侗寨位于黔东南黎平县南部,现有居民 795 户,共 3 759 人,素有"侗乡第一寨"的美誉。1993 年肇兴被贵州省文化厅命名为"鼓楼文化艺术之乡";2001 年肇兴侗寨鼓楼群被列入吉尼斯世界纪录;2005 年肇兴侗寨在《中国国家地理杂》"选美中国"活动中被评为中国最美的六大乡村古镇之一;2007 年肇兴村被评为国家历史文化名村;2012 年被评为贵州首批民族文化村寨(镇);2014 年肇兴侗族文化旅游景区被列为国家 AAAA 级旅游区。2003 年 10 月,贵州世纪风华旅游投资有限责任公司取得肇兴景区 50 年开发经营权,由于经营效果不佳,2014 年黎平县政府将经营权收回并成立肇兴旅游发展有限公司。2011 年,肇兴共接待游客 26.8 万人次,旅游总收入达 1 600 万元。

4) 小黄侗寨

小黄侗寨位于黔东南从江县高增乡,全寨有 5 个自然村共 720 余户,3 700 余人。1994 年小黄侗寨被贵州省文化厅命名为"侗歌之乡";1996 年被国家文化部命名为"中国民间艺术之乡";2009 年被评为贵州省省级历史文化名村;2012 年被评为贵州首批民族文化村寨(镇)。小黄侗寨是著名的侗族大歌之乡,村里组织了多场歌队表演活动。2010 年游客量约为 3.65 万人次,旅游年收入 250 万元,人均年收入

2 500 元,村集体财政收入达 100 万元。2014 年小黄侗寨共有 53 户居民从事"农家乐"和"歌堂旅馆"经营,11 户居民从事旅游纪念品销售,8 户居民从事芦笙、侗笛、牛腿琴等民族乐器加工。

4.3.5　黔东南 4 个旅游村寨的建筑景观演化状况

1)4 个旅游村寨建筑景观变化感知状况

根据问卷调查,发展旅游以来,黔东南 4 个村寨的建筑景观产生了不同程度的变化。总体来看,4 个村寨整体变化较小,但变化趋于增强。其中,建筑的物质景观变化较大,建筑的非物质景观变化较小(表 4.9)。

表 4.9　基于居民感知的黔东南 4 个旅游村寨的建筑景观变迁状况评价表

指标	建筑的物质景观										建筑的非物质景观						平均
	体量				结构	材料	外观	装饰	附属设施	平均	价值观念	工艺	功能用途	仪式	文化内涵	平均	
	面积	层数	高度	平均													
西江	3.3	3.7	4.2	3.7	3.6	3.7	4.1	3.1	3.5	3.6	3.3	3.6	3.5	2.6	2.8	3.2	3.4
郎德	3.2	2.5	3.0	2.9	2.2	2.3	2.5	2.5	3.1	2.6	2.5	2.5	2.3	2.0	2.3	2.3	2.5
肇兴	2.4	2.8	3.4	3.0	2.8	3.2	3.1	2.9	3.5	3.1	3.2	3.4	2.2	2.0	2.9	2.9	3.0
小黄	2.8	3.0	3.5	3.1	3.4	3.9	3.1	2.8	3.6	3.3	3.1	3.4	3.2	2.6	3.0	2.9	3.1
平均	2.9	3.0	3.5	3.2	2.9	3.06	3.1	2.8	3.4	3.1	2.9	3.2	3.1	2.3	2.6	2.8	2.9

注:问卷采取 5 分制,1 表示变化最小,5 表示变化最大。

在物质景观方面,建筑体量更大了,建筑高度由原来的 7~9 m 变为 7~18 m;建筑结构由木架构变为钢筋水泥架构或二者混合架构,内部结构则更多是以旅游接待为主的结构与布局;材料上由木、石、砖变为钢筋、水泥、玻璃、铝合金;外观上,屋顶外观内原来的木结构吊脚楼、歇山顶、硬山顶、悬山顶变为不协调的钢筋水泥平顶,有些屋身或底层为钢筋水泥结构、上层为木质结构,部分钢筋水泥建筑外包裹木板;装饰风格则运用各种现代艺术风格,但有些建筑的装饰风格依然是对传统文化的诠释,凸显地方文化特色,如西江苗寨堂屋内摆有牛角装饰;在附属设施上,普遍建有洗手间、厨房、防火栓等。

在非物质景观方面,技术工艺更多采用钢筋混凝土,室内采用各种现代技术进行装修;建筑更多用于农家乐与旅游商业;建房仪式基本上还保留上梁、立柱等;文化内涵方面,由于建筑形态的变化,作为文化象征的意义日益减弱,但建筑内的宗教信仰文化大多有所保留。

2)4个旅游村寨建筑景观类型与特点

各个村寨的变化程度不同且差别较大。其中西江变化最大、小黄次之、肇兴再次、郎德最小。根据景观的概念,结合创造性破坏模型,当前4个村寨的建筑景观状况如下(表4.10)。

表4.10 黔东南4个旅游村寨的建筑景观类型与特点

村寨	建筑景观形态	建筑景观特点
西江	旅游转型家园景观	旅游与休闲主导的多种建筑风格与建筑形态形成的杂糅景观
郎德	遗产家园景观	农业与遗产主导的传统吊脚楼景观
小黄	现代家园景观	农业主导的现代新型平房建筑景观
肇兴	旅游转型家园景观	旅游与休闲主导的多种建筑风格与建筑形态形成的杂糅景观

(1)西江苗寨——旅游转型家园景观

西江苗寨是4个村寨中变化最大的,主要体现在结构、高度、层数、材料、外观、价值观念、工艺等方面。如西江建筑由原来的2～3层变为4～6层,由原来的高7～9 m变为高11～18 m。其特点是在旅游驱动下,大量传统吊脚楼被拆建改建,形成3类主要的建筑景观,分别为:①现代旅游景观。现代旅游景观是旅游体验主导的休闲化、舞台化景观,建筑以框架混凝土为主,融传统与现代于一体的风格,如含景区大门、表演场、夜景、商业街等。②现代商住混合民居景观。这种类型的景观建筑比传统民居建筑更高大,采用混凝土框架,屋顶多为平顶,有的外包木板。它注重现代化居住形态与旅游业的融合,体现了当地新型生活方式与新型家园思想。③后现代新型吊脚楼农家乐景观。它以钢筋混凝土、砖、木材等与天然的混合型材料为建材;下层为混凝土框架,上层为干栏木穿斗式构架;外观为新型混凝土吊脚楼,建筑顶部多为悬山顶与歇山顶。这既突出经济效益又融入后现代景观美学,是融住宿、饮食、表演等旅游接待于一体的新型农家乐的景观。

总之,西江苗寨由传统田园家园制度向旅游转型家园景观转变,体现了传统、现代、后现代多种景观制度,这导致景观风貌不统一、不协调,产生多元杂糅现象。

（2）郎德上寨——遗产家园景观

郎德上寨是 4 个村寨中变化最小的,但附属设施较为完善。其特点是景观基本保持传统风貌,全村没有新建建筑,基本为传统木结构吊脚楼,只有少量建筑有新建的厨房或厕所,采用水泥、玻璃等现代材料与工艺。传统建筑仍然是郎德上寨人的住所。

（3）小黄侗寨——现代家园景观

小黄侗寨建筑的变化程度在 4 个村寨中仅次于西江苗寨,尤其是物质景观方面,其变化主要体现在结构、高度、材料、工艺等方面。其特点是除了保留的村寨精神中心——鼓楼、少量的木结构传统建筑外,保留的其他传统建筑已经不多了,新建了大量的居民自住的框架结构的平房建筑。

（4）肇兴侗寨——旅游转型家园景观

肇兴侗寨的变化程度整体不大,其特点是传统建筑的基本风貌仍然保留,变化最大的是建筑的功能,基本所有的建筑都具有商业功能,如商店、客栈、餐饮、表演等。但与此同时,在旅游影响下,肇兴也对一些传统建筑进行拆建改建,形成两类新的建筑景观,主要为:①现代旅游景观。它是由旅游体验主导的休闲化、舞台化景观,建筑以框架混凝土为主,融传统与现代于一体,如景区大门、商业街等。②现代商住混合民居景观。这种类型的景观建筑比传统民居更高大,采用混凝土框架,屋顶多为平顶。它注重现代化居住形态与旅游业的融合,体现了当地新型生活方式与新型家园思想。

4.3.6　黔东南 4 个村寨建筑景观演化的制度成因

以下从建筑景观的消费、生产、交易、分配与收益、保护等制度来分析其演化动因。

1）建筑的消费制度及其对其他村寨的影响

消费者的建筑消费的价值观念、行为规则及评价等,是建筑景观演化的原动力,在一定程度上决定了建筑生产所需的要素、生产方式。及建筑景观形态。传统意义上,建筑景观消费主要以居民居住、饲养家畜、存放粮食、存放农业生产工具以及文化信仰等。随着社会经济发展、人口增长及对住房改善的需求,传统村寨的建筑消费大致向 3 个方面转变:一是消费主体由居民转变为居民与旅游者。二是居民的建筑消费由传统建筑转变为现代新型建筑消费。三是旅游者的建筑消费由物质主导消费转变为精神性、符号化消费。在上述趋势下,传统村镇建筑景观发生了几种变化:一是居住消费由原生态的传统民居逐步向具有更大容量、更能防火、更舒适、更实用、更现代化等特点的新型民居转变。二是在旅游消费方面,建筑具有观光、休闲娱乐,以及餐饮、住宿、购物等不同的物质与非物质性消费形态。

4个村寨被确定为各种民族风情旅游地,其建筑消费需求与方式也各具特点。郎德上寨与小黄侗寨主要是较小规模的观光活动,较少有住宿、餐饮、购物等旅游接待,旅游接待比例较小。而西江苗寨与肇兴侗寨除了观光外,还可休闲度假、购物、娱乐,具有较大的旅游接待规模,二者是旅游消费主导的建筑消费。建筑的旅游消费导致原有以居住为主导的建筑结构与布局转变为以旅游接待主导的建筑结构与布局。例如,建筑体量尤其是建筑高度与层数的增加需要相应的建筑技术支撑,较多苗寨新建筑已没有了传统的凹堂、杂物间、楼阁,较多侗寨新建筑已没有了传统的宽廊、火塘间、月堂、杂物间、阁楼、粮仓,取而代之的是多间客房、相应的餐厅等。与此同时,不同的旅游消费需求也对建筑产生不同影响。例如,一部分旅游者怀旧、新奇的动机,喜欢住在传统建筑中的体验;另一部分则更享受居家式的便捷与感觉,厌弃传统建筑的噪声与没有独立卫生间的不便,喜欢新型建筑的接待设施(表4.11)。

表4.11　四个村寨建筑的旅游消费占比

村寨	西江	郎德	肇兴	小黄
占比/%	41.3	19.8	34.4	12.5

2) 建筑景观生产制度

建筑景观生产制度是指建筑的设计与施工过程,主要包括建筑理念与设计、采用的原材料与技术手段等,它是建筑景观演化的主动力。传统建筑主要是解决居住问题,一般由居民提出大致方案,工匠设计与施工以木、石等为原材料,采用地方传统的建筑技术工艺,进行建筑的修建与施工。这些非正式的建筑传统与风俗习惯是长期以来逐步形成的,是约定俗成的惯例,具有舒适实用、因地制宜、和谐统一等特点,但也有安全风险、体量受限等不足。

改革开放与旅游业发展以来,建筑不仅是改善住房,更重要的是经济生产与旅游发展的工具。在这一过程中,建筑既要克服传统建筑的不足,又要符合新的建筑消费需求与消费方式。因此,其生产过程也更为复杂,主要表现为:一是利益主体多元化,除了居民、工匠外,还有政府、企业、建筑师、旅游者等。二是原材料、土地与技术等建筑要素的变化。例如,由于封山育林等规定的颁布,木材日益紧缺,建筑成本日益昂贵,很多建筑开始寻求砖、水泥、钢筋等材料及技术。而在全球化与文化交流、传播的作用下,现代化的建筑技术逐步传入黔东南各个村寨,这些现代化技术能克服原有传统建筑的一些缺陷,提高了建筑的防火性等,尤其是使建筑具有更大空间,能较好地满足消费的需求,提升旅游接待能力,极大地提高建筑的经济生产能力。三是各种制度对地方建筑也做了相应规范。如《文物保护法》《历史文化名城名镇名村保护条例》《黔东南苗族侗族自治州民族文化村寨保护条例》等。这些规范要求新建筑与传统建筑风格协调,鼓励是采用原有技术工艺,使用原质或者仿原质材料,保留建筑原有功能和风貌。因此,黔东南4个村寨形成了3类建筑生产制度:一是传统型,主要采用传统技术工艺,仅在局部采用现代技术工艺与材料的建筑。二是现代型,建筑基本采用钢筋水泥等现代化材料与技术工艺,局部采用传统技术工艺。三是后现代型或综合性,内部采用钢筋水泥等现代化材料与技术工艺,外围包以木板,使其外观具备传统建筑的特征;或者下层采用钢筋水泥结构,上层采用传统建筑工艺。

综合建筑功能、利益主体与生产要素来看,4个村寨新建筑的模式具有以下几种:①民居新建模式。这种模式的建筑的主要功能是居住,有的也进行旅游接待。该建筑由居民自主投资,居民与工匠共同设计,工匠施工完成。由于缺少宅基地,它大多是拆旧建新的改建形式。这种形式在各个村寨较为普遍,不过略有差异。郎德苗寨一般采用传统建筑技术与风格,局部辅以钢筋水泥等新的建筑技术与材料,小黄侗寨普遍采用钢筋水泥建筑技术与材料,西江与肇兴则采用二者结合的方式。②农家乐新建模式。这种模式的建筑主要由个体投资经营,存在于西江与肇兴,尤其是西江较为盛行。③整体式的建设模式。这种模式主要应用于西江与肇兴。例如,西江的游方街是由政府负责规划与征地、外地资本投资并组织专门建筑机构统一设计与统一经营管理的,是西江苗寨主要的旅游活动场所,可开展观光、游憩、表演、餐饮、住宿、购物等旅游活动。其建筑特点大量运用现代化材料与工艺,建筑单体高大,空间集中,成江带状分布,总体风格统一,但西江与原有传统建筑有一定差异。近年来,肇兴也开始了整体式的较大规模建设。④旅游建筑改建模式。这是在不改变原有建筑基本结构的情况下,采用传统技术或新的技术与工艺对建筑内部进行改建,建筑用作餐饮、住宿、购物等。这是4个村寨都较常见的模式。

3)建筑景观交易方式

这是指建筑与生产要素的交易方式。它是建筑景观演化的助动力,有助于推动建筑的商业化,促进建筑景观演化。在旅游发展前,4个村寨的交易活动非常少,除了建筑师与原材料,其他建筑要素基本上是自给自足。旅游发展以来,郎德与小黄由于是社区主导旅游发展,旅游规模较小,旅游接待需求较低,旅游商业化程度较低,建筑交易发展非常有限。而西江与肇兴是政府与公司主导旅游发展,旅游规模较大,旅游接待需求较高,旅游商业化程度较高,尤其是外部资金的涌入与贷款制度日渐宽松,建筑交易得到较快发展。尤其是土地与建筑产权的变更,它具有以下几种模式:①本地居民的建筑物直接出租给本地人或外地人经营旅游业。②本地居民自有宅基地或置换宅基地、自主融资、自主建设,出租给外地人经营管理,每年通过收取租金或分红盈利。③本地居民出让宅基地,由外地资本统一建设,并在规定期限内经营管理,本地居民得到土地转让金或每年分红,转让期到后,建筑与各种设施归本地居民所有。④政府以较低价格征收居民土地,以政府或国有企业的名义进行旅游建设。⑤政府以较低价格征收居民土地,拍卖给外来商家,由商家进行旅游开发与建设,居民则得到国家规定的相应补偿。其中,郎德与小黄存在第一、第四种模式,但规模较小;五种模式在西江都较为普遍;肇兴第一、第二种模式较为普遍,第三、第五种模式较少,第四种模式近来得到较快发展。

4) 建筑景观分配与收益制度

不同的建筑景观能给人们带来不同的社会、文化、经济收益,不同的人对建筑带来的这些收益也具有不同的认识。这些收益的差异会被反馈到人们的建筑决策行为中,影响人们的消费方式与生产方式。在社会方面,它主要表现为人们体验的人居环境,如建筑舒适度与实用性等特点,以及公平、正义等社会价值内容;在文化方面,建筑反映的主要是宗教信仰、审美情趣、文化象征与意义等;在经济方面,主要是居民从建筑中获得经济收入。

主要从两个方面影响人们的建筑景观收益。一是人们对建筑认知的转变。旅游发展前,人们的建筑收益主要是社会文化收益。随着改革开放与旅游发展,社会收益一如既往地受到重视,文化收益一定程度上减少,经济收益则日益受到关注,甚至对某些居民来说,它是最重要的收入来源。对重视社会收益的居民来说,越好住的房子越受到重视;对重视文化收益的居民来说,越具有文化象征意义的房子越受到重视;对重视经济收入的居民来说,越能赚钱的建筑越受到重视。从访谈的情况来看,西江与肇兴的旅游商业化程度较高,赚钱的机会较多,人们对建筑经济收入较为重视;郎德与小黄的旅游商业化程度较低,赚钱的机会较少,人们对建筑经济收入不太重视。二是制度安排,尤其是旅游经济收入分配制度对建筑收益的影响。建筑分配包括建筑的初次分配与再分配。初次分配主要是指建筑的营业收入,它取决于村寨的旅游发展模式。一般来说,接待规模越大,建筑的直接收益越高。因此,初次分配激励建筑主体采用钢筋水泥结构的大体量建筑,因为钢筋水泥结构比砖木结构更坚固、更安全。再次分配主要是指村寨旅游收益的分红,它取决于村寨的旅游收益及分配制度。

从4个村寨来看,它们各有特点:①西江实行政府主导的商业化旅游发展模式,旅游发展规模较大,建筑具有良好的参与旅游接待的条件,大体量的钢筋水泥建筑能产生较好的经济收益。在再次分配中,西江会将旅游发展的收益按照建筑保护与人口等状况分红到居民家中,但居民所得与直接从建筑经营中的获利相比太少,因此,很多居民没有强烈保护建筑的动机,而是从拆旧建新与建大体量的钢筋水泥建筑中寻求更大利益。②郎德实行社区主导的原生态旅游发展模式,旅游发展规模较小,虽有一些机会参与旅游接待,但与西江相比,机会较少。在再次分配中,社区实行全民参与、自愿参与、平等分配的工分制,居民能在社区参与中获得较为平等的旅游收益。③肇兴与西江类似,也是旅游商业化模式,旅游发展规模较大,旅游接待能获得较高收入。同时,居民再次分配的收益非常少。这导致较多居民拆旧建新与建大体量的钢筋水泥建筑。④小黄也是社区主导的旅游发展模式,旅游发展规模较小,建筑获得旅游参与的机会较少,旅游收入有限。总的来看,重视建筑经济收入且有较多机会获得较高建筑经济收入的西江与肇兴,其建筑演化程度较大;而不太重视建筑经济收入且有较低机会获得较高建筑经济收入的郎德,其建筑演化程度较低。

5)保护制度

如果说4个村寨是建筑景观演化的推动力,建筑保护制度则在一定程度上阻碍了建筑景观演化。一般而言,建筑保护制度越规范、越严格,建筑景观演化程度就越小、越不明显。建筑保护制度涉及公民保护意识、保护区的建立与控制、建筑维护与防灾等,主要是指国家与地方政府、村委会与社区制定的正式与非正式的保护制度。从国家与政府层面来看,国家各级政府与相关部门已制定了相关文化保护制度,黔东南也颁布了《黔东南苗族侗族自治州民族文化村寨保护条例》,4个村寨都已成为不同类型的文化保护区,村寨的保护制度存在各种差异:

① 郎德级别最高,为国家重点文物保护单位,其保护意识最强、保护区的控制最为严格、建筑维护与防灾措施也最好。郎德在20世纪80年代就非常重视文化保护,制定了相关的村规民约。尤其是2001年设立国家重点文物保护单位以来,保护制度与设施不断完善,居民保护意识不断提高,且执行得力,这使郎德建筑景观演化程度最小。同时,作为国家文物单位,郎德将下拨的文物经费用于文物的维护与管理。郎德能控制大规模的商业化主要有两方面的因素:一是以老支书为首的居民坚

守苗家传统,沿袭风俗习惯。在调查过程中,老支书说:"苗族好客。来的都是客,不能强行收钱,只能靠自愿给钱。我们不搞商业那一套,那样搞就不是我们苗寨了。"二是各种文化遗产名号,尤其是"全国重点文物保护单位"的制度很好地保护了郎德上寨,与当地建筑传统习俗相得益彰,保护文化遗产理念已深入人心。

② 西江是国家级的历史文化名镇,受保护级别很高。其中,雷山县 2013 年专门针对西江颁布了《西江千户苗寨贯彻落实〈黔东南苗族侗族自治州民族文化村寨保护条例〉实施办法(试行)》,西江村委制定"4 个 120"的村规民约,对违规的建筑进行相应处罚。近年来,西江加强建筑保护,进行建筑保护的规划与设计,建立了较为完善的防火制度与防火设施。但总的来讲,西江虽采取了一些保护措施,但却把文化作为象征资本与符号资本,与产业政策融合,成为规模化商业的重要推手,这导致西江对苗寨建筑保护程度不足,使建筑景观混为一体。

③ 肇兴是国家级历史文化名村,受保护级别很高,受保护情况与西江有些类似,但 2004—2014 年世纪风华公司拥有了该地的旅游开发权,由于资金缺乏,其开发能力较有限,传统建筑反而在一定程度上受到保护。但随着商业化规模扩大,文化保护力度有所减弱。

④ 小黄为贵州省级民族文化村寨,保护重点、对象与前三者不同,小黄主要保护侗族大歌,对建筑的保护意识、维护与防灾建设都最差。尤其是对建筑的保护与防火设施建设较差,经常电线短路引发火灾,导致较多传统建筑被毁。在对建筑安全的考量下,居民的新房都普遍采用安全性能高的钢筋水泥结构,对建筑的保护力度完全不够,这导致小黄的传统建筑景观产生较大的变化(表 4.12)。

表 4.12　4 个村寨建筑景观制度及其影响

旅游村寨	西江苗寨	郎德上寨	肇兴侗寨	小黄侗寨
建筑景观总体制度	旅游转型家园景观制度	遗产家园景观制度	旅游转型家园景观制度	现代家园景观制度
建筑消费制度	由以居住消费为主逐步转为居住、旅游消费并重的格局;旅游消费除了观光,还有休闲度假、娱乐与购物等	由以居住消费为主转变为以居住消费为主、旅游消费为辅的格局;旅游消费主要是观光,其他的较少	由以居住消费为主逐步转变为居住、旅游消费并重的格局;旅游消费除了观光,还有休闲度假、娱乐与购物等	由以居住消费转变为以居住消费为主、旅游消费为辅的格局;旅游消费主要是观光,其他的较少

续表

旅游村寨	西江苗寨	郎德上寨	肇兴侗寨	小黄侗寨
建筑生产制度	建筑逐步商业化、规模化、产业化与现代化	仍基本保持建筑的原生态化	建筑逐步商业化、规模化与现代化，但规模相对较西江较小	建筑逐步现代化，但建筑体量不大
建筑交易制度	外地人、政府投资活跃，建筑及其要素交易频繁	交易较少，自给自足型	外地人、政府投资活跃，建筑及其要素交易频繁	交易较少，自给自足型
建筑分配与收益制度	更重视经济收益；初次再分配总体收益较高，再分配收益较少，且不太公平	更重视社会收益；初次分配总体收益虽较低，但比较公平	更重视经济收益；初次分配总体收益较高，再分配收益较少，且不太公平	更重视社会收益；初次分配总体收益虽较低，但较为公平
旅游保护制度	受保护级别较高，具有国家至村寨的各级保护制度，但制度执行力较差，机会主义盛行，对建筑的保护力度不够	保护级别最高，国家制度与村规民约相得益彰，遗产保护理念深入民心，建筑保护得力	保护级别较高，具有国家至村寨的各级保护制度，基本能保持建筑传统风貌	建筑保护意识较弱，缺乏村级保护制度，国家制度基本没有被执行，对建筑的保护力度完全不够

4.3.7　结语

本节把建筑景观制度视为建筑景观演化的基因与内在变量，分析了黔东南 4 个旅游村镇建筑景观演化状况，结论为：①4 个村寨建筑的物质景观变化较大，非物质景观变化较小，各个村寨的变化程度也不同。②从当前建筑景观的类型来看，西江苗寨与肇兴侗寨为旅游转型家园景观，小黄侗寨为现代家园景观，而郎德上寨为遗产家园景观。③黔东南 4 个村寨建筑景观演化是其消费、生产、交易、分配与保护等景观制度演化与互动的结果。

总体来看，旅游消费比例较高的、消费方式转变较快的、生产商业化规模较大的、市场化程度较高的、保护力度不够的旅游地，建筑景观的变迁程度也较高，日益向旅游功能景观转变。因此,要保护好旅游地的建筑景观,促进地方建筑行业的发展,解决居民的居住问题,就需在各个村寨发展定位的基础上,从5个方面制定建筑制度:一是引导旅游地实施可持续的建筑消费方式,协调居住与旅游消费、经济发展与社会发展之间的关系,注重地方居民的优先居住权,控制旅游商业化规模,避免对建筑的过度消费。二是促进建筑创新与保护建筑传统相结合,保护与传承地方建筑的文化基因与特色,凸显人文关怀,推动建筑景观的传承与生态化、节能化与智能化,构建良好的人居环境。三是加强对建筑及其要素交易的管理,建立规范、健康的建筑商业市场,推动旅游业与建筑业可持续发展。四是完善地方居民的社会经济保障措施,构建人性、公平、公正的建筑分配与收入制度。五是加强对建筑的保护与制度执行力度,在法律法规、政策、地方条令、村规民约等的保障下,切实促进建筑景观的传承与发展。

参 考 文 献

[1]STOFFELEN A, VANNESTE D. An integrative geotourism approach: bridging conflicts in tourism landscape research[J]. Tourism Geographies, 2015,17(4): 544-560.

[2]周尚意,孔翔,朱竑. 文化地理学[M].北京:高等教育出版社,2004:301.

[3]黄震方,陆林,苏勤,等.新型城镇化背景下的乡村旅游发展——理论反思与困境突破[J].地理研究,2015,34(8):1409-1421.

[4]MITCHELL C J A. Entrepreneurialism, commodification and creative destruction: a model of post-modern community development[J]. Journal of Rural Studies,1998,14(3):273-286.

[5]BUTLER R W. The concept of a tourism area cycle of evolution: implications for management of resources[J]. Canadian Geographer, 1980,24(1):5-12.

[6]张立生.旅游地生命周期理论的主要争议辨析[J].地理与地理信息科学,2013,29(1):96-100.

[7]MITHCELL C J A. Creative destruction or creative enhancement? Understanding the transformation of rural spaces[J]. Journal of Rural Studies, 2013,32:375-387.

[8]林敏慧,保继刚.中国历史村镇的旅游商业化:创造性破坏模型的应用检验[J].旅游学刊,2015,30(4):12-22.

［9］姜辽，苏勤. 周庄古镇创造性破坏与地方身份转化［J］. 地理学报，2013，68（8）：1131-1142.

［10］李娜，许从宝，梁玥琳. 旅游驱动的少数民族建筑景观变迁研究：以九寨沟为例［J］. 华中建筑，2007，25（11）：129-132.

［11］李娜，张捷. 基于居民感知的旅游地民居建筑景观变化研究：以九寨沟藏寨建筑景观特色变化为例［J］. 南京师大学报（自然科学版），2009，32（3）：132-137.

［12］邓玲玲. 侗族村寨传统建筑风格的传承与保护［J］. 贵州民族研究，2008，28（5）：77-82.

［13］李旭. 广西龙胜平安寨传统壮族干栏式民居的变迁及思考［J］. 中外建筑，2006（3）：61-62.

［14］刘韫. 旅游背景下少数民族村落的传统民居保护研究：以嘉绒藏族民居为例［J］. 西南族大学学报（人文社会科学版），2014，35（2）：155-158.

［15］保继刚，林敏慧. 历史村镇的旅游商业化控制研究［J］. 地理学报，2014，69（2）：268-277.

［16］项萌. 旅游业背景下侗族传统民居的文化意义与变迁：对广西三江林溪侗族村寨的田野考察［J］. 黑龙江民族丛刊，2009，108（1）：145-149.

［17］汤芸. 旅游场域中侗族鼓楼及其社会文化意义变迁［J］. 西南民族大学学报（人文社会科学版），2010（6）：49-54.

［18］柯武刚，史漫飞. 制度经济学：社会秩序与公共政策［M］. 韩朝华，译. 北京：商务印书馆，2000：3-7，31-37.

［19］何景明，杨洋. 旅游情境下民族村寨管理制度与经济绩效的比较研究：来自贵州郎德上寨和西江千户苗寨的案例［J］. 贵州大学学报（社会科学版），2012，30（4）：82-89.

［20］陈志永，李乐京，李天翼. 郎德苗寨社区旅游：组织演进、制度建构及其增权意义［J］. 旅游学刊，2013，28（6）：75-86.

［21］郭文，王丽，黄震方. 旅游空间生产及社区居民体验研究：江南水乡周庄古镇案例［J］. 旅游学刊，2012，27（4）：28-38.

4.4 制度视角下的旅游地建筑景观变迁研究——以贵州西江苗寨为例

旅游对建筑景观的影响及变迁一直是旅游影响研究的重要内容。本节以演化理论为基础,以惯例为基因,以西江苗寨为案例,运用观察、访谈、回溯等方法,从经验层、实际层、真实层3个分析层次,以创新、扩散与选择为机制,定性地分析了旅游地建筑景观的变迁现状、过程与机制,为旅游地的建筑景观与社会文化变迁研究提供了一个新思路。本节综合文化、经济、社会、政治与环境五大选择标准,其中经济选择极大地促进了建筑惯例的商业化、功利化、规模化与现代化;社会选择使建筑惯例更具有实用性;政治选择导致建筑惯例采取折衷主义,重构地方建筑景观;自然选择则使建筑惯例更具环境适应性。其中,西江苗寨建筑景观变迁以经济与社会选择为主导。

4.4.1 引言

建筑作为人类居住与活动的空间,是一种凝固的艺术景观与文化符号,具有文化、经济、社会、政治、环境等功能,也是旅游吸引力的重要来源与旅游接待的主要载体。旅游发展对目的地建筑景观产生着各种影响,既能促进传统建筑景观的保护,也可推动着建筑景观的变异与变迁。旅游对建筑景观产生什么影响,如何影响? 旅游地建筑景观如何变迁,走向何方? 一直是旅游研究的重要内容。近年来,西江苗寨旅游业快速发展,西江苗寨成为贵州热点旅游地,其建筑景观发生了很大变化,具有较强的地域性与典型性。

4.4.2 文献回顾

旅游对建筑景观的影响及变迁大致有3种观点。一是旅游可促进建筑的保护与传承。阮仪三等认为遗产管理者与旅游经营者之间应建立一种合作模式,寻求遗产保护与旅游发展的双赢。李欣建等认为旅游开发与民族文化保护之间应建立一种利益相关、互为因果的反馈机制,它能有效地促进对传统建筑的保护。其中,地方政府预见性干预是有效控制历史村镇旅游商业化与保护传统建筑的决定性因素。

二是旅游可导致传统建筑的商业化与变化。一般认为,旅游地建筑的变化主要体现在功能、建筑材料、外墙、屋顶等方面。这些变化是如何产生的? 涵化理论认为,旅游发展使不同的文化相互接触从而引起文化的变迁。文化适应理论认为弱势文化常常会接受强势社会的许多文化要素,以适应旅游的发展。厄里的"旅游凝视"理论认为景观是游客看的方式,是思想与价值判断的表征或权力的象征。在凝视作用下,包括建筑在内的旅游地社会文化被社会性地重构着。与此同时,地方具有文化经济与地方商品化的动力。保继刚认为旅游地建筑变化主要是旅游商业化的结果,其根本原因是地租的变化,这是一个利益相关者的博弈过程。徐红罡指出,文化遗产旅游商业化过程中不同生产者与旅游者发挥着不同作用。孙九霞认为社区文化的资本化过程是傣楼变迁的主要动力,傣族建筑变迁具有4种类型:传统创新型、固守传统型、观望行动型、颠覆传统型。场域理论、文化再生产与空间生产、文化环理论、旅游行动者网络理论分别从资本、生产、政治、网络等视角,阐释了旅游地社会景观是一个文化的生产、创新与发展的社会建构过程。佛特曲、桑托斯和严等从权力、资本与斗争等视角分析了美国加州罐头工厂街、芝加哥唐人街的历史街区与建筑景观的变迁。周尚意等认为建筑景观是权力的表征,并以北京前门——大栅栏商业区景观改造为例,分析了景观表征权力与地方文化演替的关系。陈丽坤将民族社区景观分为景观文化资源和景观土地资源,并从这两个相互抑制的商品化市场视角分析了建筑景观的商业化过程,其选择取决于二者的比较利益。周霄、雷汝林从文化变异问题的生物学和历史学出发,提出旅游文化变异的交互适应本质与旅游文化变异的阶段模式。

三是建筑景观的文化重构与选择过程。在旅游的影响下,地方文化为适应现代社会的主流文化,经历了文化认同—文化适应—文化重构的过程,从而走向世界。米歇尔提出适合历史城镇演化的旅游创造性破坏模型,指出旅游地的主导景观逐步由生产式乡村景观向后生产式的遗产景观、非生产式的休闲景观转变,是一个创造—破坏—再创造—再破坏的社会进程,这一过程的主导力量是企业家精神、商品化与创新。孙九霞认为旅游发展与社区内各利益主体的集体选择是社区族群文化演化的两个重要因素,陈丽坤发现经济理性与价值理性是建筑景观选择的分歧所在。

总的来看,相关研究虽从多角度分析了旅游地建筑景观的变迁机制,但较少从文化基因与惯例视角分析建筑景观的变化、扩散、选择的连续性变迁过程。在这个过程中,应认真思考作为建筑景观内核的文化基因及构成文化基因的是什么? 它又是如何产生与扩散的? 不同建筑景观与建筑基因是如何被选择的? 其标准是什么? 除了经济与文化的标准,还有没有其他标准? 下文将基于演化理论,以贵州黔东南西江苗寨建筑景观为例,对此进行初步探讨。

4.4.3　相关概念、研究思路与方法

1)相关概念:建筑、建筑景观、建筑惯例

建筑是人类运用一定工具、技术、工艺和自然界的物质材料,经过生产劳动所创造的一种物质产品。建筑景观是建筑的外在表现,它反映建筑的造型、材质、体量与尺度比例、外观风格等物质方面的属性。建筑惯例则是建筑的内在基因,它是与建筑相关的规则,包括建筑的认知规则、制作规则、行为规则。

2)研究思路与分析框架

演化理论在达尔文思想的基础上,以制度或惯例为基因分析社会经济现象的遗传、变异与选择的动态过程。演化理论具有以下几个特点:首先,在本体论上,它批判实在论的心智与世界,即批判主观世界与客观世界的二重本体论。其次,在认识论上,通过分层和转换,研究的重点从经验和事实领域转换到支配这些实践的深层领域和机制。最后,在方法论上,着重分析建筑现象的发生学过程,主要采用发问、溯因和回溯法。在演化理论基础上,本节提出研究旅游地建筑景观的分析框架,将研究对象分为 3 个层次:首先是建筑的经验与印象层——建筑景观。它以物质—能量的表现形式存在。在实际研究中界定观察到的现象:旅游地的建筑景观及其变迁状况,即旅游地一部分建筑景观仍保持原有形式,另一部分则以新的形式出现。其次是建筑的实际层——建筑惯例,它体现为一系列的建筑规则。引起建筑景观变迁这一现象的直接原因是建筑惯例及其变迁,其中一部分仍保持原有建筑惯例,另一部分则出现新的建筑惯例。最后是建筑的真实层——建筑惯例的演化机制,它体现为旅游地域系统中社会结构与行动者互动中的建筑惯例的创新、扩散与选择。本节着重采取回溯方法从时间序列分析建筑惯例创新与选择的事件,采取回溯方法从空间序列分析创新与扩散的原因与方式,从而获得旅游地建筑景观变迁的机制(图 4.1)。

3)研究方法

采用观察、访谈、资料收集等方法,了解建筑景观、建筑惯例、旅游行动者、旅游地系统等状况。研究团队在 2010 年 8 月 3 人进行了为期 7 天、2014 年 8 月 8 人在进行了为期 8 天的实地调查、观察与访谈。访谈对象包括地方居民、旅游企业与政府官员等,收集到 150 多件访谈材料与数百张照片。

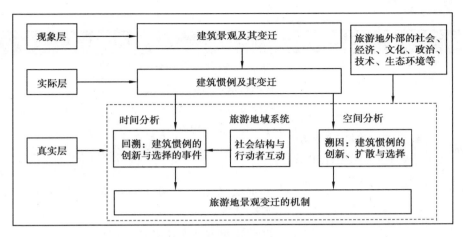

图 4.1 旅游地建筑景观变迁的分析框架图

4.4.4 西江苗寨的建筑变迁阶段及特征

西江苗寨位于黔东南雷山县,已有 600 多年的历史,包括平寨、羊排、东引和南贵 4 村,现有 1 288 户居民,共 5 120 人,是中国最大的苗寨。西江 1982 年被列为贵州省乙类农村旅游区;1987 年被列为贵州东线民族风情旅游景点;2007 年被评为国家历史文化名镇;2012 年被评为贵州首批民族文化村寨(镇)。西江在 20 世纪 80 年代开始发展旅游业,2008 年西江成功举办贵州省第三届旅游产业发展大会后,政府强力发展旅游业,并快速发展。2013 年,西江景区接待游客达 300 万人次,旅游收入达 3.7 亿元,居民人均纯收入由 2008 年的 2 050 元上升到 2013 年的 8 250 元,其中人均旅游收入占人均总收入的 70%。

1)西江苗寨建筑变迁的阶段及状况

回溯西江苗寨建筑变迁过程,按照"事件—过程"的分析思路,西江苗寨建筑景观与惯例的"变异"和选择的历史脉络大致可分为 5 个阶段(表 4.13)。

表 4.13 西江苗寨建筑景观与惯例创新和选择的标志性事件与过程

时间	阶段	主要建筑问题	创新活动与主要事件	建筑变迁状况
立寨至 1981 年	建筑原生阶段	居民住房问题;商业需求问题;公共建筑问题	逐步形成现代的传统吊脚楼;逐步形成西江苗寨老街	形成传统和谐的吊脚楼建筑

续表

时间	阶段	主要建筑问题	创新活动与主要事件	建筑变迁状况
1982—2001 年	建筑初步转型阶段	居民住房问题；商业需求问题；公共建筑问题；小规模旅游接待问题	20 世纪 80 年西江中学等兴起砖木或砖混结构建筑；1988 年在地处山坡的羊排建立了第一栋砖混结构民居；20 世纪 80 年代开始在芦笙场进行民俗表演；20 世纪 90 年代开办了县招待所等；20 世纪 90 年代西江镇政府首次采用框架结构	旅游开始商业化，具有少数的砖木、砖混结构与个别的框架结构建筑，传统建筑景观开始"异化"
2002—2007 年	建筑全面转型阶段	居民住房问题；旅游营销后产生较大规模旅游接待问题；旅游开发与文化传承问题	2002 年成立了"李老师客栈"，此后农家乐不断增加；2004 年 1 月有了第一家外来投资的客栈——"有家客栈"；2005 年中国民族博物馆西江千户苗寨馆开业	旅游发展逐步商业化，较多砖木或砖混结构出现，传统建筑景观逐步"异化"
2008—2012 年	建筑破坏阶段	居民住房问题；政府主导与强行介入后的旅游开发与建设问题；大规模旅游接待问题	2008 年通过征地进行游方商业街、新表演场、夜景等的规划与建设，基本为框架结构的大体量仿制传统风格建筑；同时，外资不断流入，陆续出现较多框架结构的农家乐与民居	旅游发展商业化，大量框架结构建筑出现，传统建筑景观遭到破坏
2013 年以后	建筑重构阶段	居民住房问题；传统建筑的保护与传承问题	2013 年雷山县颁布了相关实施办法，强行拆除违规建筑；新建筑普遍执行折衷的建筑规范	建筑开始重构，混合型建筑不断出现

从表 4.13 可以看出，西江苗寨建筑变迁大致具有以下特点：首先，西江苗寨建筑逐步由传统和谐型建筑向现代的功利型、后现代重构型建筑转变。其次，其变迁速度与旅游开发规模呈正相关关系。20 世纪 80—90 年代，变迁速度较为缓慢；2002 年以来，尤其是 2008 年政府主导旅游开发以来，其变迁速度较快。最后，在价值判

断方面,游客大多持批评态度,认为建筑太商业化,破坏太严重;当地居民则褒贬不一,有的认为"搞乱了,不好看了";有的认为"居住条件改善了""能够发展地方经济"等。

2) 西江苗寨的建筑景观变迁状况

西江传统木结构吊脚楼建筑源于上古居民的南方干栏式建筑,是西江先民从长江中下流域迁徙所带来的古老建筑工艺,在雷公山新环境中经过逐步完善而形成的。改革开放与旅游发展以来,西江苗寨建筑景观发生了较大变化,这体现在建筑的造型、材质、色调、尺度比例、装饰、外观风格等方面。根据西江村委不完全统计,西江苗寨 21 世纪初共有传统吊脚楼 1 200 余栋,2014 年各类建筑约 1 400 栋,其中传统建筑约 940 栋,比 21 世纪初约减少 260 栋;2000 年以来新建的约 460 栋建筑中,有三分之一为框架结构建筑;三分之二为混合型建筑,总共可归结为 3 种典型建筑景观(表 4.14)。

表 4.14　西江苗寨典型建筑景观状况

类型	木结构建筑(传统建筑)	框架结构建筑(现代化建筑)	混合型建筑(折衷型建筑)
造型	纤巧	稳重	稳重中含纤巧
材质	自然、天然	人工、人造	折衷
色调	自然、天然	人工、人造	趋于自然、天然
尺度比例	适宜	高大突兀	高大突兀
装饰	简洁朴实	简洁朴实	简洁朴实
单体建筑外观风格	多为传统吊脚楼,屋顶为悬山顶与歇山顶	多为现代化平房,屋顶多为平顶	多为现代与传统的融合,屋顶较多为悬山顶与歇山顶
村寨景观	依山而建、和谐统一	较不和谐	趋于和谐

注:混合型建筑由木、砖与钢筋水泥等构成。

3) 西江苗寨建筑惯例变迁状况

建筑景观是建筑惯例的现实化,它包括建筑的认知、制作与行为规则。其中,认知规则是指行动者对建筑的认知,如建筑有什么用? 建筑原型或理想型建筑是怎样的?应怎么建造? 如何评价? 制作规则主要为设计与施工规则;行为规则是和个人与集体对建筑的使用和维护等行为相关。西江苗寨的建筑惯例大致可分为 3 种类型:和谐主导型、功利主导型、重构主导型(表 4.15)。西江苗寨的建筑惯例一直保持着建筑的实用特点,但不断从自然化、社区化、和谐化走向了商业化、现代化、规模化。

表4.15　西江苗寨典型建筑惯例状况表

类型	和谐主导型	功利主导型	重构主导型
认知规则	实用化、自然化、社区化、和谐化	实用化、商业化、规模化、现代化	实用化、商业化、规模化、现代化、传统化、休闲化
制作规则	以居住为导向的建筑设计,主要为吊脚楼的传统工艺	注重以旅游接待为导向的建筑设计,主要为现代建筑工艺	以旅游接待为导向的建筑设计,注重融入传统元素
行为规则	自家居住(住、劳、藏)、文化情趣与宗教信仰的寄托;注重修补与更换木板	自家居住、旅游接待与旅游服务;强化建筑的防火措施	自家居住、旅游接待与旅游服务;强化建筑的防火措施

4.4.5　西江苗寨建筑惯例的创新与模式分析

1)西江苗寨建筑惯例的创新因素

回溯对西江苗寨建筑景观与惯例"变异"和选择的基本过程的描述,还缺乏对其影响因素及其相互关系的机制分析。结合 Apiwat R. 关于创新评价因素与马克·萨奇曼多阶段制度创新模型,建筑惯例的影响因素包括建筑问题、建筑主体、建筑要素、建筑环境、建筑效益五大方面:①建筑问题。已有惯例不能解决不断出现的建筑问题,建筑惯例创新围绕建筑问题而进行,解决问题是首要任务。建筑问题可分为3类:一是住房问题。随着人口的增长与经济的改善,在资源有限的情况下,需建设新型建筑以满足住房需求。二是商业化与经济发展问题。随着商业需求的扩张,尤其是外在旅游需求的增长与内在旅游发展动力的增强,提高旅游吸引力与扩大旅游接待能力成为西江苗寨建筑的主要任务。三是建筑的可持续问题。在建筑商业化与现代化背景下,保护传统文化是推动旅游可持续发展的主题。②建筑主体,即具有能动性的建筑主体,主要包括社区居民、政府、企业、旅游者、建筑技术人员等。不同的建筑主体具有不同的建筑惯例、利益、权力与情感,尤其是具有不同的资本、建筑知识、创新意识与创新行为。③建筑要素及供给方式。建筑要素主要包括需求、土地、资金、技术、人力、已有建筑等。其中需求包括自家居住、商业与旅游服务、公共服务等,不同的建筑需求基本上决定了建筑主体对建筑的功能、理念等的认知,以及建筑主体采取的建筑技术与建筑景观形态。除了建筑要素类型,还有比较重要的是建筑要素的供给方式,它包括自给自足(社区内部的土地、资金、人力等的自给自足)、市场供给(各要素与社区外部的交易)、暴力供给(如强制征地)等,这取决于建筑主体间的社会、经济与政治关系。④建筑环境包括旅游地的社会、经济、文化、政治、自然生态等要素与其形成的结构,尤其是旅游吸引力、旅游流、旅游承载力、旅游制度等,激励或约束建筑惯例的创新与发展。西江苗寨建筑"变异"的主要原因是西江苗寨内外部环境的变化,尤其是改革开放与旅游发展以来,西江苗寨处于社会转型期,由农业主导的传统社会向旅游主导的转型社会过渡。⑤建筑效益与风险。它包括建筑的经济、社会、文化、政治、环境等效益与相关的风险。它体现了建筑的价值取向与终极目标,也是不同建筑类型进行竞争与选择的标准。

2) 西江苗寨建筑惯例的创新模式

在建筑环境的激励或约束下,旅游地出现各种建筑问题。围绕建筑问题,建筑主体根据自己掌握的资源与建筑惯例,对建筑要素进行评估,创造新的建筑惯例,以获得一定的建筑效益。各种因素间的相互作用、相互影响,构成各种建筑惯例创新模式。根据创新主体的特点,西江苗寨在旅游发展以来大致有3类建筑创新模式。

（1）社区主导的建筑创新模式

社区的利益诉求主要是改善居民生活质量,其创新特点是具有丰富的地方性资源,如已有的建筑、宅基地、土地、传统建筑惯例等,但较缺乏资金,它主要有3类。①自生的地方资本传统建筑模式。21世纪初,居民资金有限,经营旅游的知识与经验较为贫瘠,但创新意识较强。为了解决旅游接待问题,当地居民对传统民居进行局部的、小规模的改造,以提供住宿、餐饮与购物等服务。这些建筑主要是功能发生了变化,其原真性很高,如"李老师客栈"。②扶持的地方资本传统风格创新模式。2008年政府主导旅游以来,尤其是出台的优惠政策资助农家乐后,出现了一些新型农家乐类型。这些建筑主体或积累了一定的旅游经营经验,或具有特殊的地方文化资本,创新意识较强。农家乐的建筑风格基本保持传统风格,体量较普通民居更大,更多运用现代化材料与工艺,如鼓藏头家与阿浓苗家等。③以居住为主,兼具旅游接待的创新模式。这种创新模式下的建筑主体是地方居民,建筑以居住为主,兼具旅游接待。建筑主体创新意识较弱,旅游经营经验与知识较少,他们的建筑知识主要来源于建筑工匠与对村寨内外建筑的模仿。这些建筑主要为框架结构建筑,严重破坏了原有建筑风貌。

（2）政府主导的建筑创新模式

政府的利益诉求主要是地方发展，其特点是权力大，资源整合能力强。政府主导的建筑创新模式可分为3类。①公共服务建筑模式，如西江中学、西江镇政府等公共服务建筑。为了解决对较大容量建筑的需求问题而引进的新建筑技术与模式。其中，中国民族博物馆西江千户苗寨馆是旅游背景下政府主导合作的产物，传统木匠负责建筑设计，中国民族博物馆负责内部展览内容的设计，具有浓郁的传统苗族建筑风格。②政企合作的仿制风格模式。2008年政府强力主导西江苗寨旅游，成立旅游开发、投资与管理机构，进行规划与征地，外来企业组织专门机构统一设计与经营管理，如游方街、表演场、景区大门等。这个阶段的政府具有较丰富的旅游经营经验、知识，资金雄厚，权力较大，靠征地获得土地，具有较强的创新意识与创新能力，融合地方建筑传统与新的建筑工艺进行模仿创新，以满足旅游服务与接待需求。这些建筑大量运用现代化材料与工艺，建筑单体高大，空间集中，总体风格统一，具有传统元素的仿制风格，但商业化浓郁。③政府规制模式。这指的是正式制度对建筑行为的强制性规范。框架结构建筑严重破坏了村寨建筑风貌，政府制定相关规范要求新建筑保持传统建筑风貌或框架结构外包木板。外包木板建筑虽看起来像传统木结构建筑，但属舞台化，具备真实性。

（3）外企主导的建筑创新模式

外企诉求的是经济利益，其特点是资金雄厚、旅游经营知识与经验丰富、创新意识强，而这正是大部分当地居民所缺乏的。除了与政府合作外，还有两类。①农家乐租房改造模式。2008年后，西江苗寨的旅游商机日益显现，外来投资者不断进入，他们中的一部分将租用的民居改造为农家乐。这些外来投资者大多为"西漂"，懂得如何迎合市场需求。农家乐改造更注重营造浓郁的地方特色与小资情调，尤其是客厅与公共休闲空间建设，会设置沙发、茶几、书柜、花瓶、字画、具有地方或西部元素的工艺品等，因而更受市场欢迎，原真性也较高，如"998客栈"。②农家乐租地新建模式。外来投资者中还有一部分是通过租地来新建农家乐的。地方居民通过出租宅基地或拆旧建新以避免经营风险，并坐享较高地租与红利，而建筑所有权则在规定期限后仍归居民所有。这些建筑遍布村寨的各个角落，体量较高大，大多为框架结构，对传统建筑风貌破坏较大。需要指出的是，为什么前者租房而后者租地？除了后者能获得更高经济效益外，其他原因就是创新意识更强，抗风险能力更强。

4.4.6　西江苗寨建筑惯例的扩散

各种惯例一旦形成，就会在人群中扩散。扩散是建筑惯例进行代际或代内间传播与延续的方式,其中传统建筑惯例以代际间的扩散为传承。根据建筑惯例扩散的主要因素,如行动者的能动性、知识与信息流、学习模式等,大致可分为 3 种扩散机制。

1) 能动者的模仿

能动者的模仿包括直接的指导,即"照我说的做"和社会学习。模仿强调视若当然、共同理解与建构性图式。地方居民在家庭与社区的建筑环境下成长与学习,经耳濡目染与文化熏陶,理解、接受与内化各种建筑惯例。而新的建筑惯例更能适应新的环境,可创造更高的建筑效益,尤其是经济效益。模仿不仅促进了传统建筑惯例的传承,更推动了新的建筑惯例的传播与扩散。

2) 非正式制度的规范作用

地方传统建筑惯例经长期模仿与扩散而逐步演化为约定俗成的非正式制度,规范着地方居民,它强调社会责任与约束性期待。在未能完全转型、原有社会结构与自然环境未完全改变的情况下,这些传统习俗就必然会延续。景区关于成立文化保护基金等措施在一定程度上激励了传统建筑惯例的传承与扩散。与此同时,新型建筑惯例也在类似地逐步向新型建筑习俗演变,也具有一定的非正式规范作用。

3) 正式制度的强制作用

正式制度不仅对建筑惯例的执行提出明确要求,而且还有相关的监督、惩罚及权力机制。国家历史名城名镇名村规范、各级保护规范与村规民约强制要求行动者遵循相关的制度规范。

4.4.7　西江苗寨建筑惯例的选择

建筑惯例选择是一个建筑效益评估与比较的过程,它不仅决定哪些惯例会被创新,也决定哪些惯例将进一步扩散。各种惯例相互竞争,当竞争压力大到使可选择的惯例无法并存时,对于个人持续适应性贡献最小的那些惯例就可能会被淘汰。根据西江苗寨建筑惯例效益评价标准,主要有以下几种选择模式。

1) 文化选择

文化选择是各种协调个体社会交往的惯例、习惯、道德规范与价值形态等所推动的选择,其选择标准是价值观念,强调承诺与身份的作用。习俗构成了博弈行为人的均衡结果,遵循习俗是他们面对其他行为人策略选择的最好回应。这可分为两方面:一是较多居民表示"还是更喜欢木房子,住惯了"。他们延续传统建筑,具有较为强烈的地方依赖情结与身份认同感。即使有一部分居民建了钢筋水泥建筑,但经过比较还是觉得木房更适合居住。二是在市场需求驱动下,逐步激发了文化自觉,一些居民表示"还是木房子好看点"。文化选择有助于传统建筑的传承与延续,是西江苗寨旅游发展前的主要选择模式,但在旅游发展后有所减弱。

2)经济选择

经济选择是基于对成本效用的分析,新的规则只有在成本效用划算的情况下才会被采用,而市场的交换与竞争是其主要机制。一个人在任何特定情形中的行为选择,取决于他如何了解、看待和评价行为的收益与成本及其与结果的联系,这些行为都是为达到自己最大的效益而被实施。传统建筑、现代化建筑与混合型建筑的成本差别不大,但收益却相差极大,因为大体量框架与混合建筑能接待更多的游客,其收益是小体量的木房远远不能比的。例如,2014 年 8 月西江老街约 20 m² 的店面年租金十几万元,普通客房 100~200 元/天,新型建筑一般都有 20 多间客房,一天客房收入就几千元,经营效益好的年收入上百万元,其利润非常诱人。其中,游客导向至关重要,有居民表示"游客喜欢看木房子住砖房";还有居民表示"虽不喜欢住钢筋水泥房子,但可用来赚钱嘛";也有居民表示"有人为了赚钱,把房子建大、建高,拼命抢屋檐墙角,也不顾邻居的感受,以前都是要留足空地给邻居和过路的人,高度也不能挡住后面房子"。显然,经济选择使西江建筑融入旅游生产体系,极大地促进了建筑的商业化、功利化、规模化与现代化。它为地方带来较多经济利益的同时,也导致了严重的创造性破坏,较多旅游者对此感到失望,表示"再也不会来了"。

3)社会选择

社会选择是从建筑的社会效益进行评价的,主要包括两个方面。①居住适宜性。这依赖于建筑的实用、舒适、卫生、耐用等优点。传统建筑具有冬暖夏凉、春季防潮、易维护、寿命长等优点,受到较多居民的喜爱。但木结构建筑内难建厕所与卫生间,隔音差、噪声大。框架结构与混合型建筑则干净、卫生,能克服木结构建筑的不足,尤其是方便建卫生间与厕所,这是广大居民偏爱新型建筑的主要原因。②建筑的社会公平性。例如,一青年认为"政府与开发商已带头建设了游方街的钢筋水泥房子,却不允许老百姓这样建,显然很不公平"。居民对地方政府低价征地高价卖给开发商的行为严重不满。因此不少居民大力拆旧建新,导致建筑异化的进一步深化。可见,公平性是建立在建筑的经济价值基础上,具有较强的实用主义色彩。另外,新式建筑作为一种符号具有时尚化、现代化等特征,是个人身份与地位等方面的体现。总体来看,社会选择促进西江苗寨建筑日益适应社会环境的发展,使建筑更具实用性。

4）政治选择

政治选择是指由已建立的政治结构所形成的约束或便利性所推动的选择,其选择标准是政治利益,其中不同利益主体所具有的权力发挥着重要作用,可分两种情况。①不同旅游利益者之间的斗争或协调是制度结构选择的重要动力,无论是物质利益还是思想观念上的利益。地方政府认为"异化"建筑严重破坏了传统建筑风貌,要求严格按照传统建筑进行建造,但遭到其他行动者尤其是参与旅游的地方居民的反对。正如一居民说:"我们有权利建造我们想要的房子。"这种情况下,政府便会采取折中方案。2008 年黔东南出台了《黔东南苗族侗族自治州民族文化村寨保护条例》;2013 年雷山县颁布了《西江千户苗寨贯彻落实〈黔东南苗族侗族自治州民族文化村寨保护条例〉实施办法(试行)》;西江村委制订了《村规民约》。这些规章制度从材料、高度、层数、外观等方面规范着西江苗寨的建筑惯例,如"第一层砖混结构,第二、三层全木质结构,第一层砖混结构部分的外观应当采用木质或仿木质包装"。②特定的制度安排限制行动者能做什么、不能做什么,它是在强制甚至暴力作用下进行的。西江苗寨相关的建筑规范一旦被制定,就会要求各个行动者执行,一些违规建筑因此会被强制拆除。但由于制度执行不严、监管不力、惩罚不足、违规成本低,各种保护制度并没有发挥自己的作用。在这种情形下,遵从相关制度可获得较少的利益,不遵从相关制度则可获得较高的利益,因此大多数人都选择不遵从。同时,各种选择行为不是一次性的,而是多人重复博弈,并进一步采取各种适应性行为。总体上,政治选择使西江苗寨建筑逐步采取折衷主义,重构地方建筑景观。

5）环境选择

环境选择是自然环境的约束所推动的选择,其标准是建筑对自然环境的适应性。西江苗寨地处黔东南山区,传统吊脚就是适应自然环境的人类建筑杰作。在建筑需求推动下,新建筑日益高层化与大体量化,木结构较难在斜坡上支撑三层以上建筑,因此较多居民选择了框架结构。同时,火灾是木结构建筑的头号威胁,因为木结构建筑耐火防火性能差,一旦发生火灾居民的家产就毁于一旦,甚至危及全村寨的安全。1982 年的火灾就烧毁了村寨的三分之一。如何避免火灾等风险,一直是建筑面临的问题,而一旦发现更好的耐火材料与技术,居民便毫不犹豫地选择它们。因此,自然选择使西江建筑景观更具环境适应性。

4.4.8　结语

本节以演化理论为基础,以惯例为基因,以西江苗寨为例,从经验层、实际层与真实层 3 个分析层次,以创新、扩散与选择为机制,分析了旅游地建筑景观的变迁过程与机制,为旅游地的建筑景观与社会文化变迁研究提供了一个新思路。

首先,把作为客观的建筑景观与作为主观的建筑惯例统一起来,二者都被视为旅游研究的对象,虽与建筑的物质与非物质文化二分法类似,但分析思路却不太相同。其中,建筑景观作为建筑的外在表现,反映建筑的造型、材质、色调、尺度比例、装饰、外观风格等,这沿用了国内著名建筑学者李先逵对苗族建筑文化的分析框架。建筑惯例被视为建筑的内在基因,包括建筑的认知规则、制作规则与行为规则,这种将建筑思想与非物质要素作为建筑基因的分析视角,与国内著名学者刘沛林等将聚落景观基因视为物质要素有显著差异。

其次,通过分层与转换,从建筑景观逐步转向建筑惯例和对建筑惯例创新、扩散与选择的机制分析上。其中,建筑惯例创新是建筑景观变迁的核心问题。与以往大多分析建筑商品化的过程不同,本节从创新视角分析了建筑惯例创新的因素、相互关系和主要模式。建筑惯例创新是在环境的激励或约束下,建筑主体围绕建筑问题,对建筑要素与建筑效益进行评估与比较,创造新的建筑惯例,并获得一定建筑效益的过程。改革开放与旅游发展推动地方旅游发展、住房改善与可持续发展等。尤其是社区、政府、外企等建筑主体具有不同的资本、知识、创新意识,由此构成了相应的创新模式,形成新的建筑惯例。要指出的是,与农家乐租房改造模式相比,农家乐租地新建模式除了能获得更高经济效益外,更重要的原因就是其创新意识更强,抗风险能力更强,这一点与陈丽坤只强调经济效益的分析有所不同。各种建筑惯例通过模仿、规范与强制等方式进行代内与代际的扩散,这是变迁的重要机制,但也是以往研究容易忽略的地方,今后还要加强研究。建筑创新与扩散决定了选择机制,它贯穿建筑效益评估与比较的过程,是建筑景观变迁的关键。与已有研究侧重于文化、经济或政治选择不同,本节采取了综合的方法,新增了社会与环境的选择标准,使建筑选择依据文化、经济、社会、政治与环境五大标准。这些标准选择创新与扩散的内在动力,并形成正反馈过程与路径依赖过程,进一步推动建筑景观的变迁。文化选择标准有助于建筑传统的传承与延续;经济选择使西江建筑融入旅游生产体系,极大地促进了建筑的商业化、功利化、规模化与现代化;社会选择促进西江苗寨建筑日益适应社会环境的发展,强调建筑的实用性、社会价值与社会象征性;政治选择使西江苗寨建筑逐步采取折衷主义,重构地方建筑景观;自然选择使西江建筑景观更具环境适应性。其中,经济选择与社会选择居于主导地位,其他选择处于从属地位,它们共同推动西江苗寨建筑景观的变迁(图4.2)。

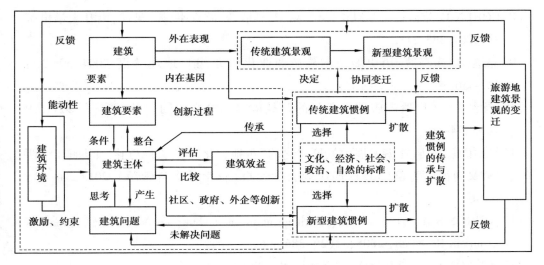

图 4.2　旅游地建筑景观变迁机制图

　　总之,从演化视角来看,旅游地建筑景观变迁是一个建筑惯例创新、扩散以及选择的过程,也是一个行动者与旅游地系统互动的过程,交织着社区、政府、企业、旅游者等多重利益,是资本、权力、情感、体验等共同作用的结果。

参考文献

[1] 阮仪三,肖建莉.寻求遗产保护和旅游发展的“双赢”之路[J].城市规划,2003,
　　27(6):86-90.

[2] 李欣华,吴建国.旅游城镇化背景下的民族村寨文化保护与传承:贵州郎德模式
　　的成功实践[J].广西民族研究,2010,102(4):193-199.

[3] 保继刚,林敏慧.历史村镇的旅游商业化控制研究[J].地理学报,2014,69(2):
　　268-277.

[4] 李娜,张捷.基于居民感知的旅游地民居建筑景观变化研究:以九寨沟藏寨建筑
　　景观特色变化为例[J].南京师大学报(自然科学版),2009,32(3):132-137.

[5] 孙九霞,张倩.旅游对傣族物质文化变迁及其资本化的影响:以傣楼景观为例
　　[J].广西民族大学学报(哲学社会科学版),2011,33(3):7-13.

[6] WALL G,MATHIESON A.旅游:变化、影响与机遇[M].北京:高等教育出版社,
　　2007:173-204.

[7] URRY J.游客凝视[M].桂林:广西师范大学出版社,2009:5-22.

[8]COHEN E.旅游社会学纵论[M].巫宁,马聪玲,陈立平,译.天津:南开大学出版社,2007:183-243.

[9]保继刚,苏晓波.历史城镇的旅游商业化研究[J].地理学报,2004,59(3):427-436.

[10]徐红罡.文化遗产旅游商业化的路径依赖理论模型[J].旅游科学,2005,19(3):74-78.

[11]孙九霞,马涛.旅游发展中族群文化的"再地方化"与"去地方化":以丽江纳西族义尚社区为例[J].广西民族大学学报(哲学社会科学版),2012,34(4):60-67.

[12]CHRONIS A. Coconstructing heritage at the gettysburg storyscape[J]. Annals of Tourism Research, 2005,32(2):386-406.

[13]GIBSON C, DAVIDSON D. Tamworth, Australia's 'country music capital': place marketing, rurality, and resident reactions[J]. Journal of Rural Studies,2004,20(4):387-404.

[14]肖佑兴.国外旅游地社会文化变迁研究述评[J].人文地理,2011,26(6):19-23.

[15]周尚意,吴莉萍,苑伟超.景观表征权力与地方文化演替的关系:以北京前门—大栅栏商业区景观改造为例[J].人文地理,2010,25(5):1-5.

[16]陈丽坤.城镇化进程下民族旅游社区景观商品化研究:以西双版纳近郊傣楼景观为例[J].旅游学刊,2015,30(11):51-62.

[17]周霄,雷汝林.旅游文化变异机制的人类学透视[J].鄂州大学学报,2004,11(1):90-92.

[18]唐雪琼,钱俊希,陈岚雪.旅游影响下少数民族节日的文化适应与重构:基于哈尼族长街宴演变的分析[J].地理研究,2011,30(5):835-844.

[19]姜辽,苏勤,杜宗斌.21世纪以来旅游社会文化影响研究的回顾与反思[J].旅游学刊,2013,28(12):24-33.

[20]张文和,罗章.文化 建筑文化 传统建筑文化[J].重庆建筑大学学报(社会科学版),2000(4):12-14.

[21]库尔特·多普菲.演化经济学:纲领与范围[M].贾根良,刘辉锋,崔学铎,译.北京:高等教育出版社,2004:45-92.

[22]杨虎涛.演化经济学讲义:方法论与思想史[M].北京:科学出版社,2011:22-37.

[23]李强.新农民:民族村寨旅游对农民的影响研究:以云南曼听村与贵州西江为例[D].兰州:兰州大学,2012.

[24]李先逵.苗族民居建筑文化特质刍议[J].贵州民族研究,1992,51(3):59-67.

[25]W.理查德·斯科特.制度与组织:思想观念与物质利益[M].姚伟,王黎芳,译.北京:中国人民大学出版社,2010:56-144.

[26]杰弗里·M.霍奇逊.制度经济学的演化:美国制度主义中的能动性、结构与达尔文主义[M].杨虎涛,王爱君,黄载曦,等译.北京:北京大学出版社,2012:104-105.

[27]汤姆·R.伯恩斯.结构主义的视野:经济与社会的变迁[M].周长城,等译.北京:社会科学文献出版社,2004:249-263.

[28]黄凯南.现代演化经济学基础理论研究[M].杭州:浙江大学出版社,2010:80-87.

[29]杰克·奈特.制度与社会冲突[M].周伟林,译.上海:上海人民出版社,2009:92-101.

[30]彭建,王剑.旅游研究中的三种社会心理学视角之比较[J].旅游科学,2012,26(2):1-9.

[31]刘沛林,刘春腊,邓运员,等.中国传统聚落景观区划及景观基因识别要素研究[J].地理学报,2010,65(12):1496-1506.

第5章
旅游影响调适对策研究

5.1　旅游影响调适系统研究

　　旅游发展对目的地产生着各种影响,旅游影响研究已成为旅游研究的重要内容,如何调适旅游影响对目的地而言非常重要。本节从系统论的角度探讨了旅游影响调适问题,分析了旅游影响的形成机制,认为旅游影响是旅游影响动力因子模块、旅游影响应力因子模块、旅游影响规范因子模块在旅游影响场的作用下形成的。在此基础上,本节探讨了旅游影响调适机理和调适流程,指出旅游影响调适是旅游调适主体通过旅游制度创新系统对旅游利益相关者发生作用而进行的。根据调适机理和调适流程,本节建立了一个旅游影响调适库,认为旅游影响调适的减量、扩容、治理和适应 4 个分目标是通过旅游制度创新系统与其派生措施来实现的。本节为各种类型的旅游影响调适提供了一个分析基础和框架,其关键是旅游影响调适目标的确立、旅游制度创新系统及派生措施的构建。不同类型的旅游目的地系统发展的基础条件各异,其旅游影响的调适就需要对各种类型的旅游目的地、影响机制及状态进行分析。

5.1.1　引言

　　旅游发展会对旅游目的地产生各种影响,关系到目的地的可持续发展。如何调适旅游影响,发挥旅游积极影响,消除或减少旅游消极影响,已成为旅游研究的重要内容。关于旅游影响调适研究的文献浩如烟海,国内学者很早就注意到了旅游影响与应对措施,但大部分是在实证研究的基础上针对具体的旅游目的地提出调适措施和对策。部分学者提出了旅游影响调适的理论,这些研究主要集中于旅游社会影响和环境影响。在旅游社会文化影响调适方面,刘振礼等提出了解决消极社会影响的措施;马波首次提出了文化调适的概念,认为旅游地获得可持续发展需两个方面的文化调适以解决旅游文化的消极影响;刘赵平提出了旅游社会文化影响的研究框架,重视在旅游影响形成前的融入社会文化目标的旅游规划。旅游环境影响调适方面,学者们主要是从旅游环境容量和超载着手提出解决旅游环境影响的措施;也有学者从建筑和视觉的角度研究旅游环境调适问题,如王群等对国外旅游水环境影响的水环境一体化管理技术进行了综述。在旅游经济影响调适方面,学者们从促进旅游经济发展的角度提供了一些思路。在有关旅游综合影响的调适方面,范业正等强调利益协调的重要性;吴成基等从空间层次角度提出旅游区的三重环境系统与优化模式;文军等对景区负面影响提出了供给与需求两方面的调节技术;陈东田等强调旅游规划在减少旅游影响中的作用;谭林等从系统的角度提出了对旅游业的控制。总的来讲,这些旅游影响调适研究的文献实证研究多,理论研究少,旅游单项影响研究多,旅游综合影响研究少,研究缺乏系统性,未能从旅游影响动力系统来看待旅游影响的产生和形成,未能从旅游影响形成机制和调适机理角度系统看待旅游影响调适问题。因此,本节试图从系统论的角度分析旅游影响的动力因子和形成机制,探讨旅游影响调适机理,在此基础上建立旅游影响调适库,初步构建旅游综合影响调适的理论分析框架。

5.1.2 旅游影响的形成机制分析

1)旅游影响因子

对旅游产生影响的因子很多,根据影响因子在旅游形成中的作用不同,可分为3大模块。①旅游影响动力因子模块,即旅游目的地之外的旅游流系统。它是引起旅游目的地产生变化的动力,旅游流系统构成了旅游影响动力因子模块,旅游流系统主要包括旅游客流、旅游信息流、旅游货币流、旅游物流、旅游能流5个因子。②旅游影响应力因子模块,即旅游目的地系统旅游流系统作为旅游影响的动力,需要旅游目的地的各个因子在各个场的作用下才能发生响应,对旅游目的地产生各种影响。旅游影响应力因子模块包括目的地系统各要素和目的地系统之外各要素对旅游动力系统的响应。③旅游影响规范因子模块,即旅游制度系统,包括各种旅游制度与制定制度的主体等。

2)旅游影响场

旅游影响场是旅游空间内各种旅游流在一定的作用下流通而形成的时空分配状态,它是一个时空分布的非均衡结构。在旅游影响的形成过程中,存在4种形式的旅游影响场,它们分别为经济场、信息场、引力场和生态场。在经济场中,经济主体是在有限理性和约束条件下依据成本效用分析和福利最大化原则进行行为选择的,因此经济流一般是从低效用向高效用的方向流动。由于经济场的作用,经济流导致了社会交换、乘数效应、外部效应、空间集聚、产业集群、产业结构变动、经济发展、就业机会增加、通货膨胀等一系列现象。

信息场是信息的集合。信息场的作用机制是通过信息流通减少或消除信息源与信息接收者之间所蕴含的信息差异。旅游过程是一个通过信息流通来减少或消除信息差异的过程。在旅游活动的文化传播过程中,存在两个信息源和两个信息接收者,旅游者从旅游目的地获取各种文化信息,同时,当地居民也可从旅游者身上获得各种文化信息。因此信息的流通是双向的。总的来说,代表先进文化的信息源所蕴含的信息量较大,代表落后文化的信息源所蕴含的信息量较小,总的流通方向是从信息量大的信息源流向信息量小的信息源。而信息接收者在接收信息之后,是否要以各种形式让它再现,取决于再现的成本和效用。

引力场是物质世界在引力作用下的空间存在状态,引力作用是自然界一种基本的相互作用。本节主要探讨的是地球和地球表面一切事物之间存在的引力作用。例如,地球对地表事物的引力对自然环境的演化产生重要作用;人、汽车、建筑、植被等对土壤的压力,从而影响土壤结构,并进一步对生态系统产生影响;人与人、人与各种事物之间还存在一种空间心理作用,从而产生一种心理现象——"拥挤"。

生态场是生命系统与生存环境相互作用而存在的一种状态。通过物质和能量的物理生化与生态链作用,生态场使物质流动和能量流动与循环影响生态系统的发展。生态链中的某个环节,或物质流动和能量循环中的某个环节发生了变化,就会使整个生态系统发生变化,从而对旅游目的地系统产生影响。以上几种场通常是共同作用以产生影响的。

3）旅游影响形成机制

在旅游流动力和目的地本身应力的共同作用下,目的地系统进行自组织作用,不断发生演化,是一个从稳定到失稳再到稳定的过程。在这个过程中,旅游制度系统对旅游流的规模、特征以及目的地的响应发挥规范作用,这种规范主要是通过旅游制度调节旅游动力因子模块中的旅游者与旅游应力因子模块中的当地居民、旅游企业、地方政府,以及其他外来人口和企业发生作用。这三大因子模块在经济场、信息场、引力场和生态场 4 种旅游影响场的作用下相互影响、相互作用,从而形成旅游影响(图 5.1)。

5.1.3　旅游影响调适的机理

从区域层面来看,旅游目的地系统是一个自组织和他组织相结合的系统。自组织和他组织的作用力来自旅游制度系统。制度是与具体行为集有关的规范体系,它是由非正式的约束、正式规则和这两者的实施特征组成的,具体包括政策、法律法规、政治规则、意识形态、价值观、道德规范、风俗习惯、经济规则、契约等。多种形式的制度构成了一个系统,称为制度系统。

旅游制度系统是与旅游活动有关的行为规范系统,它的规范作用不是直接对旅

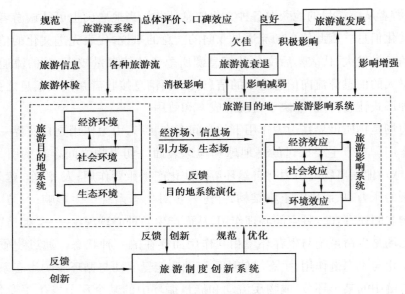

图 5.1　旅游影响形成机制示意

游动力因子和应力因子模块发生作用的。旅游制度系统及其派生措施可降低不确定性、降低交易成本、消除外部性、促进社会效率,通过界定旅游利益相关者权利边界和行为空间,支配旅游利益相关者的行为,规范他们行为方式的选择,为行为绩效提供激励,改变旅游影响"场"中各个因子的数量、规模、强度和方向,影响旅游流的作用和旅游目的地的响应程度。进而对整个目的地旅游影响系统产生影响,使系统在新内外力的作用下打破过去的混沌状态和无序局面,进入动态有序的开放运行状态中,促进积极影响产生,抑制或消除消极影响,不断优化旅游目的地系统,达到旅游影响调适的目标。这要求旅游制度系统必须保持开放来降低系统熵值,防止内部的低水平自我复制,从外部吸收能促进增长和进化的动力,实现制度创新。

　　在三大旅游影响因子模块中,旅游影响动力因子模块中的旅游利益相关者是旅游者,旅游影响应力因子模块中旅游利益相关者包括旅游企业、当地居民、地方政府、旅游投资商、本地相关企业、外地相关企业和个人等,旅游影响规范因子模块中旅游利益相关者是旅游利益相关者的各种组织,包括国家与各种机构、政党组织、地方政府、行业协会、地方团体、宣传媒体、科研院校、社区等,是制定旅游制度规范系统的主体。

　　旅游调适是指在确立旅游调适目标的前提下,旅游调适主体通过旅游制度创新系统及其派生措施对旅游调适客体(即旅游利益相关者)产生作用,影响旅游调适客

162

体的行为规范和行为决策,进而影响旅游影响系统和旅游目的地的演化,最终实现旅游调适的目标(图 5.2)。

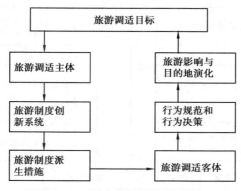

图 5.2 旅游影响调适机理图

5.1.4 旅游影响调适的流程

旅游影响调适的流程包括分析旅游目的地环境;确定旅游承载力和可接受的环境变化;分析旅游影响的形成机制;建立旅游影响调适模型;建立旅游影响调适库;采集旅游影响信息,旅游影响检测和评价;选择旅游影响调适措施,调适旅游相关利益者行为(图 5.3)。

1)分析旅游目的地环境

分析旅游目的地环境是旅游发展和旅游影响形成的基础,也是确定旅游承载力和可接受的环境变化的前提。

2)确定旅游承载力和可接受的环境变化

旅游承载力和可接受的环境变化是旅游影响的极限,超过了这个极限就可能导致目的地系统紊乱甚至崩溃。

3)分析旅游影响的形成机制

旅游影响机制是理解旅游影响调适机理的前提。上文提供了一个旅游影响形成机制框架,但不同旅游目的地的旅游影响形成的主导因素可能存在差异,各种因子间的关联和作用也有不同,因此需要研究不同类型的目的地旅游影响的形成机制,为各种类型的旅游目的地影响调适提供基础分析。

4)建立旅游影响调适模型

旅游影响是在各种影响因子的相互作用、相互影响下形成的,各个影响因子的数量、大小、强度和方向对旅游影响状态会有很大影响,而且它们之间是非线性的关

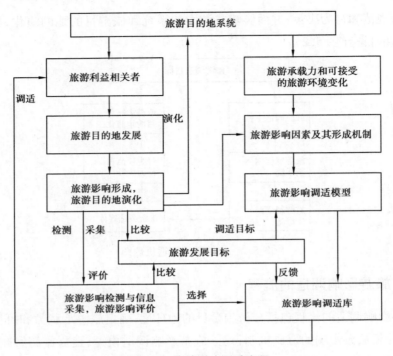

图 5.3　旅游影响调适流程

系,共同组成非线性系统,因此可能需要建立偏微分方程来构造调适模型。

5)建立旅游影响调适库

在前面工作的基础上,建立旅游影响调适措施库,可以针对不同类型的旅游影响选择适宜的调适措施。

6)采集旅游影响信息,旅游影响检测和评价

旅游影响调适的重要前提是采集旅游影响信息,对旅游影响进行检测和评价,判断旅游影响和旅游发展是否与旅游发展目标相符合,并通过旅游影响信息的正负面反馈来采取措施对旅游影响进行调适。

7)选择旅游影响调适措施,调适旅游相关利益者行为

根据旅游影响信息和旅游影响形成机制选择适宜的旅游影响调适措施,调适旅游相关利益者行为,通过他们的行为来影响旅游影响,从而达到旅游调适的目的和目标。

5.1.5　旅游影响调适库

旅游影响调适库由调适总目标、调适分目标、旅游利益相关者组织(调适主体)、

旅游制度系统及其派生措施、旅游利益相关者(调适客体)及其行为选择与决策组成(表 5.1)。不同旅游目的地的旅游影响和形成机制不同,其调适的目标和措施也存在差异。

表 5.1 旅游影响调适库一览表

调适总目标	旅游目的地的可持续发展,旅游目的地社会、经济、环境综合效益最大化
调适分目标	减量、增容、治理、适应
旅游利益相关者组织 (调适主体)	国家机构、政党组织、地方政府、行业协会、地方团体、教育机构与宣传媒体、科研院校、旅游企业和社区等
旅游制度系统	政策、法律法规、政治规则、意识形态、价值观、道德规范、风俗习惯、经济规则、契约等
旅游制度系统派生措施	经济、行政、技术、宣传与教育措施等
旅游利益相关者 (调适客体)	旅游者、旅游投资商、旅游企业、旅游媒体、地方政府、当地居民以及其他相关企业和个人等
旅游利益相关者的 行为选择与决策	空间行为、文化行为、经济行为、心理行为等

旅游影响是动力因子模块和应力因子模块在规范因子模块的作用下产生和形成的。因此,旅游影响导致目的地系统紊乱或崩溃,一方面是因为作为旅游影响动力因子的旅游流系统带给目的地的压力超过了目的地旅游容量;另一方面,作为旅游影响应力因子的旅游目的地系统对旅游影响动力因子的响应方式不规范。因此旅游影响的调适一是减量,调节旅游流量,减少对目的地的压力;二是扩容,扩大旅游目的地容量,进而承载更大的压力;三是治理,对于旅游失范行为进行治理;四是对于不能治理或者难以治理的旅游影响,应适应这些旅游影响。本节提出旅游影响调适的 4 个分目标,可归结为"减量、扩容、治理、适应"8 个字,通过不同的旅游制度创新系统及其派生措施可以实现。

1)旅游影响调适的分目标

(1)减量

减量是限制旅游流的规模,旅游者规模过大是引起负面影响的重要因素。当旅游规模过大,旅游容量受限时,就要充分考虑限制旅游流规模。旅游消费是由供求双方决定的,在旅游信息不对称的情况下,旅游地目的地的旅游消费主要靠旅游企业和政府的引导,它们通过经济方面的制度创新及其派生措施推动旅游消费。旅游企业主要遵守经济制度,而政府在宏观经济政策、信息系统建设、余暇制度等方面发挥重要作用。

（2）扩容

旅游流规模过大和旅游容量受限除了限制旅游流规模,还有一个重要措施就是扩容。扩容即扩大旅游容量,包括扩大旅游目的地经济、社会、文化、资源和生态环境的容量。经济规则和政策执行可提升旅游产业供给能力,推动目的地社会文化发展,从而扩大目的地社会文化容量;法律法规有助于保护旅游目的地的资源、文化和环境,扩大社会、文化、资源和生态容量;社会意识形态、价值观、道德规范、风俗习惯激励和约束居民的生活行为、经济行为、文化行为,扩展旅游社会、经济、文化、资源和生态容量。

（3）治理

治理是对旅游者、旅游投资商、旅游企业、旅游媒体、地方政府、当地居民,以及其他相关企业和个人等各种旅游利益相关者的行为进行规范。经济规则与契约改变经济主体的成本与效用函数,激励和约束经济行为,规范旅游市场和优化旅游产业;法律法规通过规定人们的权利和义务调节人的行为或社会关系,进而协调旅游利益相关者之间与旅游利益相关者和自然界之间的关系;政策与政治规则是政府和政党通过解决旅游利益的分配问题,协调旅游利益相关者之间的关系;意识形态、价值观、道德规范、风俗习惯指导着民众的思想准则和行为规范,使旅游利益相关者的言行尽可能符合社会价值目标。

（4）适应

适应指的是对不可调适或难以调试的旅游影响应积极适应,通过顺应、了解旅游影响,再进行选择、抗争、追求,使其影响降到最低。经济规则与契约使旅游产业适应不断演化的旅游经济环境;法律法规保护旅游资源和文化不受破坏;各种旅游政策使目的地适应旅游影响的演化;意识形态、价值观、道德规范、风俗习惯使旅游思想准则和行为规范适应不断演化的目的地发展环境。

2）旅游制度创新系统及其派生措施

（1）经济规则与契约及其派生措施

经济规则与契约包括价格机制、竞争机制、供求原理、产权清晰、交易成本最小化、供求原理、集聚效应、规模效应、乘数效应与加速器原理、产业结构协调、资源优化配置等。

经济规则与契约的派生措施包括调节旅游价格和汇率;排队技术管理和制订预定系统;完善旅游信息体系;采取合理的旅游发展战略、定位与营销方式;扩大旅游供给,建立旅游竞争优势;鼓励旅游投资、构建旅游产业集群、旅游企业规模化和集团化、旅游企业柔性化、旅游要素的优化配置、产业结构协调和优化、延伸旅游产业链和价值链、强化区域合作和企业合作;建设旅游循环经济和清洁生产;风险评价、规避风险、控制经济漏损;明晰旅游产品产权和旅游资源产权、订立旅游契约与设计旅游合同、收取旅游排污费和资源税、实行排污权交易、对使用者收费。

(2)法律法规及其派生措施

法律法规包括各种资源、环境和文化的保护性法律法规,如旅游法等。

法律法规的派生措施包括加强生态环境保护和建设,如封山育林、植树造林种草、防止生态环境逆向演替;加强自然资源和历史文化的保护,如建立各类保护区、就地保护与异地保护、建立生态博物馆和民俗博物馆;限制对旅游资源和生态环境的破坏和过度利用,如实施生态旅游、转换能源结构、尽量使用清洁型能源、废物回收与处理、防止过度使用土地、限制排污量、设立隔离带、对车辆以及土地利用进行空间管制、旅游区短期封闭、控制当地居民和外来流动人口规模、严格旅游项目管理、制定生态工程防护性措施。

(3)政策与政治规则及其派生措施

政策与政治规则包括制定旅游规划制度;建立旅游规划技术规范体系;完善国家余暇制度;完善休闲和旅游制度、旅游扶贫制度、旅游影响评价制度、旅游预警预报制度;调查产业结构、文化结构;进行生物规划与生态规划;制定优惠的财政与金融政策,吸引外资;扶持和发展旅游产业;引进人才、技术等。

政策与政治规则的派生措施包括科学合理地旅游规划或重规划、实行生态型旅游;调整黄金周制度、建立带薪休假制度;扶持和发展旅游产业,如旅游扶贫、转移支付、降低旅游税率、优化社区参与机制、旅游产业适宜定位、旅游产业结构合理化与高度化、延伸旅游产业链和价值链、建设基础设施和旅游设施、开发与培训旅游人才、寻求旅游区域合作;文化适应与文化整合、促进文化宣传与交流、传统文化开发与文化产业发展、建设社会主义新型现代文化;进行自然和文化生态补偿;旅游危机信息采集与管理系统建设、旅游影响检测与评价、旅游影响调适系统建设;改良动植物品种和基因、选择适宜环境的动植物类型与数量。

(4)意识形态与价值观及其派生措施

意识形态与价值观包括可持续发展观、科学发展观、人本主义精神、生态伦理、生态环境意识、商业伦理、生态消费、绿色消费、生态环境意识、"天人合一"理念、和谐社会、和谐旅游。

意识形态与价值观的派生措施包括宣传、教育与讲解;激励旅游制度创新和旅游技术创新;科学合理地进行旅游规划;建立高素质的旅游从业队伍;旅游利益相关者自爱与自律、建立旅游文明行为规范;建立社会主义新风尚(包括建立诚信、公平、公正、负有责任的社会);建设资源节约型旅游社会、建设环境友好型旅游社会;文化交流、文化整合。

(5)道德规范与风俗习惯及其派生措施

道德规范与风俗习惯包括生态道德、乡规民约、传统习俗、社会主义核心价值观、社会舆论。

道德规范与风俗习惯的派生措施包括宣传、教育与讲解;旅游利益相关者自爱与自律;建立旅游文明行为规范;转变居民对旅游的态度;建立社会主义新风尚。

5.1.6　结语

通过对旅游影响形成机制和旅游影响调适机理的分析,本节初步构建了一个旅游影响调适的框架,建立了一个旅游影响调适措施库,认为旅游影响调适的 4 个分目标是通过旅游制度创新系统及其派生措施对旅游利益相关者主体行为进行规范来实现的,这为各种类型的旅游影响调适提供了一个分析基础和框架,其关键是旅游影响调适目标的确立和旅游制度创新系统及其派生措施的构建。本节提供的是定性分析,至于要采取何种调适措施需要涉及旅游调适模型的构建,由于影响因子相互关系的复杂性,要构建此类模型难度较大。同时,不同类型的旅游目的地系统发展基础条件各异,旅游影响形成机制和旅游影响状态也存在差异。因此,旅游影响调适的分目标和旅游制度创新系统的构建也会有所不同,这就需要对各种类型的旅游目的地、影响机制及状态进行分析,从而在旅游发展实践上具有更强的针对性。

参 考 文 献

[1]刘振礼.旅游对接待地的社会影响及对策[J].旅游学刊,1992,7(3):52-55,51,56.

[2]郑向敏.旅游对风情民俗资源的消极影响及对策研究[J].旅游学刊,1996(3):44-47.

[3]吴必虎,余青.中国民族文化旅游开发研究综述[J].民族研究,2000(4):85-94,110.

[4]张波.旅游对接待地社会文化的消极影响[J].云南师范大学学报(哲学社会科学版),2004,36(2):125-130.

[5]唐凡茗.旅游开发对民俗文化影响的预测与调控[J].桂林旅游高等专科学校学报,2004,15(3):54-57.

[6]刘赵平.旅游对目的地社会文化影响研究结构框架[J].桂林旅游高等专科校学报,1999,10(1):29-34,56.

[7]黄成林.黄山旅游旺季游客超载调控措施研究[J].经济地理,1992(3):85-89.

[8]崔凤军,杨永镇.泰山旅游环境承载力及其时空分异特征与利用强度研究[J].地理研究,1997(4):47-55.

[9]保继刚,楚义芳.旅游地理学[M].北京:高等教育出版社,1999:161-162.

[10]王虎,翁钢民.旅游环境容量超载的经济学分析[J].地理与地理信息科学,2003,19(2):110-112.

[11]卢松,陆林,徐茗,等.古村落旅游地旅游环境容量初探:以世界文化遗产西递古村落为例[J].地理研究,2005,24(4):581-590.

[12]冯学钢,包浩生.旅游活动对风景区地被植物:土壤环境影响的初步研究[J].自然资源学报,1999,14(1):75-78.

[13]孙静,苏勤.古村落旅游开发的视觉影响与管理:以西递—宏村为例[J].人文地理,2004,19(4):37-40.

[14]全华.旅游建筑水环境后效与调控模型[J].地理科学,2003,23(2):251-254.

[15]王群,章锦河,丁祖荣,等.国外旅游水环境影响研究进展[J].地理科学进展,2005,24(1):127-136.

[16]王凯,谭华云.凤凰城旅游景区转让后的效应评价[J].中国人口·资源与环境,2005,15(4):37-42.

[17]陆林.旅游区域经济效应:安徽黄山市案例研究[J].南京大学学报(哲学、人文、社会科学版),1997(2):53-59.

[18]郭伟,方淑芬.旅游地复合系统开发运行协调机制研究[J].中国软科学,2003(7):151-156.

[19]吴成基,彭永翔,孟彩平,等.旅游区三重旅游环境系统及其优化调控:以西安为例[J].旅游学刊,2001,16(4):52-56.

[20]文军,唐代剑,李星群.旅游对景区负面影响的管理技术研究[J].商业经济与管理,2003,138(4):57-60.

[21]陈东田,吴人韦.旅游度假地开发影响评价研究[J].中国园林,2002,18(6):71-74.

[22]卞显红,王苏洁.城市旅游空间规划布局及其生态环境优化与调控研究[J].人文地理,2003,18(5):75-79.

[23]谭林,李光金.论旅游业控制系统[J].财经科学,2001(4):114-116.

[24]李文兵.旅游控制论:以"黄金周"旅游系统为例[J].西北师范大学学报(自然科学版),2003,39(3):77-80.

[25]张凯.信息场性能分析[J].情报杂志,2003(2):19-20,23.

[26]埃瑞克·G.菲吕博顿,鲁道夫·瑞切特.新制度经济学[M].孙经纬,译.上海:上海财经大学出版社,1998:2-3.

5.2 旅游地社会问题及对策

　　旅游发展是旅游地社会转型的重要动力,但也带来了各种社会问题。本节从社会学理论出发,界定了旅游地社会问题的概念与类型,分析了旅游地社会问题的成因,提出了解决问题的对策。旅游地的社会问题是妨碍旅游地运行与发展的、影响旅游利益主体正常生活的、引起大众普遍关注的一种社会失调现象。其主要成因是旅游流动速度加快,人口结构、经济结构、制度结构与社会结构转型与分化。其主要对策是标本兼治,确立两类旅游地社会创新模式;基于系统思维,推动旅游地社会创新的科学建构,加强旅游制度建设,推动旅游地有序转型;加强社会建设,构建多种旅游地治理模式。

　　旅游发展推动着旅游地社会转型,促进了旅游地的经济发展与社会进步,也伴随各种各样的社会矛盾与社会问题,如文化商业化、社会不公、利益分化、环境恶化等。近年来,这些社会问题日益凸显,社会矛盾日益激化,甚至发生了多起群体性事件,如"宰客门""涨价门""罢市门""罢游门""讨薪门""滞留门"等,这使旅游地的社会问题出现了一些新的特点。当前中央高度重视加强和创新社会管理,解决旅游地的各种社会问题,应成为旅游可持续发展的重要内容。目前旅游地社会问题的研究主要集中于旅游影响研究与单个的社会问题研究,而对旅游地社会问题的综合性、系统性研究较少,国内只有周国兵对旅游地社会问题及成因进行了初步讨论。从学科研究视角来看,基于地理学、人类学视角的研究比较多,基于社会学视角的研究较少。因此,本节试图从社会学的视角,系统探讨旅游地社会转型与社会问题的内在规律,以推动旅游地加强与创新社会管理,促进旅游地的文化保护、民生改善、社会和谐稳定。

5.2.1　旅游地社会问题的概念

关于社会问题的概念,国内外有不少讨论。例如,美国社会学家乔恩谢波德和哈文沃斯认为,社会问题是指一个社会的大部分成员和这个社会一部分有影响的成员认为不理想不可取因而需要社会给予关注,并设法加以改变的那些社会情况。为大多数人确认是决定某一社会情况为社会问题的主要依据。郑杭生认为,社会问题是妨碍相当一部分社会成员的正常生活直至影响整个社会的有序发展,从而引起人们广泛关注并需要动用社会力量加以解决的社会现象。朱力认为社会问题是影响社会成员健康生活,妨碍社会协调发展,引起大众普遍关注的一种社会失调现象。

根据上述社会问题的定义,旅游地的社会问题应从 3 个方面去界定:①是否妨碍旅游业的正常运行;②是否破坏旅游利益群体中多数人的利益;③是否符合社会的核心价值标准。因此,旅游地的社会问题可界定为妨碍旅游地运行与发展的、影响旅游利益主体正常生活的、引起大众普遍关注的一种社会失调现象。旅游地社会问题与旅游负面影响的含义较为接近,容易混淆,需要加以区分。首先,很多旅游地的社会问题是旅游发展引起的,旅游对旅游地的负面影响是旅游地社会问题的主要根源。其次,某些旅游地的社会问题是在地方发展过程中产生的,即使不发展旅游业也可能会产生这些问题,旅游发展只是对社会问题的范围与程度有某些影响,如行为越轨、犯罪等。然后,旅游地某些社会问题不是因旅游发展而产生,但会对旅游发展产生负面影响,如自然灾害。最后,上述几个方面的交织与互动引起旅游地的社会问题。由此可以看出,很多情况下,难以确定旅游地社会问题是否由旅游发展引起,旅游负面影响研究也就大打折扣,因此从旅游地整体角度研究其存在的问题可能更为合理。

5.2.2　旅游地社会问题的类型

旅游地的社会问题主要有两种类型:一是根据社会问题涉及的人地关系与人人

关系,可以将旅游地的社会问题分为旅游地人地关系失调问题与旅游地社会关系失序问题。

1)旅游地人地关系失调问题

旅游地人地关系是在旅游利益主体与地理环境之间形成的复杂的互动关系。旅游地人地关系失调包括两个方面,即旅游利益主体对地理环境的负面影响;被旅游改变了的地理环境对旅游利益主体的负面影响,后者主要表现为以下5个方面:一是旅游资源与旅游环境受损;二是旅游地空间有限,拥挤现象严重;三是旅游体验与旅游预期不符,旅游满意度下降;四是旅游环境的负面影响使居民的满意度与幸福感下降;五是旅游地的各种自然灾害,极大地影响了旅游地居民的生活与旅游业的发展。

2)旅游地社会关系失序问题

旅游地社会关系失序包括经济、政治、文化3个方面的失序,主要表现为多个社会群体之间的冲突,如旅游者与地方居民之间的冲突、旅游者与旅游供给者之间的冲突、地方居民与旅游开发商之间的冲突、地方居民与政府之间的冲突、普通商户与旅游开发商及政府之间的冲突等。在经济方面主要表现为旅游地商业欺诈、强买强卖与各种商业纠纷,如"零团费""拉客门""天价门""讨薪门"等。在政治方面主要表现为腐败、权力失控、不公平与不公正。在社会文化方面主要表现为"文化异化"、行为越轨与犯罪。"文化异化",如文化的功利化、商业化、庸俗化与外来文化的示范效应等;行为越轨与犯罪,如当地居民对旅游的态度表现为冷淡、恼怒、敌视,甚至产生偷盗、传播淫秽色情内容、吸毒等行为。

二是根据转型期社会问题的成因和表现形式加以区分,我国旅游地的社会问题主要归结为3类。

1)旅游地的结构性问题

这类社会问题是在旅游地社会结构转型过程中,由某些制度性、政策性因素引发的,它具有全局性和普遍性,不以人的主观意志为转移。旅游地的结构性问题主要包括由人口结构、经济结构、就业结构、利益结构、制度结构等引起的问题。人口问题,如热点旅游地游客太多导致旅游景点超载,"华山滞留事件"就是典型代表;丽江、凤凰城等热点旅游地的外来从业人员过多引发的流动人口管理问题。就业问题,主要是指旅游业如何带动当地居民就业与参与旅游。旅游利益分化问题,如凤凰城的"涨价门""罢市门",大理的"讨薪门",婺源"罢游"风波,西塘工作人员与旅游团冲突事件,贵州肇兴居民的抗议事件等。旅游制度失范导致的社会问题,如"零团费"、"负团费"、导游与游客的冲突等。国民的旅游福利问题,如旅游地居民旅游需求的满足问题等。此外,还有公正问题、诚信问题、贫富分化问题、腐败问题、交通问题等。

2)旅游地的变迁性问题

这类社会问题是旅游地在从传统社会向现代社会过渡、从农业社会向工业社会变迁过程中必然产生的伴生物,是社会发展不可逾越的阶段性现象。旅游地的变迁性问题主要包括文化商业化、地方"文化异化",如丽江的"艳遇文化"、北京798艺术区艺术家的"维权门";旅游地普遍的物价上涨与严重的通货膨胀问题;旅游资源与旅游环境恶化;旅游地居民社会心态变化、家庭结构变迁等。

3)旅游地的越轨性问题

它主要是由个人行为偏差而引起的,与社会法律法规、道德规范相背,这类问题因直接危及旅游资源、旅游环境、财产、个人生命安全,严重影响社会治安秩序,主要表现为旅游地的欺诈、偷盗、斗殴、醉酒、传播淫秽色情内容、吸毒、黑恶势力、政治腐败等,较为典型的如"到此一游门""拉客门""宰客门""打人门",香港导游与游客的互殴事件,北京站前街的斗殴事件等。

5.2.3 旅游地的社会问题成因分析

关于社会问题的成因,国内外已出现多种理论范式,如病态论、生物社会论、社会解组论、文化失调论、亚文化论、价值冲突论、群体冲突论、比较论、要素论等。这些"具体范式"基本上可归纳为3种社会学理论,即结构功能论、冲突论与符号互动论。根据社会问题产生的相关理论,结合旅游发展的特点,下面将阐述旅游地社会问题的成因。需要说明的是,这些原因之间有时又是相互交错的。

1)旅游地流动速度加快,人口结构加速转变

旅游地各种社会问题产生的主要原因之一就是旅游地社会流动速度加快,人口结构转变。而人口迁入是旅游流的具体表现形式,也是引起其他旅游流的根本原因。旅游地人口迁入大致分为3类:一是与消费有关的迁移,包括观光、休闲、度假、娱乐、探险、远足、第二住所、探亲、学习、购物、避难迁入,甚至包括住房调整、福利导向的迁入等;二是与生产有关的迁移,包括商务旅行迁入、劳动力迁入、投资迁入、远距离上班迁入、季节性工作迁入等;第三类是将消费与生产结合,如志愿旅游者是自愿去旅游地临时工作的生态旅游者,他们既为旅游地提供劳动力并获得酬薪,又能满足自己的旅游需求;又如边游边居型游客,一边工作一边旅行。旅游地大量的人口迁入,导致旅游地人口急剧增长,出现了外地人口与本地人口、常住人口与流动人口、消费性群体与服务性群体的差异,从而改变了旅游地的人口数量、人口结构与消费结构,推动了旅游地经济结构转型、社会分层与利益分化,同时也给旅游地带来了各种压力。结构功能理论表明,如果旅游发展与旅游环境、旅游承载力之间不整合、不协调,就会出现旅游功能失调现象。当旅游发展产生的压力超过有限的空间、经济、社会文化与生态等的旅游承载力时,就会产生各种人地关系失调、社会关系失序等问题。同时,外来人口的迁入导致旅游地的文化涵化、示范效应、社会交换、文化传播等现象的产生。

2) 旅游地经济结构转型、经济体制深刻变革

旅游地经济结构转型、经济体制深刻变革指的是旅游地由以传统农业、手工业为主导,逐步转变为以旅游业为主导的产业结构。同时,旅游地的经济体制深刻变革,社会经济成分、所有制结构、就业结构、组织形式等日趋多样化。这些变化推动了旅游地的经济发展与社会进步,但也带来诸多社会问题。例如,经济结构转型导致社会分层、利益分化、社会制度失范,加剧了社会矛盾与社会冲突,从而产生各种社会问题;旅游掠夺式开发导致旅游资源与环境问题;旅游门票经济、旅游房地产经济导致旅游产业结构失调;旅游地经济严重依赖旅游业的发展,导致旅游地经济畸形、物价过高、通货膨胀;外来资本对旅游地的控制导致社会不公平与不公正问题;旅游就业机会与资源占有程度的不同导致贫富分化;旅游发展以满足旅游者利益为主导,忽视了地方居民的民生与福利,导致地方公共设施、教育、医疗与福利保障等的不足。

3) 旅游地社会分层与利益分化

随着社会流动性加快与社会分化加剧,旅游地居民不断分化,社会利益关系日趋复杂。例如,民族旅游地居民可分为3种从事不同行业的群体:旅游服务群体、传统务农群体、外出务工群体。发展乡村旅游的居民主要分为以下4个阶层:富裕阶层、小康阶层、温饱阶层、贫困阶层。同时,政府及其从业人员、旅游协会与相关团体,以及大量外来的旅游投资商、旅游经营管理者、各种商户等形成的利益群体。这些利益群体不断利用自身的经济资本、文化资本与政治资本进行资源争夺与利益竞争,从而导致社会矛盾与冲突。其中,政府与资本处于主导地位。资本及其代理人对旅游客源、投资、技术、管理、利润等进行垄断,而其他利益主体则处于被控制与被支配的地位。例如,贵州肇兴侗寨的居民认为旅游开发商控制了地方的旅游开发,对地方居民的旅游开发、利益分配等旅游参与造成限制。而地方政府与资本勾结,

侵犯了居民的权利,导致社会不公、居民旅游参与不足、贫富差距加剧等。

4)旅游制度失范,旅游地社会冲突加剧

所谓失范,就是旅游地的社会制度与社会规范不得力、不存在或者相互矛盾。社会制度失范主要表现为 3 个方面:规范真空、规范迷乱、规范软化。规范真空是指旧的规范被更替,新的规范尚未产生;或新的规范即使已经产生,但要产生规范的作用还需要一个过程,这个过程也造成了规范真空。例如,较多旅游地都缺乏旅游承载力管理制度、旅游从业人员的约束机制、旅游商品化的协调管理机制等。规范迷乱是各种规范杂乱并存,共同发挥作用,这导致大量与规范相左、相异甚至相违的失范行为的产生。例如,贵州西江苗寨的传统文化曾限制外来男女同住,但旅游发展却面临大量的男女同住问题,这是该地规范混乱的具体表现。规范软化是指新的规范有名无实,规范得不到完全落实,削弱了规范的效力。例如,由于旅游产品产权要清晰界定非常困难,人员机会主义行为广泛存在,具体表现为导游行为违规。社会制度失范的主要原因有以下几方面:一是旅游地处于转型发展期,经济转型与社会结构转型交错进行,势必引发社会制度失范;二是传统价值体系崩溃、道德观念沦丧,以至于犯罪激增、色情业泛滥、商业欺诈不断;三是社会控制弱化、社会整合力下降。

5)旅游地风险社会的挑战

风险社会这一概念是 1986 年德国著名社会学家乌尔里希·贝克在《风险社会》一书中首次提出的。后现代主义者称之为混沌或缺乏模式的东西,在贝克看来则是风险或不确定性。他认为,风险是一种应对现代化本身引致之危害和不安全的系统方式。贝克认为,工业社会中的风险是大部分人口贫困化的"贫穷风险""技能风险"和"健康风险"。现代社会的风险是现代性作用于自身的结果,更多的是源自社会发展与科学技术发展所产生的不确定性,如食品与健康问题、恐怖主义、核辐射与污染等。风险社会的风险具有非财富性、非阶层性、促进经济系统的自组织性、超时空性、隐含政治的爆炸力五大特征。目前我国处于转型期,旅游发展是旅游地转型的主要力量,传统风险与现代风险共同冲击着旅游地社会秩序安全。同时,旅游发展与旅游地转型还带来文化商业化、文化冲突、物价上涨、通货膨胀等问题。

6)旅游地社会问题建构失当

社会建构论是近来对社会问题研究的理论成果,其基本的观点是,社会现实是社会建构的产物,同时也是一个不断被社会建构的过程。社会问题不是一种社会结构的对象存在物,而是在社会互动过程中构成的,是不同社会行动者行为反映的产

物。这是一个有不同的社会行动者参与,针对问题情境的定义、问题事实的关注、问题原因的争论、问题利害因素的权衡、问题处理的社会动员过程。现象社会学、常人方法论社会学其实在不同程度上体现了建构主义的方法论思想。社会问题的形成和发展一般经过 3 个阶段:界定的出现→不同的解决方法→制度化。"三亚打人事件""天价海鲜事件""凤凰城罢游风波""华山滞留事件"中,受害者的呼吁、新闻媒体的传播、社会大众的响应、专家学者的问题诊断、政府制度化安排等,都对社会问题的建构起重要作用。例如,"凤凰城的罢游风波"其重要原因就是政府未能及时开听证会,在听取各旅游利益主体意见的基础上采取合理的措施。

5.2.4 解决旅游地社会问题的对策

1)标本兼治,构建两类目标的旅游地社会创新模式

标本兼治,即不仅要治理旅游地社会问题的表面现象,还要从源头上预防社会问题的产生。这首先要坚守自由、公平、正义、法治、民主、共享、民生的价值理念。例如,在改善民生问题上,需从以下 5 个方面着手:满足民众的生活需求;满足民众扩大交往、融入社会的需求;满足民众提高生活质量的需求;满足民众参与旅游生产的需求;满足民众提升精神文明层次的需求。其次,可采取两类目标的旅游地社会创新模式:一是基于旅游地社会问题的治理性社会创新。其主要内容是对社会问题及其原因分析,大力进行旅游制度创新,采取合理的措施进行针对性地治理。例如,我国广州等城市针对旅行社的"零团费""负团费"问题进行了"诚信旅行社"创新模式,产生较好效果。在社会问题较多、社会矛盾较突出的旅游地,短期内应建构基于社会问题的治理性创新目标。二是基于旅游地社会发展趋势的建设性社会创新。经济增长但社会改革滞后是旅游地社会问题产生的深层根源。因此,为了从源头预防旅游地的社会问题,需要根据旅游地社会发展的趋势,构建旅游发展的社会目标与战略。例如,杭州在城市发展理念方面,提出"让我们生活得更好"的根本理念,"生活品质之城""城市有机更新""社会复合主体"等一系列理念,在产业结构调整、城市建设、城市品牌、城市环境、城市生活等方面构建了多项合理的发展战略,并进行了系列化的旅游创新。

2)基于系统思维,推动旅游地社会创新的科学建构

要解决旅游地的社会问题,关键是要加强社会创新。这就需要从系统论视角,分析旅游地社会创新的影响因素,以科学构建旅游地的社会创新。首先,从创新要素来看,旅游地社会创新主要包括 4 个方面。①旅游创新主体。这需要创立多种学

习机制,提高旅游创新主体的学习能力,大力培育其创新意识与创新精神。②社会需求、面临的社会问题与挑战。这需要加强对旅游地社会需求、社会问题与挑战的调查与评价。③寻求有效解决方式的协商过程。这是一个运用知识网络形成创新思想进行利益协调的过程。④完善社会的发展目标,即解决社会问题或制订社会目标。其次,从创新的知识源与发生机制来看,它是一个知识的传播与扩散过程。一方面,需加强文化传承,从历史文化中汲取养分。如王守仁的《南赣乡约》与"十家牌法"、何心隐的"聚和堂"模式、梁漱溟的乡村建设论等,至今都还有较高的借鉴价值。另一方面,加强合作创新,共同开发合理的社会问题治理模式,借鉴其他地区较有成效的机制与做法。最后,从创新过程来看,旅游地社会创新可分为 4 个阶段。①创新思想的形成。②创新思想的试验评估。如关于旅游门票涨价,听证会就是一种重要的试验评估方法。③创新机制的扩散与传播。创新思想一旦被证明有效,就应该加以实践。④实践反馈与社会创新的提升。这需要学习与总结社会创新后出现的新问题,提升原有的社会创新思想水平。

3) 加强旅游制度建设,推动旅游地有序转型

目前,旅游地的制度失范主要表现在两方面。从旅游地社会问题产生的原因上来看,旅游制度失范主要集中于旅游经营管理制度、旅游利益分配制度、旅游行业管理制度、旅游闲暇制度以及道德伦理等方面。从旅游地社会问题解决的原因来看,旅游制度失范主要集中于社会问题的调查与评价制度、旅游地社会问题应急机制、旅游地社会学习与创新机制等方面。因此,需要加强旅游制度建设,预防社会问题的产生,推动旅游地有序转型。这不仅需加强正式的旅游制度建设,还要大力发挥非正式的旅游制度,如贵州西江的寨老制度就在旅游发展中起到积极作用。

针对许多旅游地出现的宰客现象,可以从以下几个方面去解决。首先,建立旅游商品信息公布与更新机制。一种商品到底卖多少钱才算是宰客是一个建构的问题,因此旅游商品的服务与价格界定越清晰,商人的机会主义行为受到的限制就越多。这需要地方管理机构定期在政府官网上公布并及时更新各种商品的价格,同时加强监管。这样旅游者在购物前可以充分了解价格信息,减少交易成本。其次,建立和健全行业自律与商家信誉机制。例如,加强商家服务人员的诚信意识与服务意识,从根本上建立和健全商家与企业的信誉机制;建立诚信商店、诚信酒家等诚信旅游企业机制,旅游协会根据消费者口碑(含赞誉与投诉)进行评比,并公布诚信结果。然后,建立奖惩机制,对违规与遭投诉的商家、企业进行严惩。最后,建立投诉应急机制,鼓励旅游者进行投诉。一经投诉,政府便展开调查,并及时公布真相,采取相关行动解决问题。

4)加强公民社会建设,构建旅游地多元治理模式

公民社会是国家或政府之外的所有民间组织或民间关系的总和,其组成要素是各种非国家或非政府所属的公民组织,包括非政府组织、公民的志愿性社团、协会、社区组织、利益集团和公民自发组织起来的运动等,它们又被称为介于政府和企业间的"第三部门"。随着社会主义市场经济的深入发展与政府职能的进一步转变,我国正从传统的国民社会走向现代公民社会,这使公民社会的建设成为政府的主要任务。我国的政治体制决定了政府在旅游发展中的主导地位。国内外经验表明,政府凭借崇高的社会威望、强大的管辖能力与雄厚的财政实力,能对旅游业的发展起到至关重要的作用,这主要体现在依法治旅、政策引导、旅游规划、旅游基本建设与旅游环境营造五大方面。除了发挥政府的主导作用,还需加强公民组织在旅游地治理中的作用,构建旅游地多元治理模式,如社区主导型治理模式、社会中介组织主导型治理模式、社会企业主导型治理模式、综合治理模式等。其中,社会企业是一种介于公益与营利之间的企业形态,是社会公益与市场经济有机结合的产物,是一种表现为非营利组织和企业双重属性、双重特征的社会组织。外来资本主导的旅游地治理模式解决了较多的社会问题。例如,企业更多地把公益与营利结合起来,以社会目标而不是经济目标作为旅游地发展的主导目标,既能解决旅游地发展的资金短缺问题,又可从源头预防社会问题的产生,推动旅游地的社会发展。要构建旅游地的多元治理模式,需要推动旅游效应民生化、旅游组织规范化、旅游行业自治化、旅游社会和谐化。这主要包括注重旅游地的民生效应,构建民生导向的旅游发展体系;加强和创新旅游社会管理,建立政府、市场、社会的旅游多元治理模式,形成源头治理、动态管理、应急处置相结合的旅游社会管理机制;规范旅游行业协会等的组织体制,构建旅游行业规范标准,推动旅游行业自律与自治。

参 考 文 献

[1]青连斌.社会问题的界定和成因[J].中共中央党校学报,2002,6(3):97-102.

[2]郑杭生.社会学概论新修[M].北京:中国人民大学出版社,1994:358.

[3]朱力.当代中国社会问题[M].北京:社会科学文献出版社,2008:6.

[4]肖文涛.我国转型期社会问题的理性思考[J].中共中央党校学报,2001,5(4):
107-111.

[5]陈为智.当前中国社会问题理论研究述评[J].甘肃理论学刊,2010,197(1):80-84.

[6]肖佑兴.国外旅游地社会文化变迁研究述评[J].人文地理,2011,26(6):19-23.

[7]吴晓萍,史梦薇.民族旅游开发地的社会分层结构分析[J].贵州民族学院学报(哲学社会科学版),2010,120(2):182-185.

[8]尹戟.乡村旅游中的农民阶层分化研究[J].北京第二外国语学院学报(旅游版),2006,137(7):7-11.

[9]刘祖云.中国社会发展三论:转型·分化·和谐[M].北京:社会科学文献出版社,2007:243-245.

[10]乌尔里希·贝克.风险社会[M].何博文,译.南京:译林出版社,2004:22.

[11]景天魁,邓万春,何健.发展社会学概论[M].北京:中国社会科学出版社,2011:231-235.

[12]阎志刚,社会问题理论研究的多维视角[J].汕头大学学报(人文社会科学版),2003,19(6):64-70.

[13]张敦福.美国互动论者对社会问题的阐述[J].国外社会科学,1997(6):29-31.

[14]魏小安.杭州旅游:新城市 新模式 新发展[J].旅游学刊,2012,27(4):48-56.

[15]王处辉.中国社会思想史[M].北京:中国人民大学出版社,2009:416-609.

[16]俞可平,等.中国公民社会的兴起与治理的变迁[M].北京:社会科学文献出版社,2002:189-190.

[17]陈曦.政府主导型旅游发展战略[J].边疆经济与文化,2007,43(7):12-13.

5.3　导游人员违规行为的经济学分析及对策

本节从经济学角度分析了导游人员违规行为屡禁不止的原因:旅游产品产权界定困难、制度创新成本高、导游人员信誉低和追求短期利益、违规行为的代价小、激励机制不当等。基于这些原因,本节提出了整治导游人员违规行为的建议。

5.3.1　导游人员违规行为不止的原因分析

1)旅游产品产权界定困难,"公共领域"较广,导游人员机会主义行为广泛存在

如果交易成本大于零,产权就不能被完整地界定;获得全面信息的困难有多大,界定产权的困难也就有多大。在旅游产品交易市场,由于对旅游目的地不熟悉,旅游者往往产生过多的消费费用。旅行社作为一种中介组织,不仅具有降低交易费用的一般职能,还具有产生交易费用的生产职能,旅游者和旅行社之间信息极不对称,因此,要清晰界定旅游产品产权比较困难。作为一种经历产品,旅游者对旅游产品的评价难以形成较为统一的标准,要清晰地界定旅游产品就要付出高昂的交易成本,这致使旅游者和旅行社之间签订了一种不完全合约。由于产权界定不完全,许多权利就落入了"公共领域"。当契约不完全时,没有在契约中详细规定的权利,即剩余权利应该属于资产所有者拥有。也就是说,旅游者已经购买的旅游产品虽然落入"公共领域",在名义上所有权还是属于旅游者的。但是个人任何一项权利的有效性都要依赖个人为保护该项权利的努力;他人企图分享这项权利的努力;任何"第三方"所做的保护这项权利的努力。旅游者掌握的信息较少,即使努力也很少有话语权,而如政府、公检法组织以及旅游协会等"第三方"解决问题的过高成本(包括预期成本)往往让旅游者望而却步。因此"公共领域"的剩余索取权和控制权往往归旅行社及其代理人——导游人员所有,这导致导游人员的机会主义行为广泛存在,并产生各种违法违规行为。

2)导游人员收益相对减少,其违规行为是制度创新的一种结果

导游人员拿回扣是在我国旅游业发展初期形成的,这种行为是导游人员中一种不成文的"规定"。如果预期的净收益超过预期的成本,一项制度就会被创新。禁止导游人员拿回扣的制度确实能带来较大收益,但正式的制度需要得到受管束的人群的准许。也就是说,新的制度需要创新者和导游人员进行谈判,因为制度规范导游人员行为。过去导游人员的收益主要来自回扣,现在取消了回扣制度,而其他方面的制度又未健全,这造成导游人员的收益大大减少,使得既得利益群体产生极大不满。在某种意义上,导游人员的违规行为是导游酬薪制度创新的一种成本。在现实情况下,这种行为的发生具有一定的内在必然性。

3)导游人员信誉低,追求短期利益

信誉是一种资产,它是一种有成本的、有价值的物品,是另一种表明预期绩效的可靠信息的方式。某种程度上来说,信誉是指牺牲短期利益,换取长期利益。导游人员信誉低,追求短期利益,有以下几个原因。①导游人员职业的生命周期较短。职业的不稳定性导致导游人员对职业收入的预期不足,因此追求短期利益,从而降低信誉,产生各种违法违规现象。此外,导游人员职业的不稳定性还造成他们对企业不具有较高的忠诚精神,这导致他们通过牺牲企业利益获取个人利益。②旅游业的季节性较强、波动性较大。这导致导游人员的收入波动性较大,职业风险性也就较大,导游人员在较短的职业生涯中追求短期利益。③导游人员工作本身的风险性较大。虽然旅行社和旅游者签订了合约,导游人员代理旅行社来执行合约,但由于旅游活动涉及面广,稍有疏忽就可能给旅游者和旅行社带来损失,而由导游人员的过失导致的损失只能由导游人员自己承担。因此,导游人员在承担较高风险的同时必然会寻求自己利益的最大化。④旅行社的信誉度低。这可能涉及几个方面,一是整个旅行社本身业务的性质决定其不具有 100% 的信誉,加上旅行社行业结构不合理,小型规模的旅行社占绝对多数,加剧了旅行社的低信誉的倾向;二是导游人员的信誉影响了旅行社行业的信誉,造成了恶性循环。⑤与我国整个社会的大环境有关。一是整个社会的信誉度不高;二是我国法律法规的不稳定性致使从业人员的预期不稳定。

4) 导游人员违规行为风险低,增加了导游人员的违规行为

首先是有关法律法规不健全。对导游人员违法行为约束最大的就是相关法律法规,但是相关法律法规既不明确也不具体。此外,由于导游的职业生命周期较短,采取导游记分制和吊销导游证等方法的有效性就大打折,致使导游人员有过多违规行为。

其次是对导游人员监督困难。对导游人员的监督首先是旅行社的监督。由于信息不对称以及导游工作的特殊性,旅行社对导游的监督比较困难。一方面,靠与导游人员协作的领队和司机进行监督是比较难的,因为二者的利益是一致的,可以勾结对付旅行社,如导游人员可以分给司机一部分利益。另一方面,旅行社经常利用旅游者监督导游人员。例如,在游程后填写调查表对导游进行评价,如果这份工作由导游(或领队、司机)来完成,基本是无效的,因为导游会采取各种方式作假;若由其他人员来进行,则极大地增加了成本。其次是旅游执法机关及其工作人员的监督。这主要表现在他们的执法力度和清明廉洁上,许多情况下执法人员往往会寻租,导致执法失效。最有利于监督导游行为的监督者是旅游者,但是旅游者监督的有效性受两个方面的制约:一是监督者需要物质奖励监督导游并把监督的情况公布于众。但旅游者举报导游需要成本,而直接收益往往很少,甚至要争取自己正当权益时,成本(包括预期成本)也远远大于收益。在某些情况下,即使旅游者有了损失举报了导游,有关机构也给予了导游一定的处罚,但是旅游者的损失却不能获得弥补,这致使旅游者监督导游人员的奖励较少。二是旅游者监督导游的能力。这取决于旅游者的法治意识、对有关法律法规的掌握程度和旅游目的地的情况了解。至于大众媒体,它们对导游人员的监督发挥着积极的作用,但它们对导游的监督是间接的,因此在监督力度上就打了折扣。

5)旅行社对导游人员的激励机制不当

根据委托—代理模型,旅行社一方面要给予导游人员一定的激励,另一方面要导游承担一定的风险,这种激励机制诱导导游人员行为的产生。旅行社与旅游者签订的合约主要是由导游人员代理执行的。一方面,旅行社难以监督导游人员在带团过程中获得的收入,因此让其占有剩余索取权,而尽量减少甚至不从旅行社支付导游人员报酬。这导致导游人员的收益主要来自带团的过程,在较高风险下,导游充分占有收入的剩余索取权和一定的控制权,助长了导游的违法违规行为。另一方面,对大部分旅行社来说,导游绩效的主要标志是导游带团的数量和带团过程中为旅行社带来的利润,而不是服务质量的高低。这导致导游人员不顾服务质量的高低,只想着如何让旅游者自掏腰包使自己获利。旅行社对导游人员的激励机制不当,促使导游人员产生各种违法违规行为。

此外,旅游者维权意识淡薄、旅行社竞争激烈和旅游商家的种种诱惑,在一定程度上纵容和诱导了导游人员的违法违规行为。

5.3.2 防范导游人员违规行为的几点建议

1)旅游产品的产权界定清晰化

产权界定越清晰,导游人员的机会主义行为受到的限制就越多。要做到这一点,旅游者在界定产权之前需对有关信息做充分准备,而旅游者掌握信息是要花费大量成本的。旅游者愿意花多少成本寻找有关信息呢?在理论上,旅游者界定产权花费的成本少于由产权界定不清晰而导致的损失时,他就愿意为此付出。当旅游者因为产权界定不清晰所带来的损失等于界定产权所需的花费时,产权界定就达到了均衡。旅游者寻找信息的成本越高,产权界定就越不清晰。有经验、成熟的旅游者由于掌握了一定的信息,所花费的成本要少一些,就容易界定旅游产权。此外,旅游管理机构或行业协会提供市场细分而又规范的合同,也是减少交易成本的一个很好的途径。

2)加大旅游信息网络化建设力度

网络是最为便捷和成本最低的一种信息渠道,充分和完备的旅游信息可以降低交易成本,使产权界定更清晰化。虽然我国已经着手旅游信息网络化的建设,但是在许多方面还存在缺陷和不足,因此,要加大力度进行旅游信息网络化建设,这对于旅游目的地来说是一种很好的市场营销方式。旅游信息是指开展旅游活动的一切信息,包括旅游目的地和旅游客源地的自然、社会经济情况,特别是旅游六大要素、各旅游企业的经营状况以及导游人员的各种情况等。这些由各地旅游主管部门负责监督和检查,检查结果统一公布在各地的旅游信息网上,这样旅游者在旅游之前就可以充分了解各种信息,降低旅游成本。

3)建立和健全合理的导游激励机制

导游人员的酬薪是最为关键的,旅行社应建立合法的佣金制,稳步提高导游人员的工资待遇,实施高薪养"导"政策,从根本上杜绝"回扣"等违规行为。导游人员酬薪制度:旅行社制定导游薪酬制度时,要将不同学历、不同级别的导游报酬分开,高学历的优秀导游享受精神和物质上的双重激励;建立一套导游职称评定机制,将职称的高低与工资奖金直接挂钩;建立利润分享制、职工持股制和股票期权制等。同时,旅游企业应建立长期目标,实行以服务质量为导向的旅游薪酬制度,通过实施"品牌"导游战略,培养树立一批"金牌导游""明星导游",以他们良好的精神榜样和模范服务影响带动身边的工作人员。

4)建立和健全信誉机制

信誉问题不仅是导游人员和旅游行业的问题,它也关系全社会、全行业的发展,因此,建立和健全信誉机制应是全社会的共同责任。①加强导游人员的服务意识,树立以旅游者为中心的服务理念,从根本上建立和健全导游人员的信誉机制;②旅行社应建立长期发展目标,做到行业自律,并加强对员工的职业道德教育;③政府应加强对旅游从业人员信誉的监督;④广大旅游者和媒体应大力明确信誉概念,并大力宣传。信誉概念只有普存人心,才能对不讲信誉者进行较强的约束。⑤学校应加强旅游专业学生的职业道德教育和信誉概念的传播,这是今后旅游专业一个比较重要的教学任务。⑥信誉机制的建立还需全社会的努力,这也是旅游行业信誉机制建立的基础。

5)提高导游人员的门槛

目前,导游门槛不高,导游考试没有对报考人员专业背景进行限制,学历要求也不高。一方面,这和我国旅游教育发展较为落后而旅游业快速发展的矛盾有关,这在一个时期内我国导游人员紧缺;另一方面,这和导游人员过去收益较高有关,高收益吸引了许多非专业人员成为导游。因此,提高导游人员的专业门槛,即非旅游专业或旅游相关专业人员不得报考导游资格考试,这有以下作用:①延长导游人员从事旅游行业的职业生命周期,提高导游人员的信誉度。②调节导游人员的数量。目前,导游人员的社会需求趋于饱和,甚至不少地区导游人员还"供大于求",因此,需调节导游人员的供求数量。③提高导游人员的专业素质。组织导游人员进行专业知识培训,定期对导游人员进行专业知识考察,提升导游人员的专业知识水平。

6) 健全法律法规,加强旅游行业的监督和管理

法律法规的健全和旅游行业的监督与管理需要从以下几个方面着手。①要健全维护旅游者权益的法律法规,切实从旅游者的切身利益出发保护他们的权益,才能吸引更多的旅游者,旅游者才有更大的动力监督导游人员的行为。②完善导游人员违法违规的责任措施,当导游人员的违法违规行为受到较大约束时,就会减少其违法违规行为的发生。③加强执法人员和公众的监督力度,充分发挥舆论监督作用,提升导游人员的信誉度。④对旅游市场的管理和监督,加强对旅游定点购物场所和特殊旅游场所的商品价格的规范和监督。⑤建立导游协会,加强导游行业自律,进一步规范导游人员的行为。

此外,应增强旅游者的法律意识,提升旅游者在旅游法律法规方面知识水平,以及规范旅行社的竞争机制等。

参 考 文 献

[1] Y.巴泽尔.产权的经济分析[M].费方域,段毅才,译.上海:上海人民出版社,1997:3-4.

[2] 杜江,戴斌.旅行社经营管理比较研究[M].北京:旅游教育出版社,2000:42-44.

[3] 科斯,哈特,斯蒂格利茨,等.契约经济学[M].李风圣,译.北京:经济科学出版社,1999:31.

[4] R.科斯,A.阿尔钦,D.诺斯,等.财产权利与制度变迁[M].上海:上海人民出版社,1994:87.

[5] 张维迎.产权、政府与信誉[M].北京:生活·读书·新知三联书店,2001:145.

[6] 刘敢生.论旅行社侵权的民事责任[J].旅游学刊,1997(4):45-47.

[7] 师红霞.旅行社信用:从微观、中观到宏观[J].旅游管理,2002(4):38-40.

[8] 吴书锋.正确看待旅游回扣现象[J].旅游管理,2002(4):19-22.

[9] 罗斌,王焕高.导游人员违法导购的原因及其对策[J].社科与经济信息,2002,349(4):86-87.

[10] 宋耘,傅慧,李美云. 旅行社人力资源管理[M]. 广州:广东旅游出版社,
　　2000:257.

[11] 卜云彤,周正平. 破解旅游高额回扣怪圈[J]. 旅游管理,2002(6):23-26.

5.4　广州黄埔古村商埠文化建筑遗产的保护利用

黄埔古村——古港建筑文化遗产,记载了广州十三行"一口通商"时期的对外贸易史,因自身的文化价值,其部分仍保留至今。对其生存构成最大威胁的是"大拆大建"行为与隐藏的各种利益关系。加大法治力度、承认私有产权,整治违规违章建筑、保护建筑文化遗产,并赋予古村焕发生机的旅游功能,是名城文化保护工作的紧要任务。

鸦片战争前,广州别称"天子南库""千年商都",是海上丝绸之路的始发港。广州名城的这种历史文化特质,从黄埔古村可以看出。黄埔古村为广州东郊商船出海口,可谓大清帝国"外港(城市)中的外港"、一口通商"门户中的门户"。为留住城市的根脉和记忆,必须有效地保护黄埔古村的历史建筑与文化内涵。

黄埔古村是典型的岭南海滨港镇,作为广州十三行时期商埠文化重要的实物载体之一,今后还将继续发挥新建筑不可替代的作用。农业文明时期的村落景观与"帆船时代"的历史建筑,依然具有文化价值。完善、完整地保护、利用建筑文化遗产,具有重要的历史意义和现实意义。与此相反,滥拆乱建、新旧文化冲突,只会加速古村落的衰落,体现不出社会的"发展与进步"。

5.4.1　黄埔古村拥有丰富的商埠文化建筑遗产

广义的黄埔古村是过去的整个琶洲岛,狭义的黄埔古村是现在的以对外贸易的酱园码头为中心的黄埔村与石基村。现在任何一个到过黄埔古村的人,都会被黄埔古村丰富而精美的历史建筑所打动,对其多姿多彩的人文环境和自然景观拍手叫绝。

1)独特的港口型空间格局

黄埔村始称"凤浦",建于北宋,到清代已发展成拥有"好几千人的市镇"。广州海外贸易的发展使得黄埔村从一个滨海小渔村发展成著名的十三行碇舶港口,其建

筑布局非同一般,具有市镇的规模。因外国人多传诵"黄埔"而得名。全村分为十二坊,现在仍保留着昔日坊、街、里、巷的规划层次。很多里巷的坊门题有"瑞康""覆仁""永乐"等祥瑞名号,给古村平添无穷的人文雅趣。街道铺设花岗岩条石,可通马车。黄埔古港的标志——画中琶洲塔今还在,"一港两市"走向仍清晰可见。底层做商铺,一边是柜台一边开大门的商铺建筑,至今也有集中的保留。粤海关志记载,每年有上百艘大型海舶停靠黄埔。世界给这个远东的村庄带来的不仅是大量的物质商品,还有大量的精神文化财富。

2)丰富的高品质传统建筑

(1)古宗祠

全村原有祖祠近40座,现存19座,承袭了岭南建筑的传统风格,但在某些细部上,具有异于传统的装饰作法,这体现出黄埔村是一个受到西方文化影响的村镇。保留下来的古宗祠大多空置,有些功能发生了变化。梁氏宗祠是十三行行商梁经国的家祠,已被定为广州市市级文保单位;位于乐善里的化隆冯公祠,现为黄埔华侨港澳同乡联谊会场所之一;始建于清同治十三年(1874年)的胡氏宗祠至今有140多年的历史,三间两廊式的粤中风格保存较好。

(2)古民居

保存完整的民居建筑尚有73处,比一般的农舍规格要高,依水而建、院落相套、"梳式布列"、里巷分隔。如拱辰里、永康里、平燕里、太平里、中正里等多为青石板铺砌,清洁宜人。名人故居不胜枚举,如"子牙居"、"涉趣园"、冯肇宪故居、胡璇泽故居等,工艺制作上乘,高大的锅耳山墙,青砖磨缝砌筑厚实,门头和窗罩用的灰塑式样很多,雕塑、壁画、漏窗、花基、门洞、灰塑门联无不令人赞叹。

(3)古私塾

各宗姓常建有私塾,启蒙了大批享誉国内外的儒商雅士。行商于家族驻地兴办私塾培养子弟,并热衷公共文化事业,是很普遍的事。"佐垣家塾"为天宝行行商所筑,因私塾与祠堂同为公共场所,二者被有机地组织在一起,内院外场通畅和谐。

(4)古神庙

始建于宋代的北帝庙(又名玉虚宫)是一座供奉玄武水神的道教建筑群,主体建筑为砖木结构,面阔三间,深二进。现庙内保存了九方碑记,记载了广州外港——"黄埔口"对外贸易的发展史。村内原有的神庙多用于祭拜海神,凸显了黄埔村古代港口城镇包容性的特征。

（5）涉外建筑

当年中外建筑要素天然合一的"日本楼"，现今依然充满神奇魅力。西式院门、中式屋盖，青砖绿瓦、外廊内天窗，是一处风味无穷的景点。

3）生态的网络型河海景观

黄埔古村位于江海交汇处，负洲临海，江涛与海潮对此产生严重的威胁或影响。然而，黄埔古村的江、河、湖、塘、堰、池、涌，却组织得十分科学合理，不但达到了大自然力的平衡互利效果，还保障了人们的生活用水、景观用水。全村水系长数十公里，大小水面几百亩，且一脉相连，源头活水使水质清澈健康，人工治理可控可调。航运、防洪、防旱、防潮汛；利于灌溉、安全防御、构建风水宝地；饮用、造景、调节微气候等，都做得科学合理。黄埔古村的水系网络也是一笔宝贵的文化财富，可贵的旅游资源、生活资源、美学资源。

建筑盛况往往联系着良好的人文环境与自然环境。港口贸易使黄埔村处于农耕文化与外来文化的双重影响中，舶来文明嫁接在黄埔村古老的传统上。近代涌现的商业巨子、外交家、军事家以及工程专家，荟萃黄埔村独特的人文景观。十三行时期，村民"差不多直接或间接地与外国航运相关，如充当买办、装卸工、铁匠等"。策划开发黄埔古村旅游产业，建筑文化遗产和与之相关的非物质文化遗产都是宝贵的资源财富。

5.4.2　黄埔古村商埠文化建筑遗产的整体保护

然而，传统、和谐的黄埔古村出现了大量违规违章建筑。固有水面日益减少，传统街巷格局被破坏，许多优美宜人的院落空间、街巷空间、园林空间、山水空间、名胜景观已不复存在。村镇的天际轮廓、优美的水岸线、连续韵致的街面、标志性的村镇空间节点，几乎消失不见。但奇怪的是长时间以来无一项政策惩戒破坏历史文化遗产的行为，有效杜绝这种丑恶的现象滋生蔓延。

1）古村落的保护模式

从整体上保护古村落，国内有两种基本的方法或模式。

（1）文物古村落——整体性的文化遗产保护模式

将整个村落当成一个保护对象，严格保护村落的内外环境、总体格局、所有空间特征；全部建筑集群关系、所有单体建筑与构造工艺特色。这种保护模式注重历史的真实性、环境的完整性、村民生活的延续性和非物质文化遗产的传承性。这种保护模式在我国还没被普及，具体的实例不多，浙江建德市新叶古村是个典型。新叶村始建于南宋嘉定十二年(1219年),距今有800余年的历史,是浙江省内保存最完整的古代血缘聚落建筑群之一。新叶村村落的格局有规划、建筑质量高、类型多。其建筑有200多栋,包括塔、阁、祠、庙、桥、堂、厅、舍等传统建筑得到了原真性的保护。这一文物保护工程,被专家誉为古村落保护的活标本。

（2）一般古村落——保护性的开发利用模式

这种模式的保护工作主要针对自然景观、历史人文景观,以及建筑艺术价值较高的人工景观,结合自身的地理优势和现实状况,按重新整合的总体规划进行分级保护。通过有效的保护和合理的开发,发展古村落特色旅游,也不失为一种可持续发展模式,如贵州省从江县增冲村。增冲村的自然景观与古村落文化结合得较好,新建筑较少,且具有特色的民风民俗文化和黔东南山区饮食文化。考虑保护与发展的关系,应将保护放在首位。"保护就是资源",保护古气、古风、古韵、古朴、古貌不变,确立富有特色的旅游主题形象,充分挖掘无形文化资源、做好基础设施建设,建立项目审批制度,加强开展旅游活动。

2）黄埔古村保护模式

广州黄埔古村现因遭受严重破坏,已失去整体保护的基本条件,不可能作为一个"文物古村落"实行全面的"冷冻保护"或整体"博物馆式保护"。在农业萎缩,城市化、商业化深入骨髓的大环境中,不依赖商贸活动也是难于存活的。因此,只能采取"保护文物精华,维护古风古貌;创新第三产业,重登世贸舞台"—— 保护遗产开发旅游互动的模式。

（1）将"文化工程"与"民生工程"相结合

古村落的保护是一项文化保护工程,需全方位沿承古村历史文化,而不是追求全方位的商业现代化开发。通过保护修缮历史建筑,尽量保存自身特有的历史环境。古村落的保护又是一项民生工程,不能简单地将所有历史建筑封存起来（无论是私人封存,还是政府封存,都只能加速建筑的灭亡）,需充分考虑以存其真,同时发挥其商业价值,使村民在保护文物中获益。

（2）以"保护"为宗旨进行旅游开发

除特殊文物建筑外,冷冻式的保护历史建筑遗产,建筑物将失去其自身效用;冷冻式的保护古村落原有生活方式,居民将会落后于现代生活水平,况且因时代变迁、产业变迁,原有的生活方式早已不复存在。只有以"保护"为宗旨进行旅游开发,确立富有特色的旅游主题形象,才能使建筑遗产得到有效保护,既能展示宣传自身固有的历史文化,又能提升居民的生活质量。

（3）做好基础设施与环境保护工作

古村丰富的建筑文化遗产如今看来依然富有艺术魅力，作为优秀传统文化，它值得我们继承发扬。然而当时许多先进的设施，因种种原因现已破损，而能满足现代需求的新设施又尚未安装。要想不让历史文化毁于一旦，居民生活永远停留在早先水平，就要在保护建筑文化遗产历史风貌的同时，极力改善古村落的基础设施。既不丢失历史，又不脱离现代；在利用中更好地保护，保护中更好地利用。基础设施的建设主要在政府，政府应加大对古村落基础设施建设的力度。

（4）走产业化、物业化经营管理道路

古村落保护的主体是居民，而不是政府。政府需在更大范围内做好政策协调、服务、监督工作。而保护利用古村落的具体工作需居民来实现，任何"越俎代庖"的行为都不可能产生好的效果。产业化的经营管理是新时代古村落保护模式的进步。因此，恢复古村落原有建筑私有化模式，变被动保护为主动保护才是根本所在。在此基础上，政府牵头组建古村历史文化旅游产业集团，居民可以以房屋作为股份投资，社会资金也可以输入，克服单纯财政补贴的不足。村民民主选举董事长、总经理，实行产业化经营，古村"旅游区"实行物业化管理模式，在特定历史环境中开办"家居旅馆""农家乐"等休闲观光旅游项目自当别有韵味。

5.4.3　黄埔古村商埠文化建筑遗产的单体保护

为什么黄埔古村至今还以"村"的形态存在于大都市中？只因该"村"在广州的历史文化中占有重要的地位。建筑文化遗产以其物质形态深刻地表明，人类的现代化需要文化遗产，不能以毁灭文化遗产为代价。任意"全拆"一个城中村都是没有道理的。相反，需采取多种保护措施展示历史建筑的文化内涵与环境特色。

1）以学术研究为基础的文物古迹保护

黄埔古码头、北帝庙、"日本楼"、晃亭梁公祠、胡氏宗祠、佐垣家塾、凤浦牌坊遗址、典型民居等十多处历史建筑，早年已被划给各级文物保护单位。随着文物普查的深入，在黄埔古村会发现更多的文物。依照《中华人民共和国文物保护法》，黄埔村已批准的各级文物保护单位和尚未批准的"准文物"建筑，需在不改变文物原状的基础上进行修缮保养。黄埔古村的文物古迹是城市的重要遗产，也是旅游经营的基石。因此，以严肃的学术研究为基础，将文物古迹的保护延伸到历史环境的保护，让文物保护带动古村落的历史环境保护；用历史环境的保护，进一步推进文物保护。

2）以姓氏文化为线索的宗祠建筑保护

据《重修北帝庙配碑记》记载，早在宋代以前，黄埔古村就有了"冯、梁、胡、罗"四大姓。这意味着黄埔古村因对外贸易吸引了"八方来客"，打破了单姓宗族农耕聚居的人口结构模式。黄埔村"一个家族一个祠堂"的现象特别明显，形成了典型的文化景观。祠堂建筑的艺术成相对较高，群众喜闻乐"建"，该地祠—塘相应、场地旷阔、环境优美。祠内空间尺度较大，功能转变容易，适宜作为公共建筑，如展览馆、纪念馆、博物馆等。如果要对十三行天宝行做深入研究，可在梁氏宗祠创办"天宝行"为主题的博物馆。

3）以名人故居为亮点的民居建筑保护

明清时期，黄埔古村乃人杰地灵的著名侨乡。鸦片战争前，黄埔古村是全国唯一通商口岸，世界各国商船云集、舳舻相接，村民得海外风气之先，出洋谋生、经商、留学人数众多，涌现一批对中华民族颇具贡献的人物。例如，新加坡华侨领袖、黄埔先生胡漩泽，兼任三国领事。现新加坡、黄埔村均有他的纪念牌坊；政治家、外交家梁城；商业巨子梁韬、梁经国；专家学者胡栋朝、冯锐；军事家冯肇宪、梁广尧；教育家梁庆桂，经济学家梁方仲等，都有令人敬仰的事迹。黄埔村 70 多栋古民居极具岭南特色和科学艺术价值。保护、修复、利用名人故居，挂牌筹建名人事迹陈列馆，使之成为参观景点，室内、庭院、外环境、植物水体均是层次丰富的游赏空间，对游人、青少年都具有极大的教育意义。

4）以海神文化为特色的宗教建筑保护

黄埔古村原有不少神庙建筑，如北帝庙（玉虚宫）、圣母殿、天后宫、洪圣庙、华佗庙等。这些宗教型神灵大多跟海洋有关，是沿海人民出海作业时祈求平安而供奉的。这说明该村确为古代南海港口城镇。宗教建筑往往具备优美壮观的基地环境，具有各种寓意的神话人物与多重优雅的庭园院落。将此村完备的海洋文化庙宇进行修复，开展旅游观光、体验纪念、心理咨询、美好祝福等活动，是极具情趣、令人愉悦的事情。不知不觉中，"古港古村"的概念将潜移默化地深入人心。

5）将家居旅馆星级化对民族建筑实施保护

黄埔古村来燕里、横辰里、永康里、长乐里、中和里、太平里，申明大街、黄埔自街、沙桐大街、夏阳大街等处；砖木结构、"三间两廊"、厅堂天井、花木盆景、高墙静院等具有粤中传统特色的 73 栋民居，着实令人向往。石铺巷道、锅耳山墙、砖雕照壁、灰塑彩画，字画楹联，有的建筑还点缀了西式要素，是吸引国内外游人在此旅居度假、文化创业、商务考察、体验儒农商贾侨乡之风的"风水宝地"。身处广交会这个近在咫尺的庞大国际市场,该产业可做强做大,带动全村民族建筑的保护整治工作,如此才能解决"空壳村""空壳巷""空壳屋"的问题。

6)以国际化的视野实施涉外建筑保护

黄埔古村惇慵街有一栋"日本楼",乃旅日华侨与日本妻子所建,带有东洋风味,还相伴一些传奇的历史故事,而厦阳大街的安窖居宅则是一栋带有西洋风格的民居,这从另一个侧面反映了古村同海外不同文化圈人民相互交往的情况。这些具有文物价值、纪念价值的"涉及外来文化的建筑",虽然破旧,但作为特殊景点,这些建筑生动地联系着不同国家人民的感情与商贸往来。

7)再现粤海关志所描述的港口建筑

对已不存在的文物古迹或历史建筑,根据历史资料进行重建,只要坚持原址、原材料、原形制、原工艺,一样具有文物价值。采用恰当、切实的表现手法和风格体裁进行再现,可取得景观功能古今相宜的效果。粤海关志所记载的黄埔海关、税馆、夷务馆、买办馆、永靖守卫兵营酒楼以及商号,宝塔、宗教寺观等特色建筑曾经见证了黄埔港的繁盛,但现已淹没在历史的长河中。重现的纪念性娱乐建筑则是一种集锦式的纪念小品。现税馆的再生就是一个典型案例,其原本的形象意义已看不出来其实用的部分是一个博物馆。虽然再生的建筑与原建筑还存在一定的差距,但仍然具有一定的社会、环境、文化价值。

8)以山水情怀为理念的基础设施建设

黄埔古村主要是由石板路加水系林木组成的网络。这一特色在保护规划中应得到延续。现有黄埔村的"梳式"巷道保存良好,巷道口的牌坊、道路石板铺地都很有文化特色和舒适感。但需提升街面的铺装质量、配套服务设施;同时对村内的池塘河涌进行水害治理和污染治理(雨污分流),突出"一河两市"的港市关系。每一口水塘都是一个优秀公共园林;每一段护城河都是赏心悦目的景观带。恢复与原汁原味的滨海村镇特色密切联系的黄埔古村八景——"华山晚望""曲水流觞""北秀山明""古花勒园""上界清风""长鹅之岭""洞里乾坤""夏阳大道",用优美的水系将其整合为一个旅游大观园。

5.4.4　黄埔古村建筑遗产需乡规民约保护

古往今来,古村落的形成、保护、科学发展得益于人民群众自觉遵守的乡规民约。挽救受经济化和城市化冲击的历史文化名村,亦需要确立深得人心的乡规民约。

1）建立全村、全族共同信赖的乡规民约

浙江、贵州等地的经验值得借鉴，他们的做法主要包括以下几个方面。

① 历史文化古村落的保护必须由政府给定居民以物权政策和业主身份，将遗产保护工程与民生建设工程结合，引进社会资金，让全民参与监督。地方政府发布的法律法规能与乡规民俗互补互容，逐步建立以乡村居民自主管理为基础、地方政策配套支持的保护历史文化村落的法治环境。

② 力争科学化、民主化，发挥"士大夫"阶层——学术机构、大专院校等社会团体的作用，共同保护我们民族的文化根脉。文化古村落的保护要以严肃的学术研究为基础，在保护物质文化遗产的同时，注重挖掘、继承和发扬非物质文化遗产，积极探寻文化村落保护事业与社会生态环境协调发展模式。大力培养保护和管理古村落文化遗产的各类专门人才，避免唯利是图的商业行为对物质和非物质文化遗产的破坏。

③ 加强法律规划建设，推动地方制定《黄埔古村物质文化遗产保护条例》《黄埔古村非物质文化遗产保护条例》《黄埔古村历史文化街巷保护条例》。

2）运用法律法规保护文化遗产的物权

黄埔古村出现大量损毁古建筑、滥建乱搭违章建筑的现象，是缺乏法律效应的物权机制的表现，要促使民众自觉保护古村的文化遗产。"遗产"的所有权归公归私并不重要，重要的是能有效地保存传承。当前，不宜"大拆大建"，应当具体问题做具体保护复兴处理。

① 黄埔村的古建筑多为1～2层，而周围的民居多为3～5层，与古建筑极不协调。因此，新式建筑的高度应以历史文化村镇保护规划所确定的控制高度为依据；体量形式应考虑历史街巷的连续性，使新旧建筑的视觉感受协调与平缓过渡。坐落在古建筑群甚或古建筑院落中高耸的新建（构）筑物必须坚决取缔，然后按照传统建筑高度修补完备。

② 一般具有一定文化价值的民族风格式的现代居住建筑。例如，位于风貌协调区的建筑，结构方面可以还原修正、维护加固、嫁接替换；空间划分可以结合具体业务功能区别对待，采用成组成团的院落式、庭院式格局；外墙可采用传统青灰装饰的主色调，以满足现代家庭或家庭式客栈的需要。

③ 建设控制区一些与历史风貌不协调的新式建筑，可按照历史风貌要求对建筑的高度、色彩、形式、体量等方面进行修改。新式建筑如有30年以上，可对建筑式样、施工工艺和工程技术等进行综合价值鉴定后确定取舍。在乡土经济发展过程

中,具有一定代表性的作坊、商铺、仓库及工业附属设施,应做必要的隔离或更改,使之不破坏历史建筑的风貌主调。历史文化应该是发展的,保留和适当更改这类乡土建筑即可延伸、记录这种历史文化,克服"断代"现象。

④ 有待考究的景观地带与不协调的新式建筑应进行拆除,兴建符合历史建筑风貌要求的建筑或空间环境。新建筑的重要功能是用古建筑语言表达当代用途,形成具有传统风格的现代建筑。

参考文献

[1]威廉·C.亨特.广州"番"鬼录[M].冯树铁,译.广州:广东人民出版社,1993:59-67.

[2]宫苏艺.浙江新叶:古村落保护的活标本[N].光明日报,2009-11-30.

[3]韦光正.从江增冲村古村落保护与开发的思考[N].经济信息时报,2009-09-02.

[4]杨宏烈,肖佑兴.广州黄埔古村商埠文化特色旅游规划构想[J].热带地理,2010,30(4):445-451.

[5]蔡凌.城市化进程中的历史村落科学发展研究:以广州黄埔村为例[J].农业经济,2008(8).

5.5 广州市古村落旅游发展方略

本节分析了广州古村落的旅游发展条件,讨论了旅游开发原则,提出了广州古村落的旅游发展定位与旅游发展战略。广州古村落要遵循广州地方化与国际化相结合,遗产保护与旅游商品化相结合,政府主导、社区参与及民间资本运作相结合,旅游发展与古村可持续发展相结合的原则。在此基础上,广州将古村落旅游发展定位为广州特色游憩社区与文化产业发展基地,并根据有序的保护战略、整合的市场战略、圈层型的空间战略、立体开发的产品战略、结构优化的产业战略、适宜的经营战略等发展战略建设广州古村落,推动其可持续发展。

如何保护与如何科学合理地进行旅游开发是古村落研究的重要内容,针对该问题,国内外也出现了较多研究成果。广州作为国际大都市与国家历史文化名城,拥有大量的古村落。在广州城市化背景下,这些古村落都面临旧村与空心村改造、产业转型升级与发展、环境治理等问题。在《珠江三角洲地区改革发展规划纲要(2008—2020)》背景下,在广东建设文化强省、推行国民休闲计划与发展国际旅游目的地的形势下,广州众多古村落进行遗产保护与旅游发展,成为广州大都市发展、新农村建设与城乡统筹的重要内容。

5.5.1　广州古村落旅游发展条件分析

1)广州古村落旅游发展的优势

(1)广州古村落资源条件较为优越

广州古村落岭南特色鲜明,类型丰富多样,具有较高的旅游价值,主要表现在以下几个方面。①在村落形态方面,大多为岭南特色的梳式布局,村落纵列房屋前后相连,横排以青云巷相隔,形成一个"梳"形,如白云区的石马村;从化的秋枫村、钟楼村;增城的瓜岭村,花都的塱头村、茶塘村等。同时广州古村落在梳式布局的基础上,衍化成棋盘式、自由式、象形、城堡式等多种聚落形态。除了典型的广府村落外,还有较多防御性特点突出的客家村落与广府——客家和谐共处的村落,如增城的莲塘村、贝坑村等。②在村落布局方面,广州古村落保持较为完整的村落结构,一般建于前低后高的缓坡上,后为山坡或风水林,前为半月形水塘;在平原受地形限制没有山的村落,也多以种植风水林形式加以处理,没有河流的多建水塘。一般在村头有一棵或数棵榕树、门楼或牌坊,村前多有水塘与晒场,不少村落的晒场前还有旗杆夹,在村落中有多间宗祠,一些村落还以宗祠为中轴线两边排列,甚至一些古村还有村墙、护村河、炮楼等。不少古村落布局还具有仿生学特点,如番禺大岭村整个村落的布局酷似鳌鱼,花都三华村的"蟹"形。③在建筑形态方面,三间两廊式建筑较为普遍,镬耳屋、龙船脊、船屋、蚝壳屋成为岭南古村落的景观特色,至今保留了大量的古祠堂、古庙宇、古民居、古桥、古塔、古街巷、古码头、古店铺等古建筑,不少古建筑内保存着宝贵的建筑艺术与民间工艺,如灰塑、砖雕、石雕、木雕等。④在历史文化方面,广州古村落年代久远,基本上反映了广州乡村人口迁移、文化发展、产业演化等历史,具有较高的历史文化价值。如国家历史文化名村——大岭村具有800多年历史,自古重文教,开村以来共出过1名状元、1名探花、34名进士、53名举人和100多名九品以上的官员。黄埔村自北宋建村后,长期在对外贸易中扮演重要角色,在广州乃至中国的对外贸易史上具有重要的地位,培育了大量历史名人,至今黄埔村还保留了众多历史文化遗迹。⑤广州古村落还保存着丰富的民俗文化,如波罗诞、盘古王诞、鳌鱼舞、舞貔貅、狮舞、舞春牛、水族舞、麒麟舞、扒龙舟、飘色、乞巧节、客家山歌、走马灯、掷彩门、荔枝节等。

此外,广州古村落具有与城市迥然不同的乡村环境与广阔的乡村空间,可开展多种多样的乡村休闲、乡村娱乐与乡村度假等旅游活动。

(2)广州古村落具有独特的区位条件与优越的市场优势

广州甚至珠三角市民旅游意识强,出游率高,广州已成为我国主要的客源地和目的地。根据对广州市民的调查,绝大部分市民表示了对古村落旅游的浓厚兴趣,无论是老年人还是青年人,都对古村落情有独钟。广州古村落众多,不同古村落的区位条件各异,既有位于城市中心的城中村,也有处于城市近郊受工业化影响较大的古村落,还有不少边远地区分布的大量古村落。这些古村落无论位于城市何处,都具有优越的市场优势。

(3)已形成一定的产业基础

广州不少古村落已进行旅游开发,有一定的市场基础与产业基础,如小洲村、溪头村已成为广州特色乡村旅游区,节假日游客如潮;黄埔村在2008年修复了古港遗址并营业;钱岗村仅团队游客每个月就上百人次;珠村的乞巧文化节已闻名省内外等;此外众多未开发的古村落是大量背包客与自驾车游客钟情的目的地。

2)广州古村落旅游发展的劣势

(1)古村落被遗弃,年久失修

由于保护意识不足、保护资金缺乏,以及保护制度的不健全等,大量古民居、祠堂、民间艺术等广州古村落的文化遗产未得到有效的保护与传承,古建筑被废弃或破败不堪,民间艺术失传。

(2)城市的工业化与现代化使古村落的现代化建筑此起彼伏

新建筑与传统建筑混杂,破坏了古村落的氛围与意象。村民擅自在古村落内迁建、复建或兴建人造景观,致使一些传统建筑原有的历史风貌被破坏,造成乡村、民族、地域特色的丧失。不少传统建筑被出租于外来务工人员,甚至当作工业仓库或作坊,这使传统建筑受到一定程度的损坏。新建筑与传统建筑交错分布,不少历史文化区域被工业区包围,许多古村落的乡村环境与乡村意象受到严重破坏,这使文化保护与环境改善工作面临较大挑战,也使旅游发展空间受到较大限制。

(3)古村落生态环境受到严重破坏

古村落不仅生活污染与工业污染严重,而且"风水塘"和"风水林"也日益减少,生态安全格局与历史记忆受到破坏。

（4）不少村民旅游发展意识淡薄

村民对古村落的旅游价值认识不够,这导致古村落旅游开发阻力重重。

（5）广州古村落人口出现两种倾向

一方面在城市近郊与广州南部,工业化与城市化水平较高,外来流动人口增多,有的地方外来人口甚至超过本地人口,增加了古村落的交通、治安、生态环境等方面的管理成本;另一方面是城市远郊的古村落出现"空心化",缺乏生机与活力,弱化了古村的吸引力。

3）广州古村落旅游发展面临前所未有的良机

除了良好的国内环境,广州还面临诸多良机,如 2010 年广州亚运会、广东文化强省战略、广东国民休闲计划、广东国际旅游目的地与集散地建设、珠三角产业转型升级与发展以服务业为核心的产业体系、广州建设国家中心城市与广东首善之区等,为广州的基础设施、旅游设施、旅游形象与旅游营销、旅游项目、城中古村落的改造、城郊古村落的城市化等的建设创造了良好的物质条件、市场条件、政策条件与舆论条件。

4）广州古村落旅游发展面临诸多挑战

①村民与地方政府遗产保护意识淡薄。城市化与工业化加剧了村文化遗产的消失,而且这种现象还在延续。

②广州古村落旅游发展还处于初期阶段,拳头产品与旅游品牌未能凸显。而省内外众多古村落旅游品牌已初步形成,特别是东莞、佛山、肇庆、开平等地古村落对广州古村落形成一定的竞争。

5.5.2　广州古村落旅游发展的指导原则

1）地方化与全球化相结合的原则

广州古村落在旅游发展过程中,既要注重地方本土文化的发展与培育,又要考虑与广州"国际性城市"建设相结合,把古村落的发展与城市的发展战略相融合;既要注意本地市场、国内市场的需求,又要考虑国际市场、全球市场的需求,根据市场需求与地方建构动力推动古村落的建设与广州文化产业的发展。

2）遗产保护与旅游商品化相结合的原则

古村落作为传统文化的明珠,是人类文化遗产的重要组成部分。因此必须强化遗产保护,把遗产保护摆在至高的位置。遗产保护的最终目的是传承,而旅游开发是遗产传承与发扬的重要途径,遗产保护与合理的旅游商品化相结合是推动古村落旅游发展的重要动力。遗产保护要以原真性为准则,认真研究遗产的组分与结构,使旅游者能体验遗产的"原汁原味",充分展现古村落的历史文化、地方景观、民俗风物。同时旅游发展也是一个旅游商品化的过程,在旅游发展实践中,需要根据不同的旅游目标物与旅游者需求,对遗产进行合理的资本化、商品化与地方营销,采取视觉化、符号化、艺术化、景观休闲化与旅游体验化等形式对遗产进行包装与设计,发展各种与市场需求相符合的旅游主题与旅游产品。这样既可保护遗产,又能满足旅游市场需求,使古村落走上文化复兴之路。

3)政府主导、社区参与和民间资本运作相结合的原则

政府主导是我国旅游发展的主要模式,应充分发挥政府在财政、金融、营销、规划、管理等方面的作用。同时,在古村落旅游的开发过程中,要让村民积极参与旅游发展,这样既可增强地方特有的文化气氛,提高旅游产品的吸引力;又可减少开发的阻力,使当地居民真正从旅游发展中受益,改善当地居民的生活,提高农民自觉保护资源的积极性。由于市场化运作已成为旅游发展的趋势,因此需要因地制宜地采用民间资本运作的方式推动文化保护与旅游发展。

4)旅游发展与古村落可持续发展相结合的原则

广州古村落的旅游发展需要特别注意处理以下几个问题。①产业结构问题。由于部分古村落以工业为重要产业,因此需要正确处理好工业、旅游者与农业之间的关系,推动产业结构升级,优化产业结构。②人口结构问题。不少古村落的外来务工人员占据相当数量,甚至超过本地居民数量,这对古村落的居住环境与物业发展带来了新的问题。因此,需要处理旅游者、古村落居民以及外来务工人员之间的关系,协调旅游发展区、农业发展区、工业发展区、居住与物业发展区之间的关系,突出主体功能分区,科学合理配置与优化空间结构,构建和谐旅游社区。③地方形象结构问题。由于一些古村落除了历史文化形象外,还较多地宣传其工业区,产生了一定的工业文化形象。因此,在形象传播上要处理好原有历史文化形象、工业文化形象与旅游文化形象之间的关系,优化不同群体对古村落的信息与环境感知方式。④土地结构问题。不少古村落工业用地占了相当比重,工业建筑废弃物使环境遭受污染。因此,要处理好产业环境、人居环境与自然环境的关系,使人与环境和谐共生。总之,古村落旅游业的发展使古村落得以实现空间重构、组织重建、产业重塑,从而推动古村落的可持续发展。

5.5.3　广州古村落旅游发展战略定位

根据上述对广州古村落旅游发展的优势与劣势分析,结合广州古村落旅游发展的原则,广州古村落旅游发展的定位如下所述。

1)广州特色游憩社区

围绕各类主题进行旅游要素与旅游设施建设,把广州古村落建设为特色鲜明、各具特性的游憩社区,如城市游憩中心、文化生态村、艺术旅游村、民俗园、休闲度假村等。

2)广州文化产业发展基地

依托古村落的文化资源,建设各种主题鲜明的文化产业基地,如历史文化教育基地、民俗风情演绎娱乐基地、文化艺术创新基地、影视产业发展基地等。

5.5.4 广州古村落旅游发展战略

1)有序的文化保护战略

古村落的发展必须以保护为前提,保护的对象主要包括乡土建筑、文物遗迹、街巷空间、村落形态、田园环境、乡村文化、邻里关系、村镇特性、行为景观、土著居民等。根据村落的历史脉络、生态格局、区位条件、保护与利用现状,确定有序的保护战略与保护方法。

(1)保育战略

对于开发难度较大的古村落,需采取保育战略,即在维护现状的基础上,划定保护范围,确定保护层次,保护村落格局与整体风貌,对重点自然与文化遗产进行重点保护与修复,保育古村落生态环境与风水格局。

(2)更新战略

对古村落进行有机更新与空间重构。必要的条件下,通过对建筑、场景、人文活动的有效组织与历史环境的重新整治,再现古村落的自然和人文景观,结合再现的地标、场景、仪式、工具和人物等,通过情境再生与景观重塑得以重新建构地方古村落。

(3)增长战略

推动文化资本化与商品化,注重知识产权、人力资本和产业组织资本的运营,大力发展文化产业与创意产业,如各种民间艺术与民俗文化的艺术创作与设计、展览与传播、表演与影视等。

2)圈层型的空间战略

大城市环城游憩带的空间结构是呈圈层型的,即中心城区旅游圈、近郊旅游圈和远郊旅游圈。广州古村落具有不同的区位条件,既有位于广州城市内部与城乡接合部的,也有位于近郊与远郊的,因此在旅游开发时应根据区位条件、资源条件、保护与利用现状、城市发展趋势、周边环境等差异形成圈层型的空间布局。

(1)位于城市内部的古村落

根据游憩价值将其改造为城市游憩中心或次中心,建设休闲、娱乐、餐饮、购物等设施。例如,广州荔湾区的泮塘村居于广州市中心,是广州美食的发源地,有"广州美食,源于西关,味在泮塘"之说。目前泮塘村还保持古村落的基本形态,但除了仁威古庙,其他的物质文化遗产基本消失,泮塘村的社会、经济与生态环境已受到严重破坏,是典型的需要改造的城中村。泮塘村具有"美食"的非物质文化遗产,在其旁边街道已修建了美食街,仁威古庙也恢复了庙会的传统。因此,泮塘村可依托美食与庙会建设为广州重要的游憩中心。广州市白云区的三元里也是一个历史名村,受城市化与工业化的影响,其原有的社会、生态环境也受到了严重破坏,但可围绕三元里古庙与抗英纪念公园等物质文化遗产建设城市游憩区与休闲岛,恢复三元里的历史文化地位。

(2)位于城市近郊的古村落

城市近郊的古村落大致可分 3 种情况。①受城市化影响较小,仍保留白村落的原有基本形态。这些古村落可营造休闲氛围,完善各种休闲设施,建设城市游憩社区,推动文化产业建设与发展,如小洲村、聚龙村等。②受城市化影响较大的城市近郊的古村落,根据城市发展趋势,需要对这些古村落进行改造,如海珠区的黄浦村。根据广州市政府的发展规划,黄埔村所在的琶洲街以广州国际会议展览中心的建设为核心,发展以会展博览、国际商务、信息交流、高新技术研发、旅游服务为主导,兼具高品质居住生活功能的游憩商业区型、生态型的新城市中心组成部分。因此,黄浦村可依托自身的文化资源优势与琶洲展馆的巨大客源优势,建设海珠区甚至广州城市游憩区,建设特色餐饮中心、购物广场、艺术创作与展示体验馆、文化娱乐场所、历史遗迹体验馆,甚至主题公园等各种休闲游憩场所。③由于城市发展需要征用古村落土地,原古村落已被改建为民俗园。例如,小谷围的练溪村由于广州大学城建设被征用,被建设成岭南印象园,并于 2008 年开园营业。

(3)位于城市远郊的古村落

位于城市远郊的古村落,可因地制宜地发展各种休闲度假村。其中一些古村,如大岭村、三华村、莲塘村等,不仅具有深厚的历史文化底蕴,而且保留着众多的历史文化遗产,同时还有较多居民居住,因此可建设文化产业发展基地与休闲旅游村;而另外一些古村,如增城的鹅兜村、从化的钱岗古村,已少有人居住,可将古村落加以改造,建设文化演绎中心与文化创新基地,或拓展为旅游接待基地与度假村。

3)整合的市场战略

合理的市场战略是收集旅游信息充分与制订旅游决策的前提,是旅游可持续发展的基础。广州古村落旅游市场战略需做好以下几个方面。

(1)加强对游客类型的划分与整合

广州作为国际旅游城市与国家中心城市,要重点发展 3 个层次的旅游市场:本地的休闲旅游市场、国内的城市旅游市场、国际的商务旅游市场。在本地市场细分方面,强化对乐活族、背包客、自驾车游客、文化旅游者、美食旅游者、摄影旅游者等游客类型的划分。在国内城市旅游市场上,注重对来穗事务型游客与探亲访友型游客的划分。而入境旅游人员除了商务游客外,还有过境游客、寻根旅游者、文化旅游者与体育旅游者等。各个古村的旅游开发需要动态地细分与整合不同类型的游客的需求以提供针对性的旅游产品。

(2)整合以互联网为基础的旅游营销渠道

实现旅游部门、旅游产品整合,关键是实现信息化,即产业信息化、产品信息化和社会服务信息化。在旅游企业、游客、管理和决策者、政府和民间组织、其他行业和部门间建立一个旅游信息平台,通过该平台将旅游市场的主体和客体串联起来,双方在信息平台上自由交流信息,能更高效地完成旅游交易。

(3)强化地方的合作与整合营销

地方的合作与整合营销不仅体现在广州的古村落之间、广州地区古村落与广东省古村落之间,还体现在广州古村落与其他相关旅游区之间,将广州古村落旅游营销整合到广州旅游营销战略中。

4)立体开发的产品战略

广州古村落旅游资源丰富多样,既有城市内部的城中村,也有"乡村性"浓郁的郊野乡村;既有水乡,也有山村。因此,广州古村落旅游产品开发需要在资源"资本化"的理念指导下,运用创新思维,全方位立体式开发各种资源,建设丰富多样、特色鲜明的古村落旅游产品。

(1)充分利用与挖掘文化资源,大力发展遗产旅游

开发广州乡村遗产经典旅游线路,选择典型的传统民居对外开放;将部分民居适当改造为乡村旅馆、酒吧、茶吧、咖啡馆、购物商店、民间艺术展示与制作体验场馆等,建设历史、民俗、名人、生态等各类博物馆;开发各种节庆、艺术与民俗等民间文化旅游产品,发展文化演绎活动;发展文化沙龙、文化休闲业与展览业,与影视部门

合作,建设影视基地或影视城等。

(2)整合古村落生产性资源,发展乡村"产业旅游"

开展蔬菜、瓜果、花卉、林木、珍稀水产、奶制品、编造工艺、生态农业等农副业的观光、品尝与劳作等体验乡村生活与生产的农事活动;建设各类农副产品与工艺品购物中心,发展乡村美食、生态美食等食品工业和旅游商品制作工业,推动乡村工业旅游发展。

5)结构优化的产业战略

广州古村落应从主体功能区的角度考虑产业发展问题,从自然生态状况、承载力、区位特征、环境容量、现有开发密度、经济结构特征、人口集聚状况、参与分工的程度等因素考虑产业结构的调整、优化与布局。这需要大力发挥古村落的文化资源优势,确定旅游业的主导地位,发挥旅游业的主导作用,推动文化产业、创意产业与农业旅游的发展,推动古村产业的优化升级。通过生态、环保、健康等旅游消费理念与消费意识的宣传与实践,引导旅游消费的生态化与绿色化,引领旅游供给的生态化与绿色化。同时,通过旅游业促进当地工业升级,使工业逐渐由低技术、低附加值、高能耗产业向高技术、高附加值、低能耗的旅游加工业转型,大力发展低碳旅游与循环旅游。此外,加强人才的旅游教育与培训,使人力资源逐步从第一、第二产业输入第三产业;针对存在大量外来流动人口的古村落,加强流动人口的管理与居住业及物业管理。

6)适宜的经营战略

各个古村落应根据各自的区位条件、社会经济状况、利益主体博弈关系等,因地制宜地构建合理的经营战略,其中要注意以下几方面。

(1)建立多元产权制度,保护式开发古村落

广州古村落应根据当地政府、村委、居民等利益主体的态度与能力,因地制宜地采取多元化的经营模式,如政府主导;居民主导;外资主导;政府、村委与外资共同协作等。由于古村落具有建筑、土地、文化等多种资源,因此需充分发挥古村落各旅游利益主体的能动性,构建多维旅游产权转让规范,建立多元旅游产权制度。在保护式开发上,采取政府投资与委托管理、村委投资与委托管理、外商投资收购与经营管理、居民投资与经营,以及其他各种投资方式促进遗产的保护与利用;在旅游产业运营模式上,可采用古建筑经营、旅游线路经营、村落整体经营等多层次的运营模式;在保护与利用方面,采取旅游开发、村民共用、居民个人使用、外来务工人员租用的方式综合保护与利用各种历史文化遗产。

（2）强化社区参与度与产业链的地方根植性，构建受惠于民的利益分配模式

古村旅游开发的目的是要让村民享受旅游发展的成果，因此需要村民积极地参与旅游决策、旅游投资、旅游经营、旅游营销、旅游监督、旅游管理与旅游利益分配等。在多个利益主体之间形成受惠于民的利益分配机制，不仅可使居民获得旅游收入的分配，提高居民的经济收入，还可提升居民的文化素养、民主意识与管理水平，从而推动古村落建设与可持续发展。这就需要提高居民的保护意识与旅游参与意识，使居民获得学习与自我学习旅游相关知识的机会与能力，积极引导居民的旅游参与行为。在旅游发展过程中，一定要先让居民得到实惠才能激发他们参与旅游发展的动力。

（3）适度外迁古村落部分居民

居民外迁的原因主要有以下两点：一是由于古村落的旅游容量有限，旅游发展必然影响居民的居住与生活；二是现有不少建筑与传统建筑不协调，可对该类建筑进行拆迁，并在城市外围新建商品房补偿拆迁户。这就需要加强对居民拆迁态度的调查，制定合理的拆迁政策。

（4）构建动态的适应性管理模式

基于古村博弈主体关系的特征，在旅游地动态演化的基础上，以游客量为研究指标，通过量测旅游地环境承载力合理阈值，构建动态的适应性管理模式，提高旅游地可持续发展的能力。

5.5.5 结语

广州市众多古村落的旅游发展充分利用各种优势与机遇，积极正视各自面临的劣势与挑战，进行合理的发展定位，在保护、布局、产品、市场、产业与经营等方面形成多层次的、多元化的旅游发展战略，以推动广州古村落与城市的可持续发展。

参考文献

［1］朱桃杏,陆林,李占平.传统村镇旅游发展比较［J］.经济地理,2007,27（5）：842-846.

［2］刘莉,陆林.国内传统村镇旅游发展研究述评［J］.资源开发与市场,2006,22（1）：79-81.

［3］梁励韵,刘晖.旅游区的再开发策略：以中山市翠亨村为例［J］.城市问题,2009,

162(1):46-50.

[4]吴文智.旅游地的保护和开发研究:安徽古村落(宏村、西递)实证分析[J].旅游学刊,2002,17(6):49-53.

[5]邹统钎,王燕华,丛日芳.乡村旅游社区主导开发(CBD)模式研究:以北京市通州区大营村为例[J].北京第二外国语学院学报(旅游版),2007,141(1):53-59,41.

[6]周凡,朱晓明.珠海市会同古村保护与再生利用策略[J].城市规划学刊,2006(3):52-57.

[7]陆琦.岭南印象园:小谷围练溪村再利用[J].南方建筑,2008(5):70-75.

[8]朱光文.珠江三角洲乡镇聚落的兴衰与重振:番禺沙湾古镇的历史文化遗存与保护开发刍议[J].广州大学学报(社会科学版),2002,1(11):29-33.

[9]蔡凌.城市化进程中的历史村落科学发展研究——以广州黄埔村为例[J].农业经济,2008(8):17-19.

[10]杨宏烈,邬月林,李希琳.广州三元里城中村改造规划[J].中国园林,2006,22(2):21-24.

[11]朱光文.明清广府古村落文化景观初探[J].岭南文史,2001(3):15-19.

[12]刘浩.苏州古城街坊保护与更新的启示[J].城市规划汇刊,1999(1):78-79.

[13]赵勇.我国历史文化村镇保护的内容与方法研究[J].人文地理,2005,20(1):68-74.

[14]李淙,雷冬霞.情境再生与景观重塑:文化空间保护的方法探讨[J].建筑学报,2007(5):1-4.

[15]吴必虎.大城市环城游憩带(ReBAM)研究:以上海市为例[J].地理科学,2001,21(4):354-359.

[16]俞金国,王丽华,李悦铮.国内旅游市场分析及战略规划研究:以大连市为例[J].地域研究与开发,2006,25(2):57-62.

[17]杨春宇.旅游地发展研究新论:旅游地复杂系统演化理论·方法·应用[M].北京:科学出版社,2010:168-170.

5.6　广州国家历史文化名村大岭村旅游开发研究

古村落的旅游开发受到普遍关注,本节以广州唯一的国家历史文化名村——大岭村为例,讨论了广州古村落的旅游开发问题。分析了大岭村的旅游开发条件,讨论了旅游开发原则,在大岭村在遗产保护、形象策划、空间布局、产品开发、市场营销与发展模式等方面提出了建议。广州古村落的旅游开发不仅需要充分发挥市场优势、经济优势与资源优势,同时也要认识到古村落的产业结构、人口结构、土地结构等方面的特点,把古村落旅游发展与新农村建设结合起来。

5.6.1　引言

古村落是传统文化的明珠,是人类文化遗产的重要组成部分,如何保护及科学合理地进行旅游开发古村落是古村落研究的重要内容,学界也形成了较多研究成果。广州作为历史悠久的岭南大都市,具有较多的古村落,如大岭、珠村、钱岗、黄埔、小洲、塱头等,这些古村落如何开发利用,如何与旅游发展结合起来,受到各界的高度重视,但有关研究却很缺乏。本节以全国历史文化名村大岭村为例,探讨了广州地区历史文化名村的旅游开发问题。

5.6.2　大岭村基本状况

大岭村位于广州市番禺区石楼镇西北部,东临莲花山,南临市莲路,西接岳溪村,北为广阔的耕地和鱼塘,中部是被誉为"七星岗"的七座山丘,砺江涌横贯东西。大岭村原名菩山村,自宋朝开村至今逾 800 年,书香不绝。明朝嘉庆年间改名为大岭村。面积 374.19 公顷,包括下村、上村与龙漖 3 个自然村。2002 年大岭村被评为"广州市历史文物保护村";2007 年大岭村成为第三批"全国历史文化名村"。2007年大岭村总人口 2 365 人,村中大部分劳动力在城镇打工;外来人口 3 000 余人,超过本村人口。

目前大岭村的支柱产业是农业与工业。种植业和鱼塘养殖业是大岭村的传统产业,近年来养鸭、养猪、蔬菜、水果等产业发展较快。但由于农业利润较低,目前主要是雇用外地人耕种。大岭村的工业主要有两部分:村东南部工业区,主要以电子、皮革等为主;大岭涌西侧工业区,即菩山工业区,是村办工业区,主要以五金、钟表、化工等为主,收入以出租土地、厂房为主。大岭村工业较为粗放,布局随意,多为单层厂房建筑,内部道路为土路,基础设施较为缺乏,企业污染较为严重。与大岭村周边的工业区相比,大岭村的工业区小、散、技术含量低,效益较差,污染高。2007 年大岭村全村工农业总产值为 4 553 万元,其中工业 3 260 万元,农业 1 293 万元,人均年收入 8 456 元。总的来说,大岭村虽处于广州番禺这样的国内发达地区,仍属于欠发达村落。

5.6.3　大岭村旅游开发条件分析

1) 旅游资源分析

大岭村开村 800 余年,历史源远流长,人文积淀丰厚。该村保存了大量岭南特色的文化遗产,其中最为著名的有龙津桥、接龙桥、显宗祠、大魁阁塔、蚝壳屋等。大岭村生活方式传统,生活气氛浓厚,手工精美,民俗风情有赛龙舟、串村拜洪圣公、清明祭祖、自梳女。大岭村整体依山傍水而建,前为玉带河,后靠菩山,正所谓"菩山环座后,玉带绕门前",具有完好的山、水、村、田的村落生态格局。整个村落的布局酷似鳌鱼,具有较为完整的传统古村风水格局,是珠江三角洲地区历史建筑的典型代表。大岭村也是抗日游击区,当年广东人民抗日游击队珠江纵队曾活跃于此,"七星岗"等地是珠江纵队二支队驻地、禺南北线活动大本营之一,因此可作为爱国主义历史教育基地。总的来说,大岭村传统村落肌理清晰,格局完整;历史遗存丰富,传统建筑精美;生活方式传统,乡村风情浓郁,具有优越的旅游资源和较高的旅游开发潜力。

2) 旅游市场条件优越

大岭村距离广州市中心城区约 30 km,车程约 1 小时;距离番禺市桥中心约 10 km,车程不足半小时,并且与莲花山、海鸥岛等旅游区相邻,特别是亚运村、广州新城都建在附近,各项基础设施也将不断完善。广州及珠三角人口数量多、经济较发达,旅游出游率高,这使大岭村有着优越的市场条件。

3) 政府高度重视旅游发展

2008 年 11 月以来,广东出台了《关于加快广东旅游业改革与发展建设旅游强省的决定》《珠江三角洲地区改革发展规划纲要(2008—2020 年)》《关于试行广东省国民旅游休闲计划的若干意见》等文件,提出将广东列为"全国首个旅游综合改革示范区",率先试行国民旅游休闲计划,大力发展休闲旅游,推广"岭南文化"旅游品牌,把广东建设成具有国际旅游目的地与游客集散地的示范区。在大岭村方面,石楼镇政府计划陆续拨款 2 000 万元,对古村落进行全面的复古整治。目前,显宗祠抢救维修的首期工程已经完成,后墙破裂、石柱倾斜发霉、部分木雕破烂等问题已经解决;姑婆庙的维修、始祖柳源堂的复建、玉带河的部分整治也正在进行。

4)村民对旅游发展的高度热情与较高的参与度

根据2008年暑假对村民关于旅游发展的态度的调查,居民对如何开发利用大岭村丰富的人文资源,选择发展旅游业的占比最高,达59%;其次是选择发展历史人文教育产业,占比为23%;而在旅游事务的选择方面,选择办旅游企业的居民占比为22%,选择从事旅游管理的居民占比为16%,选择为旅游发展献计献策的居民占比为20%,选择旅游监督的居民占比为11%,这说明居民对旅游业发展的热情很高,大岭村旅游发展具有良好的群众基础(表5.2、表5.3)。

表5.2　村民对产业的选择表

村民选择	农业	加工业	商贸业	历史人文教育产业	旅游业	居住业	娱乐业	其他
比例/%	17	11	12	23	59	10	3	1

表5.3　村民对旅游事务的选择表

村民选择	办旅游企业	从事旅游管理	为旅游发展献计献策	旅游监督	和我无关	以后再说	不知道	其他
比例/%	22	16	20	11	12	10	11	1

5)番禺旅游集群优势明显

番禺境内,已有广州香江野生动物世界、广州长隆欢乐世界、长隆水上世界、大夫山森林公园、莲花山、宝墨园、余荫山房、百万葵园、番禺南沙天后宫、海鸥岛、祈福农庄、横沥农业旅游区等,在空间上业已形成旅游集群,为大岭村旅游发展创造了良好的外围条件。

5.6.4　大岭村旅游开发的原则

1)遗产保护与开发利用相结合的原则

目前由于人们对大岭村保护意识不足、保护资金缺乏,以及保护制度不健全,文化遗产未得到良好的保护,主要表现在以下几方面。①传统建筑废弃或衰败,未受到良好保护。现村内广州市登记的文物保护单位龙津桥、大魁阁塔、贞寿之门石牌坊,以及显宗祠、永思堂、接龙桥、两塘公祠等重要文化遗产没有得到完善的保护。

②新建筑与传统建筑混杂,严重破坏了古村落环境,致使改造难度加大。有的村民擅自在古村落内迁建、复建或兴建人造景观,致使一些传统建筑原有的历史风貌格局被肢解破坏,造成乡村、民族、地域特色的丧失。③不少传统建筑用于出租给外来务工人员居住,甚至用来作工业仓库或作坊,这使传统建筑受到一定程度的损坏。因此,必须强化遗产保护,把遗产保护放在至高的位置上来。遗产保护的最终目的是传承,而旅游开发是遗产传承与发扬的最佳途径,遗产保护与开发利用二者相结合才是推动大岭村旅游发展的原动力。

2)文化原真性与旅游商品化相结合的原则

原真性是检验世界文化遗产的一条重要原则,遗产的原真性从组分上看,包含以下内容:地点、位置;形态和构成;材料、材质;技艺;环境;功能;管理制度;精神、情感;相关人、物、事;时序变化。从结构上看,遗产原真性组分可以分为"物质层面"原真性与"非物质层面"原真性;也可分为"遗产本体"原真性与"非遗产本体"原真性。因此,在遗产保护中要以原真性为准则,认真研究遗产的组分与结构,使旅游者能体验遗产浓郁的原汁原味,充分展现大岭村的历史文化、地方景观、民俗风物的地方特色。同时,旅游发展也是一个旅游商品化的过程。在西方,原真性又分为客观主义原真性、建构主义原真性、存在主义原真性、后现代主义原真性几种类型。旅游发展实践,需要根据不同的旅游目标物与旅游者需求,发展相应的遗产原真性,既保护遗产,又能满足旅游发展需求。

3)整体性与个性化发展相结合的原则

古村落是一个完整的最基本的居住单元,以居住为主要功能,以家族为纽带的聚落,包括民居、祠堂、牌坊、文塔、廊亭、风水格局以及其所处的自然环境,因此古村落的开发首先要从保护它的整体环境以及构成古村落环境各个要素的外貌特征入手。同时,旅游资源的开发,应突出个性,充分揭示和发展其自身特色,把各项旅游资源有机地结合,形成一个突出的主题,树立当地的旅游形象。

4)政府主导与社区参与相结合的原则

政府主导是我国旅游发展的主要模式,应充分发挥政府在财政、金融、营销、规划、管理等方面的作用。同时,在村落旅游的开发过程中,要让村民积极参与到旅游发展中来,这样既可增强地方特有的文化气氛,提高旅游产品的吸引力,又可减少开发的阻力,使当地居民真正从旅游发展中受益,改善当地居民的生活,提高居民自觉保护资源的积极性。

5) 旅游发展与新农村建设相结合的原则

大岭村的农业作为传统产业,利润低廉,要突破发展瓶颈,必须提高产业技术含量,实施规模化生产。大岭村的村办工业要改变目前的小、散、低技术、低附加值、高能耗、高污染的局面并非易事,工业作为目前主要的经济来源,其高耗与低效让大岭村人欲罢不能。大岭村面临重重困境,正努力寻求新的发展机遇。2002 年大岭村被评为"广州市历史文物保护村",2007 年大岭村被评为第三批全国历史文化名村,这让大岭村的历史文化资源重焕生机。发挥大岭村优越的历史文化资源的比较优势,营造大岭村的旅游竞争优势,把旅游业定位为大岭村的主导产业,可使大岭村的发展出现转折点,开拓出一条新农村建设的创新之路。

大岭村的旅游发展与新农村建设要特别注意处理以下问题。①由于大岭村产业结构是以工业为主导产业,农业居于次要地位,因此需要处理工业、旅游者与农业之间的关系,推动产业结构升级,优化产业结构。②在人口结构中外来务工人员数量超过本地居民,对当地的居住及物业发展带来新的问题。在发展旅游时要处理旅游发展区、农业发展区、工业发展区与居住及物业发展区之间的关系,突出主体功能分区,科学合理地配置与优化空间结构。③在地方形象上,大岭村过多地宣传菩山工业,塑造了一定的工业形象,对旅游形象造成了一定的负面影响。因此,在形象传播上要处理好工业形象与新兴的旅游形象之间的关系,优化不同群体对古村的信息与感知环境。④注意国内市场与国际市场的结合与培育。处理旅游者、当地居民以及外来务工人员三者之间的关系,使人与人之间和谐共处。⑤目前土地利用结构中工业用地占了相当比重,工业建筑与排放物产生了一定的环境污染问题,因此要处理好产业环境、人居环境与自然环境的协调,使人地和谐共生。

5.6.5 大岭村旅游开发的主要措施

1) 文化保护措施

古村落的发展必须以保护为前提。根据村落的历史脉络、保护与利用现状,确定保护战略与保护方法。首先,对古村落进行整体保护,划定保护范围,确定保护层次,保护大岭村"鳌鱼"与"鱼骨"的村落格局,以及"水乡"与"书香"的村落整体风貌。其次,对重点文化遗产进行重点保护与修复,如文魁塔、龙津桥、接龙桥、显宗祠、大魁阁塔、贞寿之门石牌坊、永思堂、陈氏大宗祠、三遝庙、两塘公祠、蚝壳屋、姑婆屋、传统民居镬耳大屋、风貌完好的古巷门等。最后,对民居采取有机更新策略,重点治理与古村环境不相协调的民居,采取"穿衣戴帽"或拆迁等措施,改善古村环境,营造古村落的氛围。

2)旅游形象策划

为了在旅游发展背景下树立大岭村新兴的村落形象,同时转变大岭村的工业区形象,根据大岭村的地脉与文脉,大岭村旅游形象理念构建为:广州水乡,番禺书香。因此,大岭村应围绕"水乡""书香"来构建旅游形象,开发旅游产品,营造旅游体验。

(1)"水乡"形象塑造

塑造"鳌鱼"与"鱼骨"风格的村落风貌;继承与发展水文化的重要组成部分——龙舟文化;保持与完善水乡风情,保护河流与水田,发展水产业与农业旅游;做好水乡绿化,营造水乡氛围。

(2)"书香"形象塑造

修复古村传统格局与传统建筑;修复"书香"代表性建筑——文魁塔、龙津桥、接龙桥、显宗祠与善元庄公祠等祠堂、私塾、状元庄有恭祖屋,探花陈伯陶、陈永思堂等书香门第人家,建设状元博物馆或进士博物馆;建设具有浓郁"书香"韵味的牌坊、游客中心、旅游服务与管理设施,以及各种基础设施与公共设施。

(3)宣传口号

在旅游形象理念的基础上,大岭村可在不同时期针对不同细分市场发布不同的旅游宣传词。

主题宣传词:大岭村——广州水乡,番禺书香。

辅助宣传词:大岭村——广州第一个全国历史文化名村;大岭村——广州莲花山下的古村落;大岭村——广东的状元村;菩山水乡,大岭书香等。

3)空间布局措施

目前上村、下村与龙漖3个自然村的新民居、出租给外来务工人员的出租屋与传统建筑的混杂建设,西侧与东南部工业区的建筑景观以及对环境的污染,不仅与大岭村传统建筑不协调,也没有发挥空间的效用。为了充分利用空间资源,合理组织旅游要素的协调发展,提出"一心、两轴、三点、四区"的空间布局形态。

"一心"是指集文魁塔、显宗祠、龙津桥为一体的旅游核心,是大岭村最大的旅游吸引物组团与旅游集散地。

"两轴"是指玉带河以及许地街、文明街、开平街等组成的鱼骨主干线,其中玉带河集中了大量古建筑与祠堂,同时也是水乡的精华,而鱼骨线是村落格局的精髓。

"三点"是指村口、陈氏大宗祠、庄氏祠堂3个主要节点,其中村口设置牌坊、停车场、售票与旅游服务等设施。陈氏大宗祠现为村民聚餐之处,可改为餐厅或商店等旅游设施;庄氏祠堂是清代状元庄有恭所在的自然村龙漖村祠堂,是该自然村的主要节点。

"四区"是指4个功能分区。①旅游发展区:主要在中、北部,包括上村、耕地和鱼塘,发展文化旅游、农业旅游以及休闲度假旅游,是大岭村的旅游中心,建设停车场、游客中心村牌坊以及各种旅游设施。②生态保护区:中部的"七星岗"为七座山丘,是大岭村的生态保护区,也是旅游发展的后备基地。③居住与物业发展区:东部与北部的下村与龙漖,是大岭村新农村建设的物业区,也是大岭村新农村建设的旅游发展区。④工业区:东南部与西部的工业区,将部分原有工业区逐渐拆除,或原有工业区逐渐转换为旅游产品加工区。

4)旅游产品开发措施

大岭村旅游资源丰富,旅游市场条件优越,可开发多层次多类型的旅游产品。根据大岭村旅游市场、旅游资源、旅游营销,以及建设周期与进度等方面的情况,大岭村在近、中、远期可依次有序地重点开发文化体验旅游、农业旅游、休闲度假旅游等。

①开发文化体验旅游的主要措施。保护与修缮传统村落格局、各个祠堂等建筑;保护古树名木,做好古村绿化;疏通玉带河与砺江涌,治理水系,开办龙舟节、游赏玉带河;选择典型的传统民居对外开放,选择部分民居开办乡村旅馆、酒吧、茶吧与咖啡馆;开办自梳女博物馆,展示自梳女的生活方式与生活器具,邀请自梳女做讲解员;展示"状元"庄有恭的成长经历与事迹,创办状元博物院;充分利用石楼的粤剧团,设立一个以"粤剧风华"主题的节日;在文昌塔下的空地上设立一个说书点,让游客体验说书情景;寻找民间优秀工艺工作者,展示精美手工工艺,或让游客参与工艺制作;发展旅游商品制作工业,推动乡村工业旅游发展等。

②开发农业旅游的主要措施。开发钓鱼、摘果、种植农作物等体验乡村生活与生产的活动;开发乡村美食与生态美食等。

③开发休闲度假旅游的主要措施。登山与乡村自行车运动等乡村体育活动;建设度假小屋,建设室内外休闲设施等。

④旅游线路可分为主游线与次游线。主游线为由村口经过许地街、文明街至文魁塔、显宗祠、龙津桥,后延玉带河至村口,形成一个闭合的环形路线。次游线可通过文魁塔、显宗祠、龙津桥这个旅游核心发散到各个节点和旅游点。

5）市场营销措施

（1）大力进行旅游营销

虽然古村落旅游日益受到旅游者的青睐，但广州古村落旅游市场还处于萌芽阶段。目前，大岭村还处于"藏在深阁未人识"的状态，据大岭村邻近的莲花山的旅游者调查，有 73% 的旅游者不知道大岭村，这说明大岭村的知名度非常低，需要大力进行旅游营销。

（2）旅游市场定位

根据笔者对珠三角古村落旅游市场的调查，前往古村落的旅游者主要目的是体验历史文化、赏景、体验民俗、休闲娱乐、摄影采风、探寻美食。因此，大岭村的主要旅游者类型可细分为乡村文化旅游者、乡村休闲旅游者、乡村摄影旅游者、乡村度假旅游者，针对这些类型的游客市场应采取合理的营销措施。

（3）近期营销重点及策略

由于大岭村在广州的知名度相当低，近期大岭村旅游市场开发的重点是广州及珠三角的一日游旅游市场。广州旅游市场的主要营销渠道是广州电视的 G4，珠三角的旅游市场可采取与莲花山的捆绑营销方式，主要针对的是乡村旅游市场与乡村休闲旅游市场，家庭市场与老年人市场。

6）产业协调发展措施

大岭村应积极主动地进行产业改造升级，把目前的"二、一、三"型的产业结构跨越式地转变为"三、一、二"和"三、二、一"型的产业结构。首先，确定旅游业为大岭村的主导产业。其次，发挥旅游业主导产业的带动作用，推动文化产业化与农业旅游化，发展农业旅游与休闲农业。最后，促进工业升级，使工业逐渐由较低技术含量与较低附加值的电子与五金等行业转型为较高附加值的旅游商品加工业。

7）旅游管理模式

（1）在旅游开发模式上，采取政府、村委与外资协作经营管理的模式

由于大岭村总体经济水平较低，缺乏资金、旅游发展与管理经验，根据对政府、居民关于大岭村旅游发展模式的调查（表 5.4），大部分居民选择政府、村委与外资共同协作的方式来发展旅游业。同时，要正确处理与协调当地居民、旅游者、旅游经营与管理者、其他旅游从业人员，以及外来的务工人员等的利益关系，使他们和谐共处。

表5.4 村民对旅游发展模式的态度表

态度	样本	比率/%
政府主导	93	29
村民主导	41	13
外资主导	33	10
政府、村委与外资共同协作	156	49
无所谓	1	0
不知道	15	5

（2）受惠于民的利益分配模式

大岭村旅游开发的目的是让居民享受旅游发展的成果,因此需要居民积极参与旅游决策、投资、经营、营销、监督、管理与利益分配等。在多个利益主体之间形成一种合理的分配机制,不仅使居民享有旅游收入、提高居民经济收入,还可提高居民文化素养、民主意识与管理水平,推动新农村建设。

（3）建立多元产权制度

充分发挥大岭村各种利益主体的作用,建立多元的遗产产权制度。在保护的投资上,采取政府投资与委托管理、村委投资与委托管理、外商投资收购与经营管理、村民投资与经营,以及其他多种投资方式促进遗产的保护与利用;采取旅游开发、村民共用、居民个人使用、外来务工人员租用的方式来综合保护与利用各种遗产。

5.6.6 结语

与边远地区古村落相比,大岭村等广州市的古村落,既继承了传统古村落的文化遗产,又是城市化与工业化的产物,在产业、人口、土地利用、地方形象、旅游市场结构等方面具有自身的特点。因此,广州古村落的旅游开发,不仅需要充分发挥资源优势、市场优势与经济优势,同时也要认识到古村落的产业结构、人口结构、土地结构等方面的特点,把古村落旅游发展与新农村建设结合起来。

参 考 文 献

[1]吴文智.旅游地的保护和开发研究:安徽古村落(宏村、西递)实证分析[J].旅游学刊,2003(2):49-53.

［2］项文惠.名镇古村的保护与再利用研究:以杭州为例［J］.浙江工业大学学报(社会科学版),2006,5(1):1-5.

［3］荆怀芳,杨文棋,陈金华.国家级名镇(村)的旅游价值与开发模式探析［J］.资源开发与市场,2007,23(5):471-474.

［4］郑光复.旅游城镇持续的保护与开发:藉阳朔、丽江及江南古村……而析［J］.华中建筑,2005,23(2):106-109.

［5］李艳英.福建南靖县石桥古村落保护和发展策略研究［J］.建筑学报,2004(12):54-56.

［6］吴承照,肖建莉.古村落可持续发展的文化生态策略:以高迁古村落为例［J］.城市规划学刊,2003,146(4):56-60,96.

［7］周芄,朱晓明.珠海市会同古村保护与再生利用策略［J］.城市规划学刊,2006(3):52-57.

［8］朱桃杏,陆林,李占平.传统村镇旅游发展比较:以徽州古村落与江南六大古镇为例［J］.经济地理,2007,27(5):842-846.

［9］刘莉,陆林.国内传统村镇旅游发展研究述评［J］.资源开发与市场,2006,22(1):79-81.

［10］邹统钎,王燕华,丛日芳.乡村旅游社区主导开发(CBD)模式研究:以北京市通州区大营村为例［J］.北京第二外国语学院学报(旅游版),2007(1):51-59.

［11］徐嵩龄.遗产原真性·旅游者价值观偏好·遗产旅游原真性［J］.旅游学刊,2008,23(4):35-42.

［12］张静.我国古村落的旅游开发研究与旅游规划实证分析:以婺源县李坑村为例［D］.上海:上海社会科学院,2007.

［13］刘浩.苏州古城街坊保护与更新的启示［J］.城市规划汇刊,1999(1):78-79.

［14］朱光文.广府传统的复原与展示:番禺大岭古村聚落文化景观［J］.岭南文史,2004(2):25-34.

5.7　广州十三行历史街区意义重构研究

文化意义是历史街区的核心内涵。历史街区的文化意义是历史街区所蕴含的价值观、情感、归属感,及其使用过程中产生的价值。旅游发展需对历史街区多元文化意义进行整合与重构,构建历史街区文化意义的符号体系,完善文化意义的支撑体系。广州十三行历史街区可在多元文化意义整合的基础上构建新的文化共同体,形成新的文化意义,即清朝一口通商遗产地、中国海上丝路地标区、中国文化旅游示范区、广州城市旅游综合体、广州城市文明示范区。在此基础上,构建十三行历史街区文化意义的表征体系,加强文化意义的保障体系建设。只有揭示历史街区的文化意义,才能真正理解历史街区的发展脉络,找到历史街区发展的正确方向与路径,达到发展与活化历史文化的目的。

历史街区是一种文化现象,即特定时代在特定地域中留下的历史痕迹,是利用有形实体对人类文明和历史等无形精神和内在气质的城市保护与更新传承。历史街区承载相应的历史背景,赋予相应的文化内涵,强化了人们对城市的心理认同感和归属感。在历史街区的发展上,不仅需要进行物质的空间改造,更要重视文化的价值重塑。解决城市历史街区的多重价值问题,需将街区历史文化价值与街区经济价值相结合,既传承城市文化和历史记忆,又可发展城市新的经济增长点。由此可见,历史街区不仅是有形的物质实体,更重要的是它的文化价值。显然,历史街区的发展应从内在的文化意义入手。

5.7.1　历史街区的文化意义

要理解历史街区这一文化现象,首先要了解何为文化,何为文化意义。关于文化的概念与内涵,许多学者有不同的界定。英国文化主义学派代表人物、文化唯物主义集大成者雷蒙德·威廉斯认为文化定义有 3 种一般的分类:理想的、文献的、社会的。威廉斯特别注重第三种文化的界定,认为文化是对一种特殊生活方式的描述。它表现了包含在各种制度和日常行为中的某些意义和价值。他认为"文化"作为一个由意义、价值、符号等构成的象征系统,形成于社会成员所处的物质条件与社会关系。威廉斯的文化研究极大地推动了当代人文社会科学的文化转向。在此基础上,霍尔把威廉斯的意义与价值转换得更具符号学色彩意义,他把文化定义为共享的意义或共享的概念图,亦即文化是一个意义的海洋。正如马克思·韦伯所言,人是悬在由他自己所编织的意义之网的动物。人类学家格尔茨说:"文化就是这样一些由人自己编织的意义之网,文化分析就是探求意义的解释科学。"寻找意义是人作为人存在于世的基本方式。霍尔认为,文化意义包括文化蕴含的价值观念、情感、归属感,及事物使用过程中产生的价值。

　　从这个逻辑来看,历史街区的文化意义就是历史街区中所蕴含的价值观念、情感、归属感,及其使用过程中产生的价值。简言之,历史街区的文化意义包括文化价值与文化功能,其中文化价值包括情感与归属感等,文化功能是使用过程产生的价值。历史街区的发展,第一,需确立历史街区的文化意义。这就需要在对历史街区的历史文化意义、当代文化意义、未来文化意义趋势的分析基础上,对多元文化意义进行整合,使历史街区价值重塑与功能重构。第二,构建历史街区文化意义的符号体系,它是一个文化意义表征与空间重构的过程。意义是通过符号进行表征的,没有外显的符号就不能体验文化内在的意义。这需要从文化体验视角构建文化意义赖以表征的符号体系。第三,要完善文化意义的支撑体系。文化意义的确立与发展,还需要相关方面的建设,如文化资金投入、文化制度设立、文化传播方式完善等。

5.7.2　十三行历史街区的历史与当代文化意义

1)十三行历史街区的起源与历史文化意义

　　"十三行"出现于明末,它的出现标志着我国传统的"朝贡贸易制度"向"商业行馆贸易形式"转变。1757—1842 年,清朝实行广州粤海关一口通商、独霸中国对外贸易,广州十三行成为中国唯一合法的外贸特区,中国商人与外国商人纷纷在此设立商馆与夷馆,十三行极盛一时。清初诗人屈大均在《广州竹枝词》中有云:"洋船争出是官商,十字门开向三洋;五丝八丝广段好,银钱堆满十三行",可见十三行的繁荣状况。其间,十三行几次遭遇火灾成为废墟,直至光绪末年,才再次兴盛。民国时期,十三行逐步成为广州市三大市中心之一。

　　十三行历史街区蕴含着丰富的历史价值。第一,十三行是清朝的特区,清末中国开放的唯一通商口岸,是现代特区的先驱。第二,它是中国海上丝绸之路的重要节点,对中外交流与商业贸易具有重要贡献,对全球化具有重要影响。第三,作为通商口岸,十三行成为清朝财政的重要来源(被称为"天子南库"),推动了中国民族资本主义发展。第四,它启蒙了中国民族资本主义,促进了中国商业文化的发展,培育了大量行商,启发了行商的开拓创新、勇于进取的企业家精神。第五,它是近代广州的经济、社会文化与城市建设的重要组成部分,对广州的地方精神与民俗文化具有重大影响,如岭南文化中的重商性与之密不可分。

2)十三行历史街区的现状与当代多元文化意义

　　十三行历史街区几经起落,原有的夷馆与商馆已不复存在,建国后在原址基础上建成了供市民休闲的文化公园,同时保留了民国时期中外合璧的建筑群。改革开放以来兴建了新中国大厦、红遍天大厦、城启等多栋大体量的现代化建筑,并逐步发展为广州主要的服装批发市场。该市场以十三行路为中心,延伸到杉木栏路、长乐路、十八铺路、杨巷路、和平中路、和平东路、桨栏路、光复南路,甚至状元坊等地,形成具有服装产业链的服装批发商业圈,商业辐射全省、全国、东南亚与俄罗斯等。当前,十三行服装批发商业物流中心包括22家服装专业市场,如新中国大厦服装批发市场、广州市红遍天服装交易中心等。然而,当前十三行街区的发展存在诸多问题。首先,文化价值流失。十三行曾具有全球性的文化价值与文化意义,但这些重大文化价值未能被传承与发扬光大。其次,文化功能失调。作为服装批发市场,十三行虽能地租较高,并有一定的产值,但生产的服装以中低档为主,价格不高,附加值低。而且该市场人流量、物流量极大,远远超过了街区的承载力,这导致该地交通拥堵、环境被破坏,造成居民生活与生产的极大不便。最后,文化符号紊乱。当前十三行作为广州社会转型的典型街区,不仅传统文化符号未能得到较好地保护,而且现代化文化符号也未能较好地构架。如十三行作为清朝"一口通商"的遗址和广州商业文化重地,除了博物馆陈列的少数文物,已很难寻觅十三行历史文化的踪迹。清朝时期的十三行建筑荡然无存,民国时期十三行的建筑也受到极大威胁,新建筑的出现与老建筑的改造都给传统建筑体和建筑风貌带来了严重创伤。

当前,十三行历史街区对不同的人具有多元文化意义。首先,十三行历史街区作为广州世界文化名城的重要部分,也是广州产业转型的重要地段。《中共广州市委广州市人民政府关于培育世界文化名城的实施意见》提出建设城市文化名片工程,其中就有"十三行"名片,建设"新十三行"商业街区,再现"十三行"历史盛况,打造融文化观光、休闲购物、时尚体验于一体的"十三行"国际商贸文化旅游项目。其次,十三行目前是当地居民赖以生存、生活与生产的空间与场所。谈到十三行旅游转型与服装批发市场搬迁,大部分居民与相关从业人员都不太愿意离开。这主要有3个方面原因:一是买卖双方对十三行街区都已熟悉,搬迁到新址需要有一个熟悉的过程,这肯定会影响生意。二是不少业主和从业人员已在十三行附近买了房,如搬迁新址就给他们上下班、生活都带来很大的不便。三是如果不搬迁,要转行就有很大的困难,而做服装批发已积累了不少经验与客户。同时,不少商家与居民都具有投资开发的意愿,搬迁新址会打消他们的念头。然后,十三行街区是广州城市记忆的重要部分,73%的民众认为应保留与修复传统建筑,87.6%赞成进行旅游转型。最后,虽然不少旅游者对十三行不太熟悉,但还是有一些旅游者对十三行有一定的了解与想象,他们希望提升广州的旅游吸引力(目前玩的地方还远远不够)。文化意义消费的多样性与层次性。例如,文化的真实性消费具有客观真实性、建构主义真实性、后现代主义真实性、存在主义真实性几个方面的消费;文化消费方式与体验程度大致有观光(视觉)、购物(物品与符号)、教育(信息与知识)、娱乐(刺激与欢乐)、考察(注重文化的客观真实性)等;文化消费更重视文化意义与表征,由注重实用价值的物品消费向注重象征意义的符号消费转变;文化消费由视觉效应(凝视)转向综合性的体验消费。

总之,政府的意义在于城市产业转型升级、文化保护与世界名城建设、文化旅游与文商旅融合;企业与商家的意义在于利润、生活便利、产业转型困境;当地居民的意义在于对十三行的地方情感、生活便利、社区环境改造与生活质量提升;旅游者的意义在于广州的旅游体验。

5.7.3　十三行街区的意义整合与发展定位

1)文化意义整合的基本原则

文化意义整合的基本原则主要包括 3 个方面。一是意义的层次性。文化意义包含文化价值与文化功能两个层次,其中文化价值是核心。必须基于文化价值进行研究,才能确定其功能,由此进行文化符号重建。二是意义的连接性。文化总是多声部的,十三行历史街区对不同的行为主体具有不同的文化意义,这就需要对它们进行连接,从而达到整合的目的。英国文化学者霍尔认为,连接就是在特定的条件下,将两个不同成分联合起来的连接形式,它意味着文化策略将林林总总的意识形态因素连接成一张相互交错的意义大网。因此需要找到文化意义连接的契合点和"最大公约数"。三是意义的趋势性。意义的整合必须着眼于未来发展趋势。文化创意是城市的命脉与城市吸引力的核心。文化遗产是以往创造力的总和,展现出地方独特的魅力。创意不仅在于持续发明新事物,也在于如何合理处理旧事物。当前,世界各个城市正在转型,城市附加值更多地靠应用在产品、流程、服务上的智能资本。可以说,具有全球性历史意义的十三行历史街区,基于历史文化内涵的文化创意才是其未来发展的趋势。

2)十三行历史街区文化意义的整合与发展定位

在多元文化意义连接与文化创意引领下,十三行历史街区文化意义整合的连接点主要体现在 3 个方面:一是文化保护;二是产业转型;三是街区改造。对这 3 个方面进一步提炼,可发现其焦点在于文化旅游与休闲。即十三行历史街区新的文化意义可定位为文化旅游与休闲,细化为以下几方面:清朝一口通商遗产地、中国海上丝路地标区、中国文化旅游示范区、广州城市旅游综合体、广州城市文明示范区。这几方面的文化意义是多元文化意义的契合点和"最大公约数",通过文化旅游及文化意义将十三行街区整合为新的文化共同体——十三行文化旅游与休闲街区。

3)十三行历史街区的文化意义整合的基本思路

十三行历史街区的文化意义整合大致有3种思路或模式。一是基本不动的保守型,即基本保持现有建筑风貌与产业现状,对现有街区进行道路交通等基础设施进行改造,将现有建筑加以修缮,改善其建筑风貌与街区环境。这种思路的优点是成本低,但成效差,难以达到上述定位与目标。二是部分改造的稳妥型,即迁移现有部分产业,改造部分建筑。这种思路优点是较稳妥,意义分歧较小,但效果也不会太理想。三是全面升级的进取型,即再现"十三行"历史盛况,对与传统风貌不相吻合的建筑进行全面拆建、改造升级,批发市场全部迁移,旅游产业置换。

根据十三行历史街区的全球性文化影响力,依托广州市的世界文化名城战略与文商旅战略,第三种思路是最佳方案,即依托十三行街区作为十三行商馆与夷馆的遗址,以广州十三行文化为灵魂,实行文商旅融合,进行全面升级与改造,全面改造与转型十三行街区与文化公园。

4)十三行历史街区文化整合意义的动力与发展战略

十三行历史街区发展的主要动力也是其发展的战略重点主要表现为以下几点:①文化保护。重视文化保护与复兴,形成文化保育、文化更新与文化增长3类策略。②产业转型。由服装批发转变为文商旅结合的旅游综合体,以文化为魂、旅游聚势达到商业增值的目的。③街区改造。服装批发市场搬迁后,对十三行街区进行改造,提升街区吸引力与整体环境,将其建设为宜居、宜业、宜游的新型街区。

5.7.4 十三行历史街区文化意义的符号表征与空间重构

历史街区的空间重构,需以文化意义为基础,以意义—符号表征为手法,其主要内容有以下几点。

1)多元一体的文化空间

十三行街区新的文化共同体可将文化意义进一步细分为以下几个文化空间,它们都是感知、构想与生活空间的综合体,也是现实空间与想象空间的结合物。一是历史场景区。这是一个历史情感与城市记忆空间,可承载广州清末繁华的城市记忆,也是广州2 000多年商业繁荣的文化地标之一。它以建筑符号的复古与修旧如旧等为表征手法,以文化的建构主义真实性为主,再现当年十三行的繁华景象,主要包括德兴路、十三夷馆、十三行商馆与十三行广场等。其中十三行广场可建在当前文化公园中央,十三夷馆、十三行商馆建于文化公园西侧。二是文化博览区。这是一个文化教育与文博鉴赏空间。它以文物符号为表征手法,以展示十三行客观真实性文化为主,主要包括十三行主题博物馆、各种专题博物馆等,十三行主题博物馆可建于文化公园东侧。三是文化体验区。这是一个文化虚拟与娱乐空间。它以文化科技为表征手法,以后现代主义真实性文化为主,把文化科技符号融入历史场景与娱乐活动,主要包括十三行文化体验馆、十三行文化演艺中心等。可建于文化公园西侧。三是文化创意区。这是一个文化创意空间,即通过文化创意将十三行文化、海上丝路文化、广州民俗文化、广州现代文化等符号融入文化体验,包括文创、小型艺术表演、真人秀等,可分布于康王路以东的杉木栏路、长乐路、十八铺路、杨巷路、和平中路等。四是文化商业区。这是一个地方特色的文化商业空间。即通过文化商业化,将具有广州特色的物质化产品与符号植入文化体验中,主要包括广州特色的工艺品、纪念品、老字号、美食等,可分布于十三路、和平东路、桨栏路、光复南路等地。五是生活区与旅馆区。这主要是一个富有广州浓郁风情的生活空间。即通过文化原生化与环境整治,保障当地居民良好的生活条件,同时将部分住宅改造为特色民宿,呈现广州人"原汁原味"的生活方式,主要分布于怀远驿、杨巷路与光复南路之间。

2）不同体验程度的文化旅游产品体系

文化意义不仅存在于价值观念,也体现于消费与生产中,因此需通过文化产品与文化符号进行传达。根据文化体验真实性与旅游者目的,可建立 3 个不同文化体验层次的文化旅游产品。一是深层文化体验,主要为客观真实性体验与建构主义真实性体验,包括教育类、考察类、情感类、宗教信仰类。二是中层文化体验,主要为建构主义真实性体验与后现代主义体验,包括观光类、娱乐类、购物类。三是浅层文化体验,主要为后现代主义真实性与存在主义真实性体验,包括创意类、健康类、事务类。根据旅游市场需求特点、市场份额与市场发展趋势,这 3 类产品又大致可分为 3 个层次:一是核心旅游产品,含观光类、娱乐类、购物类等;二是主要旅游产品,含情感类、教育类、考察类、创意类等;三是辅助旅游产品,含健康类、宗教信仰类、事务类等。

3）多层次吸引力的文化旅游业态体系

旅游业态是在旅游产品基础上融入经营模式,构成的较为具体的、可操作化的旅游经营形态。它大致应遵循以下原则:一是以旅游吸引为核心,构建情境再现、科技融合、动态体验(参与、动态、表演)的业态体系。其中最为核心的是,通过历史情境再现,将十三行街区建设为广州的文化地标和文化象征。二是以旅游绩效为基准,提升旅游竞争力与运营效率。三是以可操作性为依托,旅游业态体系具有较强的实践性,易操作,可执行。

在此基础上,十三行历史街区可构建3个层次的旅游业态体系:一是解决以核心吸引力为目标的,以十三行历史文化的保护与复兴为主题的核心业态。十三行文化内涵丰富,包括建筑文化、传说与故事、讲古、传统与精神、组织与制度、航海、衣食住行、教育、礼仪、休闲娱乐、信仰与禁忌、粤剧、传统手工艺(丝绸、瓷器、茶叶、造船、外销画、洋货)与老字号(美食)等文化类型。其具体业态包括以下几种:①十三行步行街。流动的综合性街道步行景观。以民国建筑为主,包含各种其他业态、媒体、音乐、映像、真人秀等。②十三行文化博物馆。综合博物馆,以展示文物为主,以参与性活动为辅。③十三行文化体验馆。科技与文化融合,把声光电植入十三行文化中,把十三行的历史人物、场景、故事以科技化的形式展演出来,重视游客的参与。④十三行夷馆区与十三行广场。恢复与再现十三行夷馆的建筑风貌与历史场景。⑤十三行文化演艺中心。以十三行文化为主题,打造一台精彩的舞台情景剧。⑥十三行文化节等。二是以解决具有主要吸引力的、以海上丝路文化与广州民俗文化为主题的主要业态。可把海上丝路文化与广州民俗文化融为以下业态。①专题性博物馆。以航海、行商、外销画、蜡像等为主题,以精致化、参与性、互动体验性为主。②文创与体验店。传统工艺品、核心文化纪念品、文化衍生品等,倡导参与性、动态性、表演性。③美食店。以老字号粤菜为主,湘菜、川菜、港澳台与国外菜系等为补充。强调原汁原味、参与性与表演性。④节日活动。海上丝路节、十三行省亲大会。三是解决具有辅助吸引力的,以其他相关性主题配套的辅助性业态。主要包括以下几个方面:①主题民宿;②酒吧茶吧;③其他商店,如古玩收藏、书店、画廊、药店与药膳(体验店)等;④其他娱乐类项目,如讲古;⑤其他节日,如广州民俗节等。

5.7.5 十三行历史街区文化意义的支撑体系

文化意义的支撑体系包括文化要素投入、文化意义传播、文化制度创新等,具体表现在以下几个方面。

1)加强文化要素投入

文化要素投入包含资金、科技、人才、政策等。《中共广州市委广州市人民政府关于培育世界文化名城的实施意见》已提出了建设"十三行"名片的初步设想,但还需要进一步加强研究街区的历史与现状,提出切实可行的方案与落实措施,尤其是在政策与财政方面要加大投入力度,真正使广州成为世界文化名城。

2)文化意义传播

首先,文化传播的是什么?当然是文化意义,其核心是清朝一口通商遗产地、中国海上丝路地标区、中国文化旅游示范区、广州城市旅游综合体、广州城市文明示范区,其中清朝一口通商遗产地、中国海上丝路地标区是核心中的主体。其次,向谁传播?传播对象当然是各种利益相关的行为主体,包括政府、企业与商家、地方居民与旅游者。在这个过程中,应有所侧重。以往的旅游形象传播中,大多强调对旅游者与旅游市场的传播,而忽视了对其他主体的传播。由于传播对象的不同,因此传播内容也应有差异。例如,清朝一口通商遗产地、中国海上丝路地标区应侧重向旅游者传播;中国文化旅游示范区、广州城市旅游综合体更重要的是向政府、投资者、经营者与管理者等建设主体传播;而广州城市文明示范区则主要向当地的社区居民和经营管理者传播。最后,如何传播?这需要运用多种媒体,包括传统媒体和新兴媒体,特别是社交媒体,它能把文化意义传播给广大民众,而且让民众主动参与传播过程,提高传播的广度与深度。

3)文化制度创新

文化制度创新包括文化产权、文化经营管理与规章制度等的创新。第一,需要清晰界定建筑产权与文化知识产权。应从建筑的国有产权、大型企业(如城启、新中国大厦、红遍天等服装批发市场)与建筑入手,鼓动企业、商家与居民搬迁,为十三行规划与建设做好铺垫工作。第二,加强居民住房的置换与补助工作,这就需要对居民建筑与建筑产权状况进行细致的调查与研究,制订公平合理的方案。第三,寻找服装批发市场的新址,如在广州南站等交通中心附近寻找一块闲置地以建设新的服装批发市场。第四,协调文化的公共性与营利性。对于具有历史情感、文化记忆与文化教育功能的历史街区,采取文化公共性的经营模式;而对于文化创意、文化娱乐等功能的,采取文化营利性的经营模式。第五,加强产业合作。在广州范围内,构建广州十三行文化与海上丝路旅游线路,包含潘家大院、海上仙馆、黄埔村等。在广东范围内,建立广东十三行文化与海上丝路旅游线路,包含佛山、潮汕等。在全国范围内,建立全国十三行文化与海上丝路旅游线路,包含广东、福建、浙江、安徽等。

5.7.6　结语

广州十三行历史街区的重构需以文化意义的整合为核心,通过文化意义的整合构建新的文化共同体,形成新的文化意义,即清朝一口通商遗产地、中国海上丝路地标区、中国文化旅游示范区、广州城市旅游综合体、广州城市文明示范区。在此基础上,以意义—符号表征手法建立十三行历史街区的融消费与生产于一体的文化表征体系。只有从文化意义视角分析文化与历史街区的发展,才能真正理解十三行历史文化演化的脉络,找到历史街区发展的正确方向与路径,并推动十三行历史街区的价值重塑、功能重构、符号重建与空间重整,达到发展与活化的目的。

参 考 文 献

[1]马晓龙,吴必虎.历史街区持续发展的旅游业协同:以北京大栅栏为例[J].城市规划,2005,29(9):49-54.

[2]姚迪,戴德胜.从"空间改造"到"价值重塑":历史街区保护策略转向研究[J].建筑学报,2011(5):36-39.

[3]李冬,王泽烨.城市历史保护街区的多重价值分析:以哈尔滨花园街区为例[J].城市发展研究,2011,18(2):18-24.

[4]雷蒙德·威廉斯.漫长的革命[M].上海:上海人民出版社,2013:50-58.

[5]钱俊希,朱竑.新文化地理学的理论统一性与话题多样性[J].地理研究,2015,34(3):422-436.

[6]克利福德·格尔茨.文化的解释[M].南京:译林出版社,1999:5.

[7]赵毅衡.符号学原理与推演[M].南京.南京大学出版社,2011:7-14.

[8]斯图尔特·霍尔.表征:文化表征与意指实践[M].北京:商务印书馆,2013:3-5.

[9]曾昭璇,曾新,曾宪珊.广州十三行商馆区的历史地理:我国租界的萌芽[J].岭南文史,1999(1):28-38.

[10]汪民安.文化研究关键词[M].南京:江苏人民出版社,2007:396-398.

[11]陆扬.后现代文化景观[M].北京:新星出版社,2014:252-253.

[12]查尔斯·兰德利.创意城市[M].杨幼兰,译.北京:清华大学出版社,2009:50-51.